A REINVENÇÃO DA EMPRESA

PROJETO ÔMEGA

Este livro oferece um passeio pela evolução do homem, pela filosofia, pela ciência, e faz uma conexão entre o conhecimento e a sabedoria para chegarmos a uma sociedade mais colaborativa e justa. Reforça a importância do sentido e significado do trabalho para alcançarmos um estágio mais produtivo e virtuoso em nossas organizações. Os autores prestam ainda um grande serviço ao trazer à atenção de todos o papel da nova empresa – mais articulada, participativa, transparente e evolutiva – e da nova liderança – mais aberta, conectada e transformadora –, ambas refletindo os valores, o propósito e a intenção estratégica incorporados nas organizações do século XXI.

Angelo Baroncini, principal executivo da Companhia de Navegação Norsul

Os autores trazem, de forma bastante encorajadora, a oportunidade para que as organizações se beneficiem da mudança do nível de consciência dos indivíduos, passando de utilitárias para entidades voltadas a serviço à humanidade. Os alinhamentos fortes apresentados em *A reinvenção da empresa*, com os princípios de um capitalismo consciente, corroboram com a convergência a uma tendência de afastamento dos modelos egocêntricos e uma busca pelo coletivo – modelos ecocêntricos.

Thomas Eckschmidt, empreendedor e cofundador do Capitalismo Consciente Brasil

Somos corpo, alma, emoção, sentimentos e personalidade. *A reinvenção da empresa* parece nos ajudar a compreender melhor essa relação tão complexa que vivemos a cada instante das nossas vidas. Essa complexidade faz que muitos durmam acordados e, assim sendo, a evolução estanca e ajuda na permanência do *statu quo*. Por outro lado, o conhecimento e o trânsito entre essas dimensões fazem florescer a sabedoria, maestrina da evolução, que neutraliza a ignorância e o ego, certificados daqueles que ainda têm muito a evoluir. É necessário escrever e insistir que o *modus operandi* pode ser diferente. Mas como a Terra então é escola, vamos ter sempre o gradiente de evolução entre os seres humanos. A boa notícia é que *A reinvenção da empresa* vem esclarecer logicamente e confirmar o que muitos já sentem por intuição, então vai ajudar a sedimentar esta nova e mais evoluída forma de se fazer e pensar a relação entre o capital e o trabalho.

Renato Chaves, presidente da Agência Marítima Lachmann

Com um equilíbrio elegante de inspiração e transpiração, alternando visões de mundo clássicas e profundamente enraizadas na humanidade com as mais recentes teorias de gestão do século XXI, Paulo e Wanderlei nos preparam para tomar decisões empresariais seguindo as mais inovadoras e eficientes (éticas e responsáveis também) práticas de liderança, capitalismo consciente e governança corporativa. Uma leitura que nos leva à ação empresarial mais integral e sustentável.

José Renato Domingues, diretor executivo de pessoas e sustentabilidade no Grupo Tigre

---

Um livro com vasto alcance, simples e vital que nos faz refletir por que temos empresas longevas e empresas que fracassam. Como dar esse salto? Por que as pessoas fazem a diferença quando organizadas de forma correta? Que experiência terão que proporcionar a seus clientes? Que energia temos que deixar fluir para obtenção de resultados de forma sustentável e crescente? O que mais destaco neste livro é a clareza das ideias, a elegância do argumento e a riqueza dos dados que aporta.

Márcia Sandra R. V. Silva, diretora de recursos humanos da Enel América Latina

Provocativo. Os autores nos levam a questionar o verdadeiro papel das organizações e o real significado da geração de valor, fazem-nos refletir sobre o sentido da vida e nosso compromisso com a felicidade.

Flavio Almada, CEO Metrô Rio

Este livro mostra-nos um processo de transição de um modelo de ambiente, estrutura e relações humanas vigentes nas organizações, que não atende mais às expectativas atuais.

Sob os olhares consistentes dos dois autores, Paulo Monteiro e Wanderlei Passarella, desfrutaremos da pluralidade das ciências humanas que, visionários como são, trazem para este debate. O melhor de tudo, a meu ver, é a riqueza que o leitor desfrutará das indagações e caminhos práticos sobre as organizações, carreiras e seres humanos, na direção de um mundo que bate à nossa porta suplicando o que denominam de "transpiração". Palavra esta que, com ousadia, os autores atribuem significado e sentido.

Leyla Nascimento, presidente da Federação Interamericana das Associações de

Gestão Humana

Paulo Monteiro   Wanderlei Passarella

A REINVENÇÃO DA EMPRESA

PROJETO ÔMEGA

Publisher
Henrique José Branco Brazão Farinha
Editora
Cláudia Elissa Rondelli Ramos
Preparação de texto
Gabriele Fernandes
Revisão
Vitória Doretto
Ariadne Martins
Projeto gráfico de miolo e editoração
AS Edições
Capa
Casa de Ideias
Impressão
Edições Loyola

Copyright © 2017 *by* Paulo Monteiro e Wanderlei Passarella.
Todos os direitos reservados à Editora Évora.
Rua Sergipe, 401 – Cj. 1.310 – Consolação
São Paulo – SP – CEP 01243-906
Telefone: (11) 3562-7814/3562-7815
Site: www.evora.com.br
E-mail: contato@editoraevora.com.br

DADOS INTERNACIONAIS PARA CATALOGAÇÃO NA PUBLICAÇÃO (CIP)

M779r

Monteiro, Paulo
    A reinvenção da empresa : Projeto Ômega / Paulo Monteiro, Wanderlei
Passarella. - São Paulo : Évora, 2017.
    328 p. ; 16x23 cm.

Inclui bibliografia.
ISBN 978-85-8461-11-26

1. Administração de empresas. 2. Desenvolvimento organizacional.
I. Passarella, Wanderlei, 1961-   . II Título.

CDD- 658.4021

JOSÉ CARLOS DOS SANTOS MACEDO – BIBLIOTECÁRIO – CRB7 N. 3575

Dedicamos este livro a Pierre Teilhard de Chardin,
por nos inspirar com sua visão provocadora, e a todos
aqueles que se esforçam para se colocar à frente de seu
tempo, mesmo com o risco de não serem compreendidos,
abrindo caminho para novos paradigmas.

PREFÁCIO

Neste excelente trabalho, os autores combinaram suas experiências pessoais e profissionais com suas motivações diversas, porém complementares, e elaboraram uma síntese provocadora entre o saber, a filosofia e os desafios do mundo organizacional.

A provocação nos faz refletir sobre temas que são bastante relevantes na gestão das organizações e que certamente inquietam e tiram o sono dos líderes atuais e futuros. Ao entender e respeitar o que é natural ao ser humano e à nossa evolução, e transportar este entendimento para a liderança de pessoas, nas mais diversas organizações, poderemos iniciar uma transformação na maneira de engajar e despertar o talento das pessoas. Ainda mais relevante, poderemos desenvolver uma cultura que esteja alinhada aos membros de determinada empresa.

Temos discutido muito – na empresa em que sou presidente e em um grupo de CEOs do qual participo – a questão da cultura, esse ativo (ou passivo) que não aparece nos balanços das empresas, mas que certamente é determinante para o sucesso de qualquer negócio. A discussão de cultura está muito focada em como criar uma causa comum a todos os participantes da organização, respondendo à pergunta do por que estamos juntos e explicitando os motivos que nos alinham e comprometem.

Hoje se torna cada vez mais importante entender o sentido mais amplo daquilo que fazemos, por meio da identificação com o propósito da organização. Logo, uma informação importante para os líderes atuais é que ambiente e cultura organizacional irão atrair e reter os jovens profissionais, que serão os líderes de amanhã e que irão garantir a sua longevidade e sustentabilidade.

Esta nova abordagem da organização – Ômega – é inovadora, mas também parece antiga, pois trata da essência do ser humano e do mundo. Ela revela arquétipos que estão na base do que somos, sentimos e sabemos. Devemos pensar a nova organização como um organismo vivo, constituído de células que se estruturam em função das atividades, com coordenadores e representantes, em vez de chefes; funções e times de colaboradores, no lugar de cargos.

Estas organizações alinhadas com Ômega serão holísticas, adaptativas, ágeis e olharão para o indivíduo como ser humano, como um colaborador que está presente com o corpo, a mente e a alma, e não como um empregado ou força de trabalho.

Seria essa uma nova forma de gestão inclusiva, no sentido de equilibrar o desempenho requerido pelas empresas e negócios com o tão almejado progresso das sociedades, que inclui o crescimento pessoal, profissional e coletivo? Acredito que sim, que certamente este é o caminho para o chamado capitalismo sustentável e consciente, equilibrando as ambições, necessidades e desejos de todos os participantes. A transformação já está acontecendo, basta olhar em volta, para as empresas que nos cercam, para encontrar bons exemplos.

Nas empresas industriais que operam regimes de trabalho ininterruptos, é comum a estruturação em grupos semiautônomos, onde os membros destas células de trabalho têm responsabilidade ampliada, algo bem diferente da atividade puramente mecânica que foi no passado. Imaginem o valor dos ativos – capital de giro e capital humano – que está sob a responsabilidade desses grupos semiautônomos, considerando que atuam nessas unidades após o horário chamado administrativo! Eles são os responsáveis diretos pela atividade da indústria nos seus respectivos turnos e agem sem supervisão direta por meio da autoliderança, superando a estrutura de vários níveis hierárquicos que costumam estar presentes neste segmento.

Para o sucesso dos grupos semiautônomos, são necessários, em primeiro lugar, o suporte e a crença da liderança de que esta é a forma de organização que irá comprometer todos com um objetivo comum e acelerar o atingimento das metas. Será também necessário investir em competências e habilidades diversas, desde as técnicas, pois as tarefas operacionais precisam ser executadas, até as novas habilidades de autoliderança que precisam ser desenvolvidas nos indivíduos e nas equipes.

Qual seria o perfil do líder desta organização em transição? Acima de tudo, uma pessoa que lidere pelo exemplo, coerente no seu discurso e na harmonia entre a vida pessoal e profissional. Um líder que entenda que o sucesso está no equilíbrio da equipe e que busque ter pessoas, nas diversas áreas, que sejam mais profundas que ele mesmo e que pratiquem sempre o ouvir atentamente. Enfim, um líder que compreenda os novos paradigmas em relação ao homem, ao conhecimento, ao trabalho e ao dinheiro, e que aplique essas novas abordagens nas funções diretivas organizacionais, como proposto nesta obra.

De acordo com Paulo Monteiro e Wanderlei Passarella, Ômega é a fonte de inspiração e destino da organização consciente, mas é também a jornada de transformação a ser percorrida.

Boa leitura e inspiração para esta jornada, lembrando que só transforma quem também se transforma!

Tadeu Nardocci
Presidente da Novelis América do Sul

SUMÁRIO

Introdução 1

Parte 1 - Inspiração 7
  Capítulo 1 - Um mistério chamado ser humano 9
    Filhos do Universo 9
    Abertos ao Todo 15
    Abertos para além de nós mesmos 22
    A consciência e o caminho de ascensão 27
    Drama em dois atos: da razão pura ao existir líquido 31
    A reconciliação necessária 43
    Referências bibliográficas 51

  Capítulo 2 - Transdisciplinaridade 53
    Inteligência e complexidade 53
    O homem e o conhecimento 59
    A revolução quântica 63
    Emerge a transdisciplinaridade 71
    Entre, através e além das disciplinas 78
    A sabedoria integral 86
    A sabedoria nas organizações 90
    Referências bibliográficas 94

  Capítulo 3 - O trabalho humano: a renovação
  possível e necessária 95
    Quando tudo começou 97
    Surgem as divisões 98
    A evolução do labor humano e a era moderna 101

O trabalho na economia neoliberal..108
As rugas de um trabalho desengajado...............................113
A urgente revitalização do trabalho 116
E o futuro não é mais como era antigamente......................123
Referências bibliográficas 134

Capítulo 4 - Dinheiro: ganância ou prosperidade?............. **135**
Breve histórico do dinheiro 135
A queda do lastro em ouro..138
Funções do dinheiro 140
A grande distorção..148
Dinheiro e prosperidade 151
Conceito de riqueza 156
Do homem mítico ao homem holístico.................................159
O papel das empresas 166
Revoluções silenciosas...170
Referências bibliográficas 172

Parte 2 - Transpiração...**173**
Capítulo 5 - A forma e o conteúdo da empresa
contemporânea..**175**
A forma: a estrutura que a nossa era pede...........................175
Uma nova órbita para o sistema organizacional..................175
Uma estrutura mais sintonizada com os desafios atuais 180
O conteúdo: o Universo significativo que a nossa era pede ...192
Cultura como fenômeno e experiência emergente...............192
O milagre do nós...196
Condições para a cultura superior (I):
União de propósitos 202
Condições para a cultura superior (II):
O ajuste de autenticidade 205

Condições para a cultura superior (III): amor e confiança... 212
A cultura superior fica fora da caverna 216
Referências bibliográficas 219

Capítulo 6 - Estratégia: visão e construção do futuro......... **221**
Estratégia: a ruptura com o planejamento 221
Novos pressupostos e novas posturas 224
Tendências atuais 227
A estratégia revisitada 237
Casos em construção 246
Referências bibliográficas 251

Capítulo 7 - A liderança na empresa contemporânea **253**
Tão falada e tão em falta! 253
A autoliderança 257
O espaço propício para o exercício da liderança 261
Mobilizar o sistema para os seus desafios 263
A difícil arte de liderar 274
Referências bibliográficas 276

Capítulo 8 - Governança integral e perenidade **277**
Perenização adaptativa 277
O que é governança corporativa 279
Barreiras a sobrepujar 281
A governança integral 286
Mesas diretoras alavancam a cultura e os sistemas 294
Casos de empresas longevas 297
Ondas de transformação 300
Referências bibliográficas 304

Conclusão **305**

INTRODUÇÃO

Paulo Monteiro e Wanderlei Passarella

Parece-nos importante mencionar, como ponto de partida, algumas motivações para a ideia e execução deste livro. Mas antes, algo sobre nós, os autores. Somos pensadores inquietos. Transitamos no mundo da filosofia, da cosmologia e de algumas outras ciências humanas. Ao mesmo tempo, atuamos no mundo organizacional, como consultores ou executivos. Essa polivalência nos permitiu a síntese entre um pensamento mais profundo e amplo e a sugestão de uma rota diferente – que profissionais e empresas devem considerar, se quiserem respeitar a sequência da sabedoria, que remonta aos primórdios das civilizações.

A primeira motivação se refere a esse desdobramento natural do saber, ao longo de séculos de história humana, que muitos autores denominaram de *filosofia perene*. Podemos entendê-la como encadeamento de ideias, considerações e revelações que não pertencem a uma ou outra escola, a um ou outro autor. Pertencem, isso sim, à coerência do pensamento universal. É de chamar a atenção a escassez de obras e escritos que busquem unir a robustez da sabedoria humana com a natureza e os desafios do trabalho humano e seu universo organizacional. Esse vazio entre mundos que deveriam estar conectados nos levou a conceber a lógica e a sequência deste livro, na tentativa de reconciliar âmbitos artificialmente separados pela dinâmica mecanicista e utilitarista do mundo dos negócios.

A segunda motivação surge da observação empírica. Trabalhando em dezenas de organizações de grande e médio porte ao longo dos últimos quinze anos, percebemos que o modelo consolidado da dinâmica organizacional pertence a outro século, há muito já se mostrou obsoleto e mais: chegou ao seu esgotamento. Vemos exemplos diários. Ambientes de trabalho frios e pesados, com indivíduos tristes, desmotivados e até depressivos. Escândalos a que assistimos todos os dias no Brasil e no mundo, de conchavos de corrupção entre setor público e privado.Podemos também mencionar a sequência de acidentes envolvendo grandes organizações, que causaram graves impactos ambientais. Tais desastres poderiam ser evitados se o resultado financeiro como fim absoluto – mesmo por cima de vidas humanas – não fosse o único princípio a ser seguido. Aquilo que nos trouxe até aqui não só não nos levará aonde precisamos ir, mas deve ser reconfigurado com extrema urgência.

Os desafios do mundo do século XXI passam – antes de tudo – por repensar o planeta como habitat viável para as futuras gerações. Além disso, as pessoas querem e precisam se inserir em ambientes de trabalho produtivos e vitalizantes, que despertem o talento individual e coletivo. Essa mudança, sem dúvida, vai gerar outro tipo de produtividade, mais perene e sustentável em todos os aspectos (humano, ambiental, econômico etc.). E trará felicidade e plenitude aos indivíduos e às sociedades.

A razão pela qual um sistema, claramente obsoleto, permanece como modelo para a maioria das empresas contemporâneas, tem raízes e ramificações complexas. Mas não podemos deixar de mencionar como um dos principais motivos a resistência de núcleos de poder beneficiados por essa dinâmica. O motor dessa insistência sem sintonia com os novos tempos é a ganância, o lucro pelo lucro, o desejo de crescimento financeiro que não considera a prosperidade. A única forma de libertação dessa inércia será pelo aperfeiçoamento do modelo atual, introduzindo princípios, ideias, caminhos e práticas inovadoras. Essa transformação deverá ser essencial, ou não será. Muitas propostas recentes de mudança, no universo organizacional, só reforçam a lógica perversa do sistema, porque se restringem apenas à nomenclatura. Em vez de mudar, maquiam as rugas de um capitalismo sem humanidade, com expressões de efeito como "o capital humano é o mais importante". Ou pretendem motivar as pessoas por meio de neologismos que na verdade são termos tão antigos quanto o sistema vigente, como "endomarketing", entre tantos outros – americanizados ou não. Trocar o nome não faz outra coisa senão "produtizar" e "mercadear" um contexto que deveria ser vivo, orgânico e significativo.

A terceira motivação se origina de uma constatação: as novas gerações não apreciam o modelo burocrático atual do mundo do trabalho, nem se identificam com ele. Os jovens querem um universo profissional mais natural, mais vibrante, e menos mecânico, menos frio. Sua aspiração tem a ver com propósito, realização, possibilidade de deixar uma marca, atuando de maneira ágil, coletiva e – por que não? – rentável. Grande parte das organizações vivem a partir de uma lógica que fez sentido (parcialmente) para outras gerações, como a chamada baby boomer ou mesmo a geração x. Essa lógica, baseada em hierarquia rígida, em formalidade e burocracia, com reforço das partes e feudos, é vista hoje como ultrapassada e antiquada pelas gerações y ou z. Nada tem a ver com o imenso grupo de jovens que nasceram imersos nas redes sociais, e que sempre viveram a dinâmica da troca intensa e da energia emergente e ágil, a prática de colaboração e troca de informações etc.

Essa motivação nos faz otimistas, pois a transformação do modelo organizacional é necessidade imperante da contemporaneidade, com suas demandas e seus agentes. Muitas empresas, assim como escolas de negócio, já entenderam isso, e começam a trazer novos princípios, sistemas, estruturas e ferramentas muito mais adequadas aos tempos atuais. Algumas delas serão mencionadas ao longo deste livro.

Para conceber o fundamento do conteúdo deste trabalho, fomos beber da fonte de um dos maiores pensadores do século XX: Teilhard de Chardin, o filósofo francês que inspirou tantos autores e intelectuais, alguns dos quais elaboraram, nas últimas décadas, importantes teorias da consciência.

Chardin estudou por anos a evolução do planeta e de suas formas vivas, e concluiu que há uma sequência nessa dinâmica que vai do mais simples ao mais complexo. A cada interação das matérias e partículas, surgem realidades inéditas, mais orgânicas, numa rota que aponta para uma convergência maior, que é síntese e totalização de tudo o que existe. Para o filósofo, a matéria tem origem na unidade, e vai ao encontro de uma nova – e final – unidade. Ele denominou esse âmbito, de origem e destino, como

Introdução

"Ponto Ômega": o grande Todo que move tudo o que existe. Para ele, além de origem e destino, Ômega é também rota, é caminho do desdobramento. A ação contínua da matéria, que vai ganhando complexidade e evoluindo, é a dinâmica de Ômega. Se a consciência humana for capaz de seguir a rota da relação do amor coletivo a que chamamos amorização, avançando no ritmo da complexidade e da evolução, estará seguindo a trilha de Ômega. Essa mesma consciência humana tem a possibilidade de permanecer estática, involuída, presa no espaço estreito do egocentrismo e da ganância, e aí talvez o destino seja outro. Será esse dilema a glória e o drama da liberdade humana?

Agrupamos os quatro primeiros capítulos em uma parte que chamamos de Inspiração.

O Capítulo 1 fala de um ser humano cuja natureza é aberta ao Todo, e cuja consciência clama instintivamente por algo mais amplo, mais total, plenitude que só o que é universal é capaz de oferecer. O Capítulo 2 traz o âmbito infinito e conectado de um conhecimento que não pode ter fronteiras, e que se configura como sabedoria ao manifestar-se como rede integral e sinérgica, um container natural do saber e do evoluir humano. No Capítulo 3 trazemos a evolução do trabalho humano e a importância de reconectar esse fazer, que ocupa a maior parte do nosso tempo, com o significado, a plenitude e a realização – reconfigurar o trabalho nos levará necessariamente a repensar e renovar as organizações. O Capítulo 4 traz uma nova forma de ver o dinheiro, como veículo de prosperidade, em vez de instrumento de ganância, como é visto e usado atualmente. A partir do momento em que o dinheiro for pensado e utilizado como extensão da existência e natureza humana, vinculado à sabedoria, deixará de ser ferramenta utilitarista, e passará a servir a humanidade, garantindo trabalho mais digno e ético, e propiciando bem comum e prosperidade.

Esses capítulos da parte Inspiração são elaborados a partir da dimensão Ômega, a origem e o destino que devem permear uma visão mais totalizante e integral do ser humano, assim como de seu âmbito de trabalho.

A segunda parte – que denominamos Transpiração – busca apresentar um caminho capaz de converter inspiração em ação. Esta parte traz uma forma diferenciada de pensar e conceber quatro aspectos da Organização atual: Estrutura e Cultura (Capítulo 5), Estratégia e Visão (Capítulo 6), Liderança (Capítulo 7) e Governança (Capítulo 8). Todos estes capítulos da segunda parte trazem um eixo conceitual transversal: o contexto no qual a organização do século XXI irá florescer deverá ser participativo e colaborativo, emergente, adaptativo e evolutivo. Assim, se a Inspiração traz Ômega como fonte e destino da organização consciente, a Transpiração apresenta Ômega como a rota e a jornada a ser percorrida, o caminho de ação transformadora para renovar o mundo organizacional contemporâneo.

Com esse conteúdo e lógica, esperamos oferecer ao leitor uma fonte de reflexão que é também uma proposta ampla de ação. Mas, sobretudo, é um convite para evoluirmos juntos como espécie, reconfigurando o universo do trabalho humano e os espaços organizacionais, a partir de um mínimo denominador comum capaz de unir-nos naquela realidade que a todos pertence: a nossa Humanidade.

Boa leitura!

PARTE 1

INSPIRAÇÃO

Todo caminhar começa com o primeiro passo. Como enfatizamos na Introdução, optamos por revisar determinados pressupostos que ainda persistem na mente individual e coletiva de muitas pessoas e profissionais. Este é nosso primeiro passo. Sem reformulação de paradigmas não conseguiremos evoluir nossa concepção do universo do trabalho. É esse demolir e reconstruir de ideias e formas de pensamento que chamamos de Inspiração.

Se quisermos mirar em resultados superiores, precisamos pensar de maneira diferente para agir diferentemente. O arcabouço cultural que nos leva a compreender o mundo é mais forte até do que o ato de propriamente enxergar. As ideias geram posturas, estas se transformam em hábitos e por sua vez impactam o caráter. O caráter de nosso ambiente profissional é reflexo, portanto, de nossas ideias sobre ele.

Ao delinearmos esta Inspiração, na Parte 1, queremos refletir, formar um novo arcabouço cultural para agir (transpirar) em direção a uma dinâmica de reinvenção da empresa do século XXI. Quem pensa da mesma forma, realiza as mesmas coisas e consegue os mesmos resultados. Pensemos diferente, então. Inspiremo-nos!

CAPÍTULO 1
UM MISTÉRIO CHAMADO SER HUMANO

Paulo Monteiro

No início era o Caos

Do Caos se fez o Vazio

Do Vazio surgiu o Um

Do Um surgiu o Dois

Do Dois surgiu o Três

Do Três surgiram Dez Mil Coisas

(Verso da Filosofia Chinesa)

Filhos do Universo

Como já antecipamos na Introdução, um dos objetivos deste livro é repensar com sabedoria e consciência as estruturas das organizações, a partir de uma visão mais holística e profunda. Para isso, é necessário refletir sobre o ser humano: quem é, de onde vem, qual a sua essência, qual o seu momento atual na história, para onde se dirige e, sobretudo, para onde deveria ir.

Comecemos, então, do princípio.

Há aproximadamente 13,7 bilhões de anos aconteceu o Big Bang, uma grande explosão cósmica que espalhou poeira e partículas, dando origem ao que conhecemos como o Universo. Naquele momento começou uma trajetória espetacular e misteriosa. Uma imensidão de elementos subatômicos, átomos, moléculas e matérias mais complexas expandiram-se em dimensão que parecia infinita.

Por mais céticos que possam ser alguns cientistas modernos, muitos concordam que a trajetória de bilhões de anos, desde o início do Universo, demonstrou certa "inteligência", seguindo uma sequência que foi do mais simples e primordial ao mais complexo. Alguns autores, como Teilhard de Chardin, chamaram atenção para algum tipo de padrão nesse movimento do Universo:

Impelidos pela força do amor
Os fragmentos do mundo
Buscam-se um ao outro para que o mundo
Possa vir a existir

(CHARDIN APUD RUSSEL, 1991, p. 65)

Nesse caminho evolutivo, inteligente e amoroso, a matéria foi se desdobrando em formas mais complexas de organização até chegar a um salto admirável, que conhecemos hoje como o início da vida. Nessa forma de existência, o ser vivente é o autor de um movimento dinâmico que inclui nutrição, crescimento e reprodução, funções que visam a completá-lo e aperfeiçoá-lo.

Em nossa reflexão inicial, é saudável lembrar quais são os níveis de manifestação da vida. O primeiro deles é o da vida vegetativa. Nessa etapa, processa-se um movimento dado pela natureza. Uma planta, por exemplo, não escolhe suas ações – ela executa a fotossíntese como algo inerente ao seu existir e se mantém viva por essa dinâmica involuntária estabelecida em seu ser.

O segundo nível é o da vida animal, um estágio mais complexo de cognição e comportamento. O animal atua se relacionando com "o mundo lá fora", percebe que há algo que *não é ele*, dirige-se ao mundo como um sujeito em relação a uma outra realidade e *escolhe* o fim pelo qual opera. Interage com o outro, seja seu parceiro de bando, seu par ou sua presa, e vivencia certos tipos de sensações e afetos, como fome, frio, prazer, desejo de proteção, atração sexual, carinho.

O terceiro nível, ou grau da vida, exibe novo elemento, mais complexo e misterioso: o conhecimento intelectual. O indivíduo se dá conta de sua vida, de seu modo de viver e se percebe como sujeito. Esse é o grau de vida que caracteriza o ser humano. Um ser que reúne, em si, a existência mais básica do mundo vegetativo, a dinâmica animal de relação com o contexto e com os demais e o maravilhoso mistério do conhecimento intelectual. Essa é uma esfera complexa e sofisticada que faz com que o sujeito "saiba" quem é e se pergunte sobre quem pode e deve ser.

Desde as primeiras células, que surgiram no planeta há aproximadamente 4 bilhões de anos, a matéria veio se desdobrando em padrões mais amplos e complexos até chegar a nós, seres humanos. Chardin, que buscou unir ciência e teologia para explicar a evolução, defendeu que a vida se movia em direção a um nível cada vez mais consciente. Podemos dizer que o ser humano – até o momento presente e na realidade conhecida por nós – está no vértice da cadeia evolutiva da matéria. Como disse o próprio Chardin (2004, p. 54), o homem "é o último a ser formado, o mais complexo e a mais consciente das moléculas".

Concluímos, então, que não somos somente matéria evoluída ou mais complexa. Somos Matéria Viva e Consciente, e nossa existência contém a evolução da vida, com suas diversas etapas.

E, se nossa origem se remontou ao início de tudo, à primeira explosão, nossa ascendência é inequívoca: viemos da matéria bruta, em sua forma mais primordial. Temos quase 14 bilhões de anos de existência. Nossos átomos existiam desde a origem do Universo e continuarão a existir depois de nossa morte. Como escreveu Frei Betto (2012, p. 46): "Cada um dos elétrons que compõem a nossa estrutura orgânica e vital traz em si uma história do mundo que jamais se perde, pois esteve no Big Bang. (...) Cada um de nós é a reunião de inúmeros fragmentos do Universo, uma obra-prima da natureza".

Somos feitos de estrelas. Os elementos de nossos corpos surgiram a partir da explosão de uma estrela em nossa vizinhança cósmica há 5 bilhões de anos. Nas palavras de Marcelo Gleiser, físico e astrônomo brasileiro, "as pessoas são o que acontece com o hidrogênio se você espera 5 bilhões de anos".

A conclusão é que somos uma só realidade com o Universo. O ser humano é um milagre vivo em profunda e constante união com o Universo. Esse mar imenso de estrelas e galáxias, que nos acostumamos a ver como algo separado, lá fora, é não somente a nossa casa, mas *o nosso ser*. Somos feitos da mesma matéria. Somos parte integrante de tudo o que existe. Entre as manifestações mais primordiais da matéria e o surgimento da consciência, o que temos é o tempo. Não há, portanto, separação entre matéria e consciência, porque esta é uma manifestação mais complexa e tardia daquela. Reunir essas duas entidades – que foram separadas ao longo de séculos – pode mudar muito a nossa forma de pensar e viver no mundo.

É interessante pensar que não é só o estudo da cosmologia e da trajetória do Universo, desde sua criação, que nos leva à conclusão de que somos uma mesma realidade com tudo o que existe. A física, estudando o interior da matéria, também nos leva a essa conclusão.

Einstein começou uma revolução ao propor que o conceito de partícula deveria dar lugar a uma realidade constituída por campos. O físico alemão alterou os rumos do conhecimento ao afirmar que a massa nada mais é que uma forma de energia. A física evoluiu com a descoberta de que no interior dos átomos o que existe são grandes espaços vazios, com partículas minúsculas girando em torno do núcleo, ligadas por forças eletromagnéticas que não são previsíveis ou mapeáveis. A matéria, então, se assemelha mais a uma tendência, a um movimento, a uma potência, do que a um bloco concreto com contornos definidos, como vínhamos pensando desde os gregos antigos. Essas possibilidades são "pacotes de energia" que Max Planck denominou "quantum", termo que acabou dando origem à designação física quântica.

A Teoria Quântica – que será abordada em maior profundidade no Capítulo 2 – traz ao mundo uma concepção totalmente diferente da física clássica, que pensava a realidade a partir de blocos definidos de matéria. A "nova" física revelou um mundo de interconexões, cujas relações desafiam tempo e espaço. Experimentos mostraram que as partículas subatômicas podiam interagir, mesmo distantes, separadas pelo espaço físico. E o mais surpreendente foi a descoberta de que as partículas, no interior do átomo, reagiam em seus movimentos a partir da observação do sujeito. Assim, a distância entre observador e observado desaparecia, e ambos passavam a fazer parte da mesma realidade.

Por isso, o físico David Bohm devotou suas pesquisas e estudos a mostrar que havia um nível mais sutil, não perceptível aos olhos humanos, que ele chamou de Ordem

Implicada, um campo de possibilidades que unia tudo o que existia em uma grande dimensão unificada. Essa ordem sutil contrastava com a Ordem Explicada, que era a dimensão explícita de tudo o que víamos e tocávamos, como objetos mais "definidos" no tempo e espaço. Sem a Ordem Implicada, não chegaríamos a ver os objetos como eles são. Seria como um iceberg do qual só veríamos a ponta, mas que compreenderíamos graças a um nível não explícito aos olhos, que na verdade seria o que garantiria sua dimensão visível. E Bohm foi além. Para ele, "tanto o mundo material quanto a consciência são partes de uma única totalidade indivisível de movimento" (JAWORSKY, 2000, p. 100).

Novamente aparecia o conceito de união entre consciência e matéria como parte do mesmo fenômeno. Ao sermos capazes de entender essa realidade e dirigir nossa vida a partir desse princípio, veremos que não somos entidades separadas do Universo, e que tudo o que acontece se implica mutuamente, por ser parte de um mesmo âmbito maior. E mais, podemos ser cocriadores do mundo que queiramos conceber ao entender que nossa mente e a matéria são parte de um grande Todo unificado e que o que existe não está predefinido ou separado de nossa consciência.

Os filósofos gregos já tinham vislumbrado uma dimensão mais unificadora a partir do conceito de cosmos, uma realidade universal ordenada e significativa, em relação direta e harmoniosa com a vida humana, e que deveria ser espelho para um existir mais virtuoso e superior.

Podemos dizer, portanto, que essa dimensão unificadora que os gregos intuíram e concluíram foi reforçada pela própria ciência, que investigou e deduziu um campo mais sutil e misterioso. Esse campo, mesmo não sendo totalmente explicável pelos métodos tradicionais da razão, foi considerado "real e físico". Sabemos hoje que há um campo maior que nos une, que nos leva além da nossa individualidade e fragmentação. Há algo que une tudo o que existe, mas essa dimensão é ainda pouco conhecida e explorada. Essas descobertas dão novo significado à relação entre física e metafísica, superando o dualismo que separou uma da outra por séculos, para chegar à reunificação de uma *física metafísica*. Ou seja, há um espaço na física e na existência tão sutil, imprevisível e transcendente, que podemos denominá-lo de metafísico. Para Chardin, o que existe é o *Espírito-Matéria*, uma entidade complexa que evolui e que possui um aspecto exterior e um âmbito interior. O filósofo francês chamou o saber real, capaz de entender esse fenômeno, de *Hiperfísica*.

Orientar nossas vidas tendo como base essa realidade pode reconfigurar nossa forma de ver e viver no mundo. O visível e o invisível são parte de um mesmo existir. E se conseguirmos enxergar a individualidade e a singularidade com sua extensão a esse campo comum, mais sutil, entenderemos que há um plano maior que devemos atingir para construir outro tipo de mundo, mais unificado, harmonioso e, por que não dizer, mais belo. Ao acessar essa dimensão, criaremos novas relações e ambientes em todas as esferas de nossas vidas, inclusive no universo organizacional, tão necessitado de um novo olhar.

Mas voltemos a falar do ser humano como ser consciente, para entender melhor o que isso significa.

Abertos ao Todo

A inteligência humana nos permite "saber que existimos" em um nível amplo. Isto é, olhar para nossa existência e pensar sobre ela, distanciarmo-nos, separarmo-nos do agora, projetando o futuro, e lembrar do passado para reescrever nosso presente. É o que alguns autores chamam de *consciência autorreflexiva*, e em latim pensadores clássicos chamaram de *reditio completa*, a dinâmica em que a consciência se dobra sobre si mesma.

Um animal não humano não tem esse nível de distanciamento e amplitude. Ele só existe no contexto do seu ambiente e na relação com esse mundo em que está instalado. Um pássaro, por exemplo, não reflete sobre o fato de ser pássaro, ele vive, se alimenta, voa, se relaciona e se reproduz. Apesar de ter um tipo de "consciência" no sentido de uma qualidade de relação mais ampla e visceral com seu entorno, não tem inteligência como a concebemos, com sua faculdade racional. Já nós, como seres humanos, *escolhemos* formas de ser e agir, e podemos criar o mundo que queremos ou mudar de rumo, impulsionados por nossa razão, vontade e liberdade. Um poder sublime que podemos usar para o bem ou para fins deploráveis.

A palavra que usamos comumente para esse grau de inteligência é "consciência", que vem do latim *conscientia*, de *consciens*, particípio presente de *conscire*: estar ciente (*cum* = com e *scire* = sei). Há também uma possível raiz formada da junção de duas palavras do latim: *conscius* (que sabe bem o que deve fazer) + *sciens* (conhecimento que se obtém através de estudos)[1]. Ser consciente, portanto, traz a ideia de um conhecimento do mundo, dos outros e de si mesmo. Essa característica humana vem fascinando pensadores de todas as épocas.

São Tomás de Aquino definiu a consciência como uma capacidade humana *aberta* a "toda a realidade". O teólogo afirmava que, por meio da inteligência e da razão (termos semelhantes ao conceito de consciência para os

---

[1] Fonte: Wikipédia.

autores mais clássicos, como os antigos gregos), o ser humano poderia ser "todas as coisas": *anima est quodammodo omnia* (a alma é, de alguma forma, tudo). Isso quer dizer que, por intermédio da consciência – a faculdade mais ampla e sutil do ser humano – seríamos capazes de nos distanciar do particular, da materialidade e da temporalidade do aqui e agora, para viajar ao infinito, em pensamentos, sensações, percepções, emoções, projeções etc. Conseguiríamos, com essa faculdade espiritual, *ser* o mundo que percebemos. Nossa mente é *capax universi* (capaz do universo) e é isso que nos faz seres "quase divinos". Ken Wilber usou o termo *Homo universalis*, para falar do ser humano universal, aberto ao Todo. Para o filósofo contemporâneo, somos parte de um mesmo Todo, e por isso essa característica e propensão ao universal é elemento intrínseco da nossa existência.

Para alguns dos filósofos gregos, o que chamavam de "razão" era a parte mais nobre e sublime do ser humano, capaz de levá-lo à união com a verdade das coisas como elas são. Para muitos desses pensadores, a razão humana pertencia à alma, uma dimensão imaterial e transcendente. Desde que o pensamento ocidental começou a organizar-se a partir da filosofia (*philo sophia*: "amor à sabedoria"), o tema da razão/consciência já era tratado com especial carinho.

Platão (428-348 a.C.) chamava essa capacidade racional e consciente de *Nous*, o portal que pode conectar-nos com a dimensão dos princípios mais fundamentais. O filósofo trouxe a ideia da "ascensão" de uma vida mais básica, simples e limitada, para um existir mais pleno, verdadeiro e sublime. Para ele, o ser humano vivia uma rotina que o levava a seguir sombras, ou "imagens" de uma realidade bem maior e mais profunda. O filósofo chamou esse nível superficial de *Doxa*, o universo da imitação, das aparências, do simulacro, das opiniões fugazes. Pela educação e pela *philo sophia* – a prática virtuosa da busca da verdade e da essência das coisas –, o ser humano poderia ascender a um nível superior e mais verdadeiro, que Platão denominou *Episteme*, o nível luminoso das coisas como elas são. Só seria possível chegar a esse nível por meio da razão superior, o *Nous* (consciência) que nos levaria ao mundo inteligível, à realidade radiante, iluminada pelo Sol que, para o pensador grego, representava a fonte de todas as coisas. O mundo do Bem e do Belo, para Platão, seria possível de ser alcançado pela inteligência pura e virtuosa, livre de interesses egoístas, enganosos ou manipuladores.

O nível e a qualidade da nossa existência dependeriam, para o filósofo, de onde estivéssemos nessa linha ascendente. Poderíamos passar a vida inteira em um espaço de aparências, de superficialidade, de opiniões subjetivas e frágeis, ou ascender a uma vida mais verdadeira, do conhecimento profundo, da dimensão essencial das coisas, e orientar nossa existência a partir deste nível mais sublime e, por que não dizer, sábio.

Platão não estava tão distante das descobertas da física quântica, que revelaram, mais de dois mil anos depois, a existência de um nível mais profundo e essencial do que somos capazes de ver com nossos olhos ou tocar com nossas mãos. A sabedoria parece ter um nível atemporal e intuitivo, além dos cinco sentidos ou de instrumentos tecnológicos. Platão talvez tenha sido um dos grandes precursores de uma ciência que foi além do puramente visível e materialmente tangível.

Aristóteles (384-322 a.C.), que foi aluno de Platão, trouxe uma leitura do homem como ser aberto à dimensão universal. Para o filósofo, o ser humano era um ser "entre" o espírito e a matéria, e com sua razão possuía uma faculdade espiritual que se dirigia ao princípio de todas as coisas. Cada um de nós estaria aberto e orientado a um "fim último", que o mestre grego chamou de *Telos*. Esse fim seria próprio da natureza humana e só poderia ser alcançado pela contemplação. Quando o ser humano atingisse seu *Telos*, encontraria sua plenitude e experimentaria uma existência feliz, num estado de vida que denominou *Eudaimonia*. Seríamos, portanto, capazes de alcançar um nível de união com nosso fim último por meio de nossa parte mais espiritual, conduzida pela razão/consciência. Esse estado nos permitiria ter vida plena e elevada, concretizada em atos mais conscientes, virtuosos, que seriam reflexo da realidade mais sublime que existisse.

Sócrates (470-399 a.C.), o grande inspirador e mestre de Platão, já dizia que escutava uma voz – que ele chamou de *Daimon* – mais elevada, que o levava a buscar a virtude e a maior verdade em todas as ações. Essa voz ia além dos seus desejos ou preferências particulares. Tratava-se de uma dimensão mais universal e atemporal que o impelia a ser melhor, a buscar a sabedoria em um caminhar constante.

A visão do ser humano aberto ao universal vem, portanto, dos primórdios do pensamento que chamamos de "ocidental". Muitos pensadores, ao longo da história da humanidade, estudaram e analisaram essa abertura do ser humano ao universal, ao abrangente, ao Todo. Mas também encontramos, nas estruturas mais antigas da filosofia oriental, essa tendência de considerar que o ser humano é parte e reflexo do Universo, e que a vida sábia e saudável consiste em viver harmonicamente com o cosmos. Para a filosofia chinesa, de influência taoista, por exemplo, "o universo cósmico e o universo pessoal foram concebidos e nasceram pelo mesmo processo" (Jahnke, 2012, p. 71).

A história humana de todos os tempos, regiões e culturas tem registrado a inclinação empírica a essa dimensão maior e universal. Povos e culturas de todas as partes e momentos históricos buscaram estruturar uma relação com o que vai além dos sentidos e da matéria mais densa ou explícita, um pensar e existir que transcendiam o âmbito particular do aqui e agora. A tendência natural do ser humano, essa *capax universi* de que falamos anteriormente, é confirmada empírica e antropologicamente pela maneira do homem se comportar e viver ao longo de sua história. Quando observamos uma tendência que vai além de lugares, culturas, momentos históricos etc., podemos inferir que se trata de aspecto próprio da natureza humana, algo intrínseco ao seu existir.

Nossa espécie parece não se reconhecer em uma existência meramente material, histórica, particular e finita. Precisamos ir além, ultrapassar os limites do tempo e espaço para habitar uma dimensão universal e infinita, e nosso "transporte" para isso é a consciência. Assim realizamos uma vocação que compõe o "aqui e agora" com o imaterial e transcendental. Esse movimento de universalização, de ir além do material e temporal, testemunha a dimensão espiritual do ser humano, que não tem relação necessária com religiões ou dogmas. O conceito de "espírito" vem de *Pneuma*, que significa "hálito", transmitindo a ideia de algo bem sutil, pouco perceptivo, invisível, que pode penetrar e estar em todas as coisas. Essa dimensão espiritual é compatível e complementária com a realidade material do ser humano, algo que os gregos e outros pensadores já haviam concluído. Alguns autores cunharam o termo "Espírito Encarnado" para sintetizar a natureza humana como essa ponte entre o material e imaterial.

Essa dimensão universal que observamos no ser humano já é denominada por alguns autores de inteligência espiritual. Francesc Torralba, por exemplo, defende que esse é o atributo mais característico do homem. E assegura que é realidade antropológica, e não uma questão de fé. Essa inteligência se caracteriza pela abertura ao Todo, que comentamos anteriormente, e a capacidade de perguntar sobre o sentido de nossa existência. Diz o autor:

> A vida espiritual é o produto da inteligência espiritual. (...) É o movimento, dinamismo rumo ao infinito (...) indica uma sede de plenitude. (...) Somos seres finitos abertos ao infinito, seres relativos abertos ao Absoluto. (...) A espiritualidade é inerente à pessoa assim como é sua corporeidade. (...) Pertence ao substrato mais profundo do ser humano
>
> (Torralba, 2011, p. 50).

Essa busca universal do ser humano pelo transcendente foi estudada e analisada ao longo de séculos por pensadores, místicos, filósofos, antropólogos etc. Esse pensar mais amplo – que transcende tempos e lugares – foi batizado de filosofia perene, por tratar-se de um corpo abrangente de sabedoria que não se fixa em corrente ou teoria alguma, e sim une as diversas linhas e ideias ao longo da história humana.

A trajetória que estudamos e conseguimos traçar parece ter começado, como dissemos, com o Big Bang, que se expandiu a partir de uma densidade infinita e continuou em caminho evolutivo até chegar (dentro dos limites de nossa esfera de estudo) ao ser humano, um ser consciente e aberto ao universal, peregrino em direção a uma dimensão total. Podemos então inferir que o Ponto Ômega de Teilhard de Chardin – o conceito transversal que fundamenta e permeia toda a concepção deste livro – é, além do ápice e destino da jornada da sabedoria, uma atração que faz o homem voltar às suas origens, ao Um inicial de onde veio. Trata-se de ciclo constante entre origem e destino, que representa a vocação de todos nós de nascer do infinito e voltar a ele.

Abertos para além de nós mesmos

A inteligência espiritual, como vimos, leva o ser humano a um estado de constante abertura, "ao que não é ele" – ou, ainda melhor, "ao que está além dele". Podemos dizer então que o homem é, em essência, um ser transcendente. Esse termo vem do latim *trans-scendere*, que significa "ir além de um limite". Nossa natureza nos impele constantemente a irmos além dos limites do eu.

Podemos pensar em três níveis ou âmbitos da transcendência humana. O primeiro, de que já tratamos aqui, é a transcendência à dimensão universal. Quando Aristóteles elaborou o conceito de *Eudaimonia*, ou plenitude, como um estado de excelência alcançado por meio da contemplação e da ação virtuosa, fez uma distinção entre fins que podemos denominar "parciais" e o "fim último", um estágio no qual a pessoa consegue saciar-se. Ganhar dinheiro, por exemplo, seria para o filósofo um fim relativo ou instrumental, que não saciava o homem em sua aspiração mais profunda e espiritual. Era um fim que se abria a outros fins, que nesse caso poderiam ser status, pertencimento, conforto, dignidade etc. Para o sábio grego, a alma humana continuaria aberta em sua busca até se deparar com seu *Telos* final. A felicidade estava, portanto, no encontro desse estágio último da busca humana. Nesse sentido, podemos concluir que esse primeiro nível de transcendência traz consigo a constante procura, a que nos referimos neste capítulo, o ato mesmo de filosofar como o contínuo "amor à sabedoria".

Um segundo nível de transcendência traz o movimento "além de si mesmo" para maior excelência ou plenitude na experiência de existir. O ser humano não é um ser "terminado" ou "completo", mas *existe na incompletude*, vai fazendo-se, tornando-se, completando-se, sendo mais à medida em que vive e age. Trata-se de um crescimento constante, "em gerúndio". O grande filósofo alemão Martin Heidegger cunhou o termo *Dasein*, que significa o "ser-aí", o ser que existe existindo, vivendo, que está diante de todas as possibilidades e experimenta a insegurança de um ser inacabado. O *Dasein* é o ser aberto a tudo o que pode ser e vai se completando e amadurecendo à medida que vive. Aqui lembramos o grande Guimarães Rosa com um trecho de sua obra antológica *Grande Sertão Veredas*[2]:

O senhor... mire, veja: o mais importante e bonito do mundo, é isto: que as pessoas não estão sempre iguais, ainda não foram terminadas – mas que elas vão sempre mudando. Afinam ou desafinam.

(Rosa, 1976)

Diante do devir constante, da enorme abertura de possibilidades e grande indeterminação, escolhemos nosso

---

[2] Disponível em: <http://www.pucsp.br/rever/rv4_2010/r_brito.htm>. Acesso em: 28 nov. 2016.

destino por meio de atos concretos e livres, motivados por algum tipo de bem. É nessa dinâmica que o ser humano se autodetermina. Paradoxalmente, quanto mais nos lançamos além de nossos limites, mais nos realizamos. Ao ampliar as fronteiras do nosso eu, avançamos na jornada do nosso ser verdadeiro. O homem, em sua transcendência, se confirma e se forma, transpassando-se a si mesmo. Esse movimento é um ciclo constante – ou melhor, uma espiral – de autodesenvolvimento a partir do distanciamento do que somos hoje para superarmo-nos, ampliarmo-nos, e sermos *mais* amanhã.

Além dessa constante dinâmica de ampliação e crescimento, podemos dizer que quanto mais virtuosos forem nossos atos (ligados a algum tipo de bem universal), melhores seres humanos seremos. Por isso, Platão e Aristóteles defenderam a virtude como um atuar sublime, que tem um valor *per se*, não é instrumental, e nos leva a sermos mais humanos quando a incorporamos ao nosso existir. O ser humano é livre para agir como quiser – é um *ser em ação* –, mas por sua consciência e sua "dimensão universal" tem a possibilidade de realizar-se em sua liberdade como pessoa humana em um nível mais virtuoso, excelente.

O terceiro nível de transcendência é aquele que nos leva aos demais seres humanos que compartilham nossa vocação no mundo. Na natureza humana está escrita uma natural abertura ao outro, um afã de convivência com outras pessoas, que Ortega y Gasset chamou de "textura social do homem". Já os chineses chamam este campo de *Xin Fa*, uma dimensão de experiência, conexão e troca a partir do coração.

Se, por um lado, cada pessoa tem substância individual, uma unicidade composta por corpo e alma, por outro lado é também um ser relacional e essencialmente aberto a existir e completar-se nos demais. A aventura humana acontece na união de duas dimensões complementares: a individual e a coletiva. O ser único e histórico e o amplo grupo humano, conectados por uma dimensão que transcende tempo e espaço. Somos únicos e vários, somos um e muitos. Por isso, o psiquiatra Carl Jung desenvolveu a ideia de *inconsciente coletivo*, uma ampla dimensão humana – além da particularidade de cada indivíduo – que influencia nossa forma de ser e atuar, ao mesmo tempo que é formada pela maneira com que atuamos como espécie. Nossa existência, portanto, é pautada pela dança e encontro desses dois mundos: o eu como pessoa única e como parte de um todo maior chamado humanidade. Dois mundos que se influenciam mutuamente.

É por isso que indivíduo e comunidade não se contrapõem, mas se fundem em unidade harmônica. Uma pessoa se completa e chega à sua plenitude, na comunidade, sem abrir mão de quem é. Por sua vez, a comunidade se completa a partir da participação ativa e aberta de cada pessoa, da contribuição única e insubstituível de cada indivíduo. Os dois extremos dessa polaridade trazem aspectos limitantes e negativos. Se alguém se coloca acima da comunidade, situa-se num individualismo que gera prejuízos para o todo, para o bem comum e a vida coletiva. No caso oposto, defender a coletividade por cima da individualidade pode levar a um sistema que ignora o valor de cada pessoa e a submete a uma filosofia comunitária que aliena e não considera a sua contribuição específica.

Quando conseguimos vislumbrar no outro ser humano a qualidade de "próximo", participamos de sua humanidade, conseguimos integrar o aspecto transversal da natureza humana, apesar de nossas diferenças. Pelo verdadeiro diálogo maximizamos essa humanidade comum e complementamos nossa individualidade com a convergência de um querer mais amplo, e assim a diversidade e a singularidade se encontram com a unidade e a comunhão.

Aristóteles já definia o homem como *zoon politikón*, um animal político, social por natureza, e que se realizava na *Polis* (a cidade, mas o termo pode também se aplicar a qualquer coletividade). Como animal político, o indivíduo vivia sua humanidade em plenitude quando era capaz de compartilhar um bem maior com os demais, alcançando a realização individual e a coletiva. Ambas as dimensões são, como vimos, complementares. Cada indivíduo (a parte) está a serviço e dá sentido à comunidade (o todo), e a comunidade (o todo) está presente em cada indivíduo (a parte).

O homem; as viagens

(...) Restam outros sistemas fora
do solar a col-
onizar.
Ao acabarem todos
só resta ao homem
(estará equipado?)
a dificílima dangerosíssima viagem
de si a si mesmo:
pôr o pé no chão
do seu coração
experimentar
colonizar
civilizar
humanizar
o homem
descobrindo em suas próprias inexploradas entranhas

a perene, insuspeitada alegria

de con-

viver.

Carlos Drummond de Andrade, 1980

A consciência e o caminho de ascensão

Platão foi um dos precursores em estruturar a vida e a existência humana em uma escala de níveis, do mais básico, superficial, parcial e "aparente" ao mais amplo, abrangente, profundo, excelente e "verdadeiro".

Vemos isso com mais clareza nesse trecho do seu célebre diálogo de *O Banquete*:

Todo aquele que deseja atingir essa meta ideal, praticando acertadamente o amor, deve começar em sua mocidade por dirigir a atenção para os belos corpos. (...) Mas, a seguir, deve observar que a beleza existente em determinado corpo é irmã da beleza que existe em outro (...) e que seria grande mostra de insensatez não considerar como sendo uma única e mesma coisa a beleza que se encontra em todos os corpos (...) Em seguida, considerará a beleza das almas como muito mais amável que a dos corpos. (...) O amante contemplará desse modo que a beleza está relacionada com todas as coisas e considerará a beleza corpórea como pouco estimável. (...) O discípulo volver-se-á agora para o imenso oceano da beleza e, contemplando-o dará à luz incansavelmente belos e esplêndidos discursos. (...) Quando um homem foi assim conduzido até esta altura da arte amorosa (...), quando atingiu corretamente a instituição amorosa, esse homem (...) verá bruscamente certa beleza, de uma natureza maravilhosa. (...) Verá um que, em primeiro lugar, é eterno, que não nasce nem morre, que não aumenta nem diminui (...), belo para alguns e feios para outros. Conhecerá a beleza que existe em si mesma e por si mesma, sempre idêntica, e da qual participam todas as demais

> coisas belas. (...) Quando, das belezas inferiores nos elevamos através de uma bem entendida pedagogia amorosa, até a beleza suprema e perfeita (...) cumpre sempre subir usando desses belos objetos visíveis como de degraus de uma escada (...) até que, de ciência em ciência, se eleve por fim o espírito à ciência das ciências que nada mais é do que o conhecimento da Beleza Absoluta (PLATÃO, 2005, pp. 149-50).

Para Platão, o caminho ascendente do mais particular e limitado ao mais essencial das formas puras – a trajetória filosófica já citada – só era possível ocorrer a partir do *Eros*, essa força amorosa que nos conduz às alturas da existência.

Podemos dizer que o filósofo grego foi, em certo sentido, o antecessor e o inspirador de alguns pensadores clássicos que elaboraram uma estrutura em níveis para explicar a natureza e o existir humano, como Plotino, entre outros. Mas a visão da existência em níveis e escalas que vão do mais denso, temporal e pontual ao mais sutil e abrangente, transcendeu localidades e períodos históricos e pode ser observada em filosofias orientais, como a hinduísta, taoista e budista. Não seria impreciso, portanto, afirmar que essa forma de descrever a existência e a evolução é parte da filosofia perene.

Alguns autores contemporâneos, como Abraham Maslow, Clare Graves, Robert Kegan, Susanne Cook-Greuter, William Torbert e Chris Cowan, organizaram essa visão mais clássica de vários níveis de existência, em propostas semelhantes, que receberam alguns títulos como "estágios do desenvolvimento humano" ou "níveis de consciência". Tal abordagem trouxe a dinâmica da consciência humana e seu agir no mundo, que vão de um nível mais "estreito" de percepção e comportamento, passando por estágios mais amplos que incluem os anteriores e os expandem (ver Figura 1).

Figura 1: *Estágios ou níveis de consciência que se ampliam, incluindo os anteriores*

Fonte: Chris Cowan e Don Beck

Os níveis mais básicos estão condicionados pelos limites do ego e das necessidades mais instintivas: o indivíduo se relaciona com o mundo, centrado em seu próprio eu e dominado pelos impulsos. À medida que amadurece ou evolui pela espiral da consciência, o sujeito vai ampliando sua percepção e comportamento, a partir de um senso de pertencimento a um grupo ou coletividade, com seus conjuntos de valores. Finalmente ascende às esferas mais amplas, onde experimenta conexão maior com toda a realidade, um senso de união e presença com todas as dimensões, um estado de unidade com todo o Universo, que vai além de qualquer grupo ou ideologia (BECK; DON; COWAN, 1996). Quanto mais o indivíduo ascende na espiral da consciência, mais sutiliza sua existência, conhecendo aspectos mais amplos, profundos e essenciais da realidade, como bem representou Platão no texto citado anteriormente.

Essa consciência do Todo talvez tenha sido um pouco do que experimentou o astronauta Rusty Schweickart, quando voou na Apolo 9, em 1969, ao ver, do espaço, o planeta:

> Você olha lá pra baixo e não pode imaginar quantas margens e fronteiras você cruzou repetidas vezes. E você nem mesmo as vê. (...) Você

> sabe que existem centenas de pessoas matando umas às outras, sobre uma linha imaginaria que você não pode ver. De onde você a vê, a coisa é um todo, e é muito bonita. (...) Percebe que, naquele pequeno ponto, aquela coisinha azul e branca é tudo o que significa para você. Toda a história e a música, e poesia e arte, e o nascimento e o amor (...) tudo isso está naquele pontinho que você pode cobrir com seu polegar. (...) Agora você não está mais dentro de algo com uma janela olhando para o quadro lá fora, você está lá fora e o que tem em volta de sua cabeça é um aquário, e não há fronteiras. Não existem estruturas, não existem limites (RUSTY apud SENGE, 2008, pp. 398-9).

Não é necessário subir a um módulo lunar para chegar a essa conclusão. Como seres humanos, somos dotados de alma, uma dimensão metafísica cuja essência nos projeta para um nível mais amplo de consciência. Condição que nos permite descobrir que limites, fronteiras e separações são invenções do homem. Não pertencem ao Universo ou à natureza; são definições artificiais e arbitrárias que criamos para viver "melhor". E acabamos presos na nossa própria armadilha. Os paradigmas que permearam a construção de nossas sociedades e instituições (entre as quais a empresa), trouxeram limites e divisões que precisam ser superados.

Podemos dizer, pois, que a transcendência – inerente à natureza humana – se manifesta por uma "estrada possível" que vai do mais básico, imediato, material, limitado e separado, ao mais amplo, atemporal, sutil, espiritual e conectado. Nossas vidas e histórias, como seres individuais e como parte da humanidade, dependerão de nossas escolhas, de nossa decisão autônoma de como queremos caminhar por essa estrada. E nossos mundos corresponderão a essa decisão. Aqui residirá o drama do existir humano.

Drama em dois atos: da razão pura ao existir líquido

Ao observar a trajetória do pensamento ocidental, veremos que a visão transcendente do homem, que começou com a filosofia grega e a concepção da metafísica, se desenvolveu ao longo dos séculos até receber uma roupagem religiosa. A teologia chegou a permear as visões filosóficas do mundo, e tivemos na Idade Média o ápice de uma sociedade totalmente moldada e estruturada a partir de dogmas e doutrinas de cunho religioso.

Como a história é pendular, talvez esse extremo histórico tenha atraído um outro polo. A reação à metafísica, levada a todos os níveis da vida humana, se ergueu com a bandeira da razão como único ponto de referência para entender o mundo.

O filósofo René Descartes (1596-1650) é considerado o fundador do racionalismo moderno. Ele desenvolveu uma teoria e método que separou a mente (*res cogitans*) do corpo ou matéria (*res extensa*).

> Concluo justamente que minha essência consiste nisto apenas, que eu sou uma coisa pensante. (...) E no entanto (...) tenho um corpo ao qual estou estreitamente ligado, tenho, de um lado, uma ideia clara e definida de mim mesmo como coisa pensante, não extensa, e, de outro lado, a ideia nítida de meu corpo como uma coisa extensa e não pensante (DESCARTES, 2004).

Essa distinção histórica revolucionou a forma de pensar e agir no mundo. Para o filósofo francês, o mundo material era algo que devia ser explorado e descoberto pela razão, que considerava o instrumento adequado para assimilar o conhecimento concreto das coisas como são.

O cosmos passou a ser visto como engrenagem mecânica, um relógio, tendo o homem como relojoeiro. O método cartesiano se fundamentou na dúvida: começar duvidando de tudo, e com a razão, por meio da análise, separando o mundo material e observável em partes menores, o ser humano seria capaz de entender e controlar o mecanismo de tudo o que existe. O universo não material, mental – e, por que não dizer, espiritual – pertenceria a outro plano. Para os fins do seu método, que intentava trazer conhecimento real e científico para um mundo prático e lógico, Descartes não considerou tão relevante esse plano espiritual. Com seu dualismo, deu prioridade ao que era possível ver, tocar e entender. A outra esfera – invisível ou imaterial – não era central para entender o mundo. O ser humano foi cortado ao meio, divisão que acabou perdurando por muitos séculos e que gerou incompletude no entendimento do mundo. Somos herdeiros e vítimas dessa forma de ver o mundo até hoje. Nossas organizações são âmbitos materiais, racionais e profissionais, nas quais uma parte essencial do indivíduo (intuição, emoção, prazer, diversão, elevação) costuma ficar de fora.

Ao propor essa separação entre matéria e mente/alma, Descartes abriu as comportas para muitas outras linhas de pensamento, que foram desdobramentos de seu racionalismo científico.

O empirismo, como filosofia, foi "primo" do racionalismo e defendeu que tudo o que existia eram impressões concretas que chegavam ao nosso cérebro de maneira inequívoca. Para os empiristas, não havia espaço para o universal, para ideias genéricas ou abstratas, para princípios ou grandes ideais. Só havia o mundo do particular, do concreto, o que percebíamos com nossos sentidos.

David Hume (1711-1776) foi um dos grandes expoentes dessa abordagem. Ele postulava que o conhecimento não tinha outro fundamento e origem que a experiência.

Tanto o racionalismo quanto o empirismo incorporaram um conteúdo que já vinha sendo desenvolvido a partir do cientificismo, empunhando a bandeira da ciência como o novo fundamento sobre o qual as colunas do conhecimento seriam erguidas. Para pensadores como Francis Bacon (1561-1626), o processo de conhecimento só podia ocorrer pela forma indutiva, partindo do particular e empírico para chegar às conclusões. Não era sensato considerar premissas gerais, universais, máximas *a priori* sobre qualquer realidade, para chegar a alguma conclusão sobre um fenômeno qualquer. Pensadores dessa escola científica, como Bacon, clamavam que o conhecimento era poder e que a relação da ciência com a natureza era de controle e domínio. O homem seria capaz de conquistar o planeta pela razão, pela ciência e pela técnica. Rompia-se a visão que nascera com os filósofos gregos – como Sócrates, Platão e Aristóteles –, de que o ser humano se admirava com o mundo e a natureza, numa atitude de respeito diante do cosmos que o transcendia. O conceito de *philo sophia* – "amor à sabedoria" –, uma jornada constante num caminho que sempre estava à frente do caminhante, dava lugar ao sistema em que o homem era protagonista e senhor do conhecimento. Ele produzia o saber, não se lançava atrás do conhecimento, não era amante da sabedoria, mas o controlador e dominador do seu objeto de estudo. E avançava nessa missão com seu poderoso instrumento, a razão, e seu infalível método, a ciência.

A Europa do século XVIII fervia com o que seria chamado posteriormente de Iluminismo, a era que veio "dar luz" à consciência humana, depois de um longo período de "trevas".

A obscuridade teria alcançado o ápice, segundo os iluministas, na Idade Média, período em que, como vimos, a fé determinava todos os aspectos da vida no mundo ocidental. A luz que o Iluminismo empunhava tinha origem na razão que bastava a si mesma e não precisava de nenhum outro recurso transcendente ou metafísico para existir.

Immanuel Kant (1724-1804) foi um importante filósofo dessa época. Diferenciou o mundo "lá fora", real – que chamou de *Noumena* – como algo inatingível e que só poderia ser captado por meio dos nossos filtros mentais – que formavam o que chamou de *Phenoumena,* a nossa experiência da realidade. Com sua filosofia até buscou aproximação entre os racionalistas e empiristas, ao afirmar que existiam juízos *a priori*, prévios a qualquer experiência e baseados em categorias mentais preexistentes, e os juízos *a posteriori*, fundados na experiência. Pretendia assim unir o universal – conceitos mentais amplos – com o particular, o acesso ao concreto da vida sensorial e experimental tão cara ao empirismo. Mas o filósofo alemão fazia isso desde a razão apenas, o único e autossuficiente ponto de referência do ser humano.

A França pós-absolutismo construiu sua nova sociedade sobre os pilares de *Liberté*, *Égalité*, *Fraternité* (liberdade, igualdade, fraternidade), valores que acabaram influenciando a nova sociedade norte-americana, então recém-independente da Inglaterra. A construção da democracia, nas sociedades ocidentais, foi sempre influenciada por esses pilares, mas o que pareceu ter prevalecido com maior força foi o valor da liberdade, a autonomia do indivíduo guiado pela razão e por seus direitos particulares. Foi a liberdade, e não a natureza humana, o cosmos ou qualquer entidade transcendental, o pilar da moral e da *práxis* na era das luzes.

Essa soberania individual já vinha ganhando muita força e peso com alguns pensadores ingleses. John Locke (1632-1704) defendia a ideia do indivíduo soberano, dotado de liberdade, um sujeito que valorizava a utilidade das coisas. Para ele não existia natureza humana – só a liberdade, que permitia a valorização do que era utilizável pelo homem. Reeditava-se, portanto, a máxima do pré-socrático Protágoras (490-420 a.C.) que dizia que o homem era "a medida de todas as coisas". O universo se encolhia e se submetia à liberdade e à utilidade, às necessidades do indivíduo, que passava a ser o centro da existência. A vida social seria um contrato necessário para garantir a liberdade e o desejo de utilidade do ser humano.

Thomas Hobbes (1588-1679) foi um pouco além de seu compatriota Locke. Para ele, só existiam os apetites – o homem devia amar o que era desejável para satisfazer tais apetites e odiar o que não era desejável. Além disso, Hobbes via o homem como um ser competitivo por natureza, proclamando que os indivíduos, em seu estado natural, se ameaçavam mutuamente. Existia uma guerra natural de todos contra todos no mundo coletivo de Hobbes. *Homo homini lupus*, "o homem é o lobo do homem", foi uma de suas frases mais conhecidas. O Estado – o Leviatã – seria o mediador que permitiria o contrato social entre indivíduos, para que esse estado de guerra natural não prevalecesse. As ideias de Hobbes se perpetuaram através do tempo, culminando em uma mentalidade predatória, de competição extrema que vemos ainda hoje no universo organizacional.

O utilitarismo iria maximizar essa ideia de Hobbes de perseguir o desejável e evitar o que não se desejava. Para essa filosofia, a felicidade era sinônimo de prazer, e o seu sentido era maximizar o gozo e evitar a dor e o sofrimento. Os pensadores ingleses Jeremy Bentham (1748-1832) e John Stuart Mill (1806-1873) foram os principais nomes que defenderam essa teoria. O grande limitador do utilitarismo foi não pensar em algum parâmetro que pudesse ser universal para essa medida de felicidade. Se o prazer era algo muito subjetivo, como então pensar em um contexto ou forma de vida que pudesse garantir a felicidade para um maior número de pessoas, com diferentes desejos e expectativas? De novo apareciam o relativismo e subjetivismo, que acabaram sendo consequência natural do racionalismo, ao limitar a experiência humana ao exercício da razão individual.

O utilitarismo acabou sendo incorporado pela filosofia capitalista, surgida no século XIX, quando o cartesianismo já estava consolidado na estrutura e nos métodos do mundo da indústria e das organizações. Estabeleceu-se uma crescente eficiência, que se consolidaria com a formulação da administração científica – por nomes como Henri Fayol (1841-1925) e Frederick Taylor (1856- 1915). Como resultado, a indústria e o capital experimentaram um crescimento exponencial, que chegou ao seu ápice no início da segunda metade do século XX, padronizando um modo de vida confortável, representado pela prosperidade da sociedade de consumo americana do pós-guerra. Começava um período que o alemão Erich Fromm (1900-1980) chamou de *era do ter*. Ele se intrigava ao perceber que, com o aumento da prosperidade material, os problemas psicossociais aumentavam em igual ou maior proporção. Para Fromm, o ser humano do mundo material era visto como partícula impessoal.

Na *era do ter*, o Ser passava a segundo plano. A identidade humana provinha da produção, da riqueza material e do consumo. A técnica assumia importância primordial, pois era a garantia de prosperidade e crescimento econômico. E, do outro lado do consumo, o trabalho perdia seu caráter enobrecedor e tornava-se instrumental, apenas recurso a serviço da maior produtividade possível (ideia que será explorada com maior profundidade no Capítulo 3).

Nessa trajetória histórica, brevemente narrada, vemos, a partir da divisão dual de Descartes, uma sucessão de ideias filosóficas com grandes impactos na humanidade e nas sociedades. Traço comum, nessas ideias, é a negação de qualquer dimensão metafísica ou transcendente. Tudo o que vai além do racional, objetivo, material, visível ou sensorial, é tido como irrelevante. E o resultado disso é uma visão parcial do homem, que foi cortado ao meio e passou a ser um sujeito ou agente medidor, controlador, produtor do mundo material.

A contemplação, que era para Aristóteles o caminho para a felicidade, perdeu sua razão de ser. A relação com a natureza e o cosmos passou de uma abertura dócil e de uma sintonia íntima para uma dinâmica de domínio e utilidade. Não houve mais espaço para princípios ou grandes ideias. O *Telos* aristotélico ou conceitos como virtude, ideal, felicidade e plenitude foram vistos como abstrações impostas *a priori*, sem conexão com o realmente importante, que passou a ser a experiência sensorial, a técnica e o âmbito material "valioso" a partir do uso. O mundo da razão e da ciência, da prática e da eficiência, da produtividade e do lucro, inaugurou outro *telos*, outro fim e sentido ao existir humano. Mas, à diferença do *Telos* de Aristóteles, aquele era extrínseco ao homem, não era parte de sua natureza, não tinha uma dinâmica "de dentro para fora", mas fora criado pela sociedade e pelos arquitetos dessa nova forma de ver e viver no mundo.

Depois dessa era chamada Moderna – que começou com o triunfo da razão sobre o transcendente –, tivemos um novo período de pensamento e uma nova forma de ver o mundo, quase concomitantes ao advento do capital e suas consequências já descritas, que foi denominado de pós-modernidade. O século XX foi marcado pelo avanço do universo material, da técnica e da produtividade, ao mesmo tempo que suscitou sérios questionamentos sobre qualquer sentido ou ponto de referência para a existência humana. Um paradoxo que vários pensadores e filósofos não hesitaram em anunciar com uma voz provocadora e uma bandeira desconstrutiva.

Friedrich Nietzsche (1844-1900) foi um dos grandes pensadores pós-modernos. Combateu com veemência o mundo dos princípios, dos grandes ideais, da metafísica em geral. Para ele, o sentido do existir humano originava-se da "vontade de poder", das escolhas livres do indivíduo e seu fazer. Para superar o vazio da existência, o homem deveria impor o significado de sua vida por meio da sua vontade e das suas ações, tornando-se assim um "super-homem" ou "além-homem" (*Übermensch*). Não havia nada além disso. Ele criou a metáfora de que o Sol (símbolo platônico que significava a fonte metafísica de sentido) "foi desacorrentado da Terra", e o ser humano andava em um deserto, sem valores ou grandes fundamentos.

> És tu o vitorioso, o vencedor de ti, o soberano dos sentidos, senhor de tuas virtudes? É o que te pergunto. (...)
>
> Deves construir algo acima de ti. Mas primeiramente deves construir a ti mesmo, retangular de corpo e alma.
>
> Não deves só reproduzir-te, mas superar-te! (...)
>
> Deves criar um corpo superior, um primeiro movimento, uma roda

> que gire sobre si; deves criar um criador. (...)
> Eu não quero esse céu dos supérfluos (NIETZSCHE, 2010, pp. 100-1).

Os filósofos chamados "existencialistas" – um grupo protagonista da pós-modernidade – defendiam que não havia qualquer dimensão objetiva, nem mesmo as teorias rígidas e definidas do cientificismo. O sujeito deslocado perdia qualquer referência, e a vida passava a definir-se a partir das ações que realizava e das escolhas que fazia. Ser era *existir*. O foco estava todo na dimensão subjetiva e individual: a existência precedia a essência, invertendo o princípio que a metafísica sempre defendeu, de que o Ser precede a existência.

Jean-Paul Sartre (1905-1980) foi um grande filósofo francês e um dos principais nomes do chamado existencialismo (além de Søren Kierkegaard, um dos precursores, entre outros). Para ele, não havia ordem natural. As pessoas determinavam a substância de suas vidas, deviam segurar o destino com as próprias mãos, assumir sua liberdade, criar sua própria existência. O mundo era uma totalidade indeterminada que só podia ganhar sentido a partir da atividade estrutural da consciência. Sem essa construção individual e subjetiva, a existência era um grande vazio de significados, que fazia o homem viver uma grande "náusea", termo usado como título de uma das suas principais obras. Viver no idealismo que a sociedade nos incutia condenava o sujeito a existir em uma vida inautêntica, feita de escolhas que não eram suas, mas impostas de fora, pelo "dever ser" de um código coletivo arbitrário.

Martin Heidegger (1889-1976), que já citamos, foi outro importante pensador da filosofia chamada "pós-moderna" e um dos herdeiros da fenomenologia, sistema de pensamento que defendia o existir a partir da experiência, e sem dúvida um dos grandes nomes do existencialismo. Criticou a metafísica tradicional, que postulava certos valores abstratos e genéricos, e defendeu a existência concreta do "aqui e agora", através de seu *Dasein* (já abordado neste capítulo), o "ser sendo", o viver se desdobrando em escolhas livres, sem nenhuma relação com alguma realidade ou dimensão transcendente estipulada *a priori*.

Podemos dizer então que a pós-modernidade terminou de bater, com seu martelo impiedoso, no que a modernidade começou a desconstruir, ou seja, um mundo concebido sobre verdades dadas, preexistentes. Desde a ruptura inicial da modernidade, já não havia nenhum ponto de referência universal, anterior, para começar a construir algo, só a razão e a experiência. Mas a bandeira pós-moderna foi além e desconstruiu até as bases mínimas que a modernidade tinha trazido. Para essa filosofia, nem os padrões científicos eram pontos de referência absolutos. Só havia o sujeito, com seu existir livre diante de um mundo aberto, cheio de opções, caminhos e possibilidades.

Tratava-se da reedição de um antigo debate da Grécia pré-socrática. Pensadores sofistas como Górgias defendiam que não havia um ser estável ou um padrão universal de referência para o homem. Só existia o sujeito, com sua razão e liberdade, com capacidade de agir e linguagem para criar os discursos que quisesse.

Com essa desconstrução pós-moderna e com o advento do capital e do materialismo, o grande desafio passou a ser o desaparecimento de qualquer âmbito além do subjetivo, que pudesse unir os vários indivíduos em um mínimo padrão ou código de existência comum. Não havia mais lugar para o conceito de "humanidade" em seu aspecto mais profundo.

Essa era trouxe avanços consideráveis, como a consolidação da democracia, a declaração dos direitos humanos, entre outros, mas quando observamos mais de perto os problemas e desafios das sociedades contemporâneas, percebemos o grande vazio que a pós-modernidade gerou. As relações humanas vivem a grande limitação do individualismo, das contradições sociais e coletivas, daquilo que Peter Russell chamou, com acerto, de "ego encapsulado".

Essa sociedade individualista e materialista, fruto desse período da história da humanidade que começou no século XV e se estende até hoje, foi batizada por Zygmunt Bauman de Modernidade Líquida (BAUMAN, 2001). Para o autor, o sujeito contemporâneo perdeu suas grandes referências, e, sem identidade, vive em uma era em que tudo é fluido, líquido, fugaz. Surge um novo tempo, instantâneo, de curto prazo, onde o agora é o mais importante. Não há passado ou história, nem futuros a serem construídos, só o momento do "já".

Esse novo tempo só é acentuado pela tecnologia, que traz o imediato para o mundo, com a conectividade total em tempo real, a interatividade, o universo das redes sociais, o "dogma" dos poucos caracteres, as *selfies*. O indivíduo passa a ser o grande protagonista desse mundo virtual. Ele pode ter sua página na rede social e receber milhares de "curtidas" se for criativo e minimamente popular. As instituições tradicionais perderam espaço para uma nova entidade, o indivíduo livre, tecnológico. Nesse sentido, o novo tempo consolidou um novo espaço, o do mundo virtual, conectado, uma versão histórica do que o filme *Matrix* (1999) havia profetizado: a vida em um sistema computacional, no qual as pessoas são avatares, personagens virtuais em um existir que é projeção da mente, imagem artificialmente construída.

Com o indivíduo no centro, em um espaço virtual e um tempo instantâneo, surge o que Bauman chama de "desengajamento". O sujeito contemporâneo vive em função de suas escolhas rápidas e temporárias, sem nenhum vínculo com grandes ideais ou projetos. O "aqui e agora" do mundo líquido – que não tem localidade nem temporalidade – é a nova metafísica do indivíduo do século XXI. Esse fenômeno tem causado sérios impactos no mundo organizacional, transformando a maneira do indivíduo lidar com sua profissão e carreira, o que obriga as empresas a repensarem a relação com seus profissionais e colaboradores.

Quando colocamos um foco de luz nos últimos seis séculos, em uma análise mais criteriosa, não há como negar os aspectos positivos que a modernidade e a pós-modernidade trouxeram para a humanidade. Para nomear alguns, podemos falar da primazia da liberdade, a superação de dogmas ou doutrinas arbitrárias, a ascensão da razão e da lógica como caminho para a construção da ciência objetiva, a experiência como fator relevante para a vida humana, a tecnologia e a produtividade como elementos de progresso material, os direitos do indivíduo e a democracia.

Mas a limitação dessa gradual construção, que culmina em uma concepção ainda muito presente no mundo contemporâneo, está na visão estreita, instrumental, do ser humano, que passa a ser enclausurado na sua individualidade e liberdade. O indivíduo contemporâneo basta-se a si mesmo. Com sua razão e os instrumentos próprios ao seu dispor, pode compor a vida que quiser, de maneira autossuficiente. Com o peso dado ao mundo material, o Ser se confunde com o ter, e as relações passam a se submeter a aspectos extrínsecos à pessoa, como poder, status, riqueza, popularidade. A visão da natureza humana – uma identidade que vem também da espécie à qual pertencemos – é deslocada para uma lei em que o indivíduo, suas ações livres e suas conquistas mais externas, passam a ter importância primordial. O espírito é "abafado", enclausurado, a alma é esvaziada em uma existência fechada na própria autonomia do ego.

Por isso, o grande desafio da humanidade – e do universo organizacional – passa por reconhecer os benefícios que a modernidade e a pós-modernidade trouxeram, mantendo-os e potencializando-os ainda mais, e ao mesmo tempo perceber suas limitações. Assim, será possível resgatar o que foi construído pela sabedoria natural e quase espontânea da filosofia perene, que hoje vai se encontrando com uma nova ciência, desprendida das estreitas fronteiras da "razão pura".

A reconciliação necessária

O mundo, depois da pós-modernidade, necessita de um movimento de reconciliação ou reintegração. É preciso resgatar a visão original que a filosofia perene desenvolveu, com um padrão universal que une ordem e caos, sem engessar ou mecanizar a existência. A ciência atual está revelando os limites da razão pura e deparando-se com mistérios que talvez não tenham explicações empíricas ou lógicas, que nem por isso deixam de ser reais. Há espaço para que o emergente e o imprevisível convivam com padrões mínimos que ordenam a existência, em um caminho evolutivo e significativo.

Nesse processo de reintegração de visões que foram separadas ou tratadas como excludentes, é necessário resgatar também a natureza humana. O fato de o homem ser um indivíduo racional e livre não o exclui de compartilhar atributos, características, desejos que são coletivos e universais porque pertencem à sua espécie mesma. Essa natureza, apesar de ser concretizada na sublime individualidade, é – como vimos – aberta a uma dimensão ampla e se dirige a fins abrangentes, capazes de levar o homem às aspirações mais elevadas. A dinâmica da alma humana é compatível com sua materialidade e com os mecanismos e necessidades de seu corpo.

Mas, se formos bons alunos da história, aprenderemos a realizar este projeto, não pelo caminho de dogmas ou doutrinas predefinidas ou dadas *a priori*, e sim pela experiência significativa, pela dimensão fenomenológica, pelo caminho do que podemos viver individual e coletivamente. O desafio é, portanto, conectar essa dimensão fenomenológica da experiência real com uma saudável metafísica, baseada também em uma vivência profunda, que vai além dos limites de uma razão que não consegue entender ou "desvendar" tudo. Há espaço para o mistério em nosso mundo físico, psicológico e social. Lembremos que a própria física quântica nos revelou que a matéria se comporta de modo imprevisível e não lógico em muitos dos seus movimentos ou "reações". O órgão humano do século XXI não é a razão de Descartes ou a lógica do cientificismo, é a consciência no sentido amplo, que engloba razão, emoção, intuição, enfim, a alma como um todo. A ciência da atualidade vai descobrindo gradualmente que a espiritualidade – no sentido "filosófico" da palavra – é necessária para entender o Universo e para viver com sabedoria a aventura de nossa vida.

Cada vez mais cientistas, filósofos, pesquisadores, e até líderes espirituais, vão percebendo que não existe distância entre o que antes foi considerado um universo de opostos: o mundo lógico da razão e da experiência é compatível com a transcendência. E para experimentar esse mundo misterioso, é preciso integrar todos os aspectos da consciência em uma existência mais holística e total.

Nessa jornada, continuaremos a descobrir que há algo de espiritual no comportamento material, e que razão e mistério são como duas asas de uma mesma realidade, que é a nossa existência. Vivemos o desafio de "religar" matéria e mente, de consolidar um pensamento de "imanência transcendente", depois de perceber que os extremistas de ambos os polos (imanentes e transcendentes) tinham a metade da razão, estavam parcialmente certos. E o Universo – que é a própria evolução material/espiritual – é o grande testemunho desse "caminho do meio".

E, de novo, a física quântica também confirma essa integração de polaridades quando vemos a matéria se comportar ora como partícula, ora como onda, no mesmo fenômeno que é a existência. Os orientais captaram isso há milênios, em suas tradições filosóficas e espirituais. O Yin e o Yang do pensamento chinês convivem numa dança harmônica, na qual um não existe sem o outro e, ao mesmo tempo, um não prevalece sobre o outro, porque um polo nasce em seu "oposto". São simplesmente duas faces da mesma realidade. É a dinâmica do vazio e da forma, o masculino e o feminino, o caos e a ordem etc.

E, na mesma linha do encontro de polaridades complementares, podemos dizer que é possível uma visão de mundo que una o indivíduo com a humanidade, o sujeito individual e a espécie humana, o particular e o universal, o "um" com o "muitos", um dos desafios filosóficos lançados por precursores do pensamento ocidental, como Platão.

Tabela 1: *Reconciliação necessária e algumas de suas dimensões*

Matéria	Espírito
Ciência	Metafísica
Muitos	Um
Experiência	Princípios
Razão	Consciência
Indivíduo	Humanidade

Fonte: *O autor*

É tão possível quanto necessário resgatar o *Telos* aristotélico, o desejo natural do fim último como uma vocação intrínseca ao ser humano, que busca felicidade e plenitude. Uma meta que dificilmente será satisfeita por algum elemento extrínseco à sua natureza. O caminho evolutivo de Teilhard de Chardin, que ia do mais básico e material, chegando ao ápice da consciência e projetando-se ao Todo – o Ômega –, é a estrada que devemos reencontrar. Nós, que viemos do Vazio, do Todo, e nos dirigimos de novo a Ele. E o mais interessante e estimulante é pensar que essa vocação e jornada são compatíveis com nossa vida real, material, histórica e experimental. Na existência humana, como vimos, há espaço para o mais particular e visível e para o mais universal, misterioso ou "invisível".

É o que nos ensina Ferreira Gullar em "Traduzir-se" (1980):

Uma parte de mim

é todo mundo:
outra parte é ninguém:
fundo sem fundo.

Uma parte de mim
é multidão:
outra parte estranheza
e solidão.

Uma parte de mim
pesa, pondera:
outra parte
delira.

(...)

Uma parte de mim
é permanente:
outra parte
se sabe de repente.

Uma parte de mim
é só vertigem:
outra parte,
linguagem.

Traduzir-se uma parte
na outra parte
– que é uma questão
de vida ou morte –
será arte?

É possível, portanto, reeditar o projeto que emergiu com Platão e os gregos clássicos, atualizando-o e transcendendo-o depois de uma trajetória em que várias visões agregaram novos elementos à filosofia perene. Reconstruir as bases da existência a partir de uma ontologia consistente, porém fenomenológica, existencial e não dogmática. E, sobre essa base, pensar em uma epistemologia em que convirjam o particular e o universal, em que o subjetivo se complemente com o que é coletivo, humano e transcendente. Só assim poderemos construir uma ética mais verdadeira e uma política que busque o bem comum.

Como coloca Ken Wilber (2007, p. 166):

> E talvez: com a liberdade política reunida à liberdade espiritual, o temporal unido ao atemporal, o espaço junto com o infinito, finalmente cheguemos ao repouso, à paz, a um lar que estruture a solicitude do Cosmo e a compaixão no mundo, que toca todas as almas com a graça, a bondade e a boa vontade. (...) E nós, você e eu, somos chamados pela voz do Bem, pela voz da verdade, pela voz do Belo (...), somos chamados para testemunhar a libertação de todos os seres sensíveis, sem exceção.

Se continuarmos na armadilha da modernidade e pós-modernidade de abominar qualquer dimensão universal, ou mesmo metafísica e transcendente, dificilmente encontraremos uma saída para a clausura em que nos encontramos hoje, do ego encapsulado. Temos diante de nós, portanto, uma jornada que nos chama a ascender do mais particular ou parcial, do mais aparente e fugaz, ao mais sublime, verdadeiro e perene. E o caminho para isso é a consciência.

A ampliação da consciência é a passagem inevitável se quisermos reinventar e, por que não dizer, salvar nosso mundo da estreita e limitada senda pela qual enveredou.

Essa jornada heroica foi brilhantemente ilustrada por Platão em seu famoso Mito da Caverna (presente no Livro VII de sua obra-prima *A República*). Vamos trazê-la à memória. Dentro de uma caverna há um grupo de pessoas acorrentadas olhando para uma parede. Atrás delas há um fogo iluminando a caverna, e entre esse foco de luz e as pessoas, também às suas costas, passam objetos que são projetados como sombras na parede. Tudo o que os "presos" conseguem ver são sombras, imagens de objetos reais, e como nasceram assim, nunca puderam experimentar uma realidade diferente dessa. Mas num belo dia um dos presos consegue livrar-se das correntes que o aprisionam e se dirige para fora da caverna. Lá, seus olhos ficam meio embaçados, ao início, pelo grau de luminosidade da realidade e aos poucos vai conseguindo enxergar a beleza de tudo à sua volta, o tom das cores, o grau de luz na natureza, o mundo mais verdadeiro, tão diferente das imagens e "cópias" que se acostumou a ver dentro da caverna. E se esse recém-liberto tiver que voltar para a caverna – segundo Platão no Diálogo – terá seus olhos embaçados de novo ao conviver com a escuridão do mundo subterrâneo e será ridicularizado pelos seus companheiros. E se tentar libertar algum deles, motivado em mostrar que o mundo lá fora é mais real e belo, provavelmente o matarão por querer tirá-los da realidade conhecida em que vivem há tanto tempo.

Essa metáfora é a representação mais rica do caminho de ascensão que comentamos anteriormente neste capítulo. Essa via é Ômega, a jornada filosófica: sair das sombras de uma vida de aparências, na qual o virtual pretende ser real, em que a imagem e as cópias prevalecem e os avatares ganham status de verdade, para uma vida mais inteligível, verdadeira, autêntica, visceral. Este projeto de reconciliação é, na verdade, um caminho filosófico de ascensão, de elevação de consciência, de educação verdadeira e, por que não dizer, de *conversão*, entendendo que essa palavra quer dizer "ganhar uma nova versão". Esse é um caminho de reconstrução para um mundo que parece precisar muito disso.

E no âmbito das organizações modernas, que é o foco principal de nossa reflexão, essa reconciliação se apresenta como urgente. As empresas acabaram herdando essa divisão entre a matéria e o espírito num grau dramático, criando um mundo de estruturas e números que parecem valer por si próprios. As consequências dessa triste ruptura são vistas em climas de trabalho frios e índices baixíssimos de engajamento dos colaboradores. Os resultados de curto prazo – tão perseguidos pelos protagonistas do universo empresarial – acabaram comprometendo outros resultados fundamentais, como a sustentabilidade, a igualdade, a distribuição de renda e a ética, entre muitos outros. É por isso que este livro pretende aplicar a dinâmica de Ômega ao âmbito organizacional. Só a potência da filosofia perene e da sabedoria poderá salvar a organização contemporânea de suas obsoletas escolhas. Avancemos então nesta ousada aventura.

Referências bibliográficas

ARISTÓTELES. *Ética a Nicômaco.* São Paulo: Martin Claret, 2001.

ANDRADE, C. D. *Antologia poética.* Rio de Janeiro: José Olympio Editora, 1980.

BAUMAN, Z. *Modernidade líquida.* Rio de Janeiro: Zahar, 2001.

BECK et al. *A dinâmica da espiral.* Lisboa: Instituto Piaget, 1996.

CHARDIN, T. *The Future of Man.* New York: Doubleday, 2004.

DESCARTES, R. *Meditações sobre filosofia primeira.* Campinas: Ed. Unicamp, 2004.

BETTO, F. *A obra do artista.* Rio de Janeiro: José Olympio, 2012.

HEIDEGGER, M. *Ser e Tempo.* Rio de Janeiro: Vozes, 2006.

JAHNKE, R. *A promessa da cura do QI.* São Paulo: Cultrix, 2012.

JAWORSKY, J. *Sincronicidade.* São Paulo: Best Seller, 2000.

NIETZSCHE, F. *Assim falava Zaratustra.* Rio de Janeiro: Vozes, 2010.

PLATÃO. *Apologia de Sócrates.* São Paulo: Martin Claret, 2005.

_____. *O Banquete.* São Paulo: Martin Claret, 2005.

RUSSELL, P. *O despertar da Terra*: O cérebro global. São Paulo: Cultrix, 1991.

SENGE, P. *A quinta disciplina.* Rio de Janeiro: Best Seller, 2008.

TORRALBA, F. *Inteligência espiritual.* Rio de Janeiro: Vozes, 2011.

WILBER, K. *A união da alma e dos sentidos.* São Paulo: Cultrix, 2007.

CAPÍTULO 2
TRANSDISCIPLINARIDADE

Wanderlei Passarella

Inteligência e complexidade

Ao longo do Capítulo 1 meditamos sobre o erro histórico marcado nas crenças, conscientes e inconscientes, de que o homem possa servir a objetivos instrumentais e como foi perdido o sentido transcendente de sua vida. Coisificar o homem está na base de sustentação filosófica de duas grandes distorções do século XX: o mecanicismo e a evolução darwiniana das espécies! Juntas, essas duas visões apoiaram conceitualmente um sistema de trabalho que tem priorizado as metas individuais e a competição desenfreada em vez de objetivos sustentáveis para o todo interconectado e a cooperação para uma forma de vida equilibrada e próspera.

A visão mecanicista da vida, que vem imperando desde a Revolução Industrial, objetivou ou "coisificou" o Universo e o homem, trazendo um reducionismo para nossas explicações dos fatos. Segundo essa visão, tudo parece ser objetivo, prático e simples. Qualquer advento pode ser reduzido a uma teoria, a uma fórmula matemática ou a uma equação racional. Nesse ponto de vista, nós homens, em lugar de trabalharmos para viver, vivemos para trabalhar. Isso porque começamos a enxergar o trabalho também com essa mesma objetividade carente de sentido e de significado. Pensamos: o trabalho existe para ganharmos dinheiro e termos sucesso, "trazido" pelo que ele pode comprar!

Esse mundo coisificado foi particularmente expandido após Darwin ter trazido à luz a Teoria da Evolução das Espécies. Com brilhantismo, ele enxergou um processo evolutivo para todos os seres sobre a Terra, numa cadeia incessante de aumento de complexidade e ordem. Mas tudo isso foi interpretado, por outrem, como sendo fruto do caos deliberado e de uma competição feroz em que sobrevive o mais forte.

Juntos, o "mecanicismo" e a "lei do mais forte" se combinaram para formar o painel que revela quem somos nós, neste momento. Somos seres que vivem objetivamente, competindo ferozmente uns com os outros e que têm como parâmetro de sucesso as realizações objetivas trazidas pelo dinheiro: bens, produtos, propriedades. Assim, todo o resto é subjetivo e sem importância. Até a Terra-Mãe está aí apenas para nos servir. Nos últimos cinquenta anos, o consumo virou febre. Perdemos o significado de quase tudo. Nossa essência se evaporou em prol de nossa efêmera aparência!

Em paralelo com essa visão reducionista, considera-se válido o conceito de que o Universo é simples. Bastariam as ferramentas corretas e poderíamos desvendar tudo sobre ele. Num exagero antológico, Stephen Hawking chegou a declarar que poderíamos elaborar uma teoria sobre tudo e que o homem não mais precisava de explicações metafísicas, pois estávamos a um passo de ler a mente de Deus. Além de soar arrogante, essa frase deixa escapar uma ideia de que as coisas são objetivamente simples, mas que a mente do homem comum é confusa e subjetiva e não alcança a simplicidade do Universo. Também há certa presunção de que o conhecimento humano está caminhando a passos largos para dominar os mistérios. Assim, o conhecimento também pode ser dito "objetivo" e repetível.

Mas a semente do novo começa a germinar. Os movimentos em prol de uma maior consciência sobre quem de fato somos se espalham por todos os lados. Muitos já descobriram que não podemos continuar fingindo ser algo que não somos. E o primeiro passo é identificar essa falsa ideologia em nossas visões de mundo, substituindo-a por uma nova perspectiva do homem como um ser complexo, multifacetado, pluricultural e transdisciplinar (objetivo maior deste capítulo). E também um novo olhar sobre a evolução, como processo ordenado de infinita inteligência, no qual a cooperação tem sido mais fundamental do que a competição.

A complexidade de tudo se revela quando contemplamos o Universo, tanto macroscópico quanto microscópico. A ideia de que tudo pode ser explicado por uma teoria objetiva e racional vem perdendo espaço rapidamente. A ciência, com seu objeto e método, é muito poderosa e traz grandes desenvolvimentos. Mas não pode, sozinha, pelo empirismo e pelos experimentos controlados e repetíveis, explicar os enormes e profundos mistérios pelos quais estamos cercados em nosso Universo. Aliás, o ponto é que talvez nunca encontremos explicações para todos os enigmas, pois quanto mais ampliamos as fronteiras do nosso conhecimento, tanto mais as fronteiras do desconhecido se expandem, conjunta e solidariamente!

No macrocosmo, saímos recentemente de uma limitada compreensão do que existia além da Terra. Há apenas quinhentos anos achávamos que nosso planeta era o centro do Universo e que tudo girava em torno dele. Descobrimos que essa concepção estava errada e que supostamente era o Sol o centro do Universo. Também isso foi corrigido, compreendemos, há centenas de anos, que o Sol fazia parte de um conglomerado de estrelas chamado Via Láctea, esse sim o verdadeiro Universo ao qual estávamos ligados. Mas foi apenas há oitenta anos que Edwin Hubble observou que havia outras galáxias no Universo. A nossa Via Láctea era apenas uma dentre bilhões de outras galáxias!

E, desde aquele momento, com o avanço das tecnologias de produção de telescópios, radiotelescópios, estações espaciais e etc., avançamos nas fronteiras do cosmos de maneira impressionante. Descobrimos a radiação de fundo do grande evento inicial chamado de Big Bang, observamos galáxias dezenas de vezes maiores que a nossa Via Láctea, descobrimos centenas de outros planetas e sistemas solares, observamos estruturas insólitas, como estrelas de nêutrons, pulsares e quasares, buracos negros e choques entre galáxias (evento que agora entendemos serem comuns).

Mas recentemente observamos, estarrecidos, que o Universo se expande com aceleração crescente. Pensávamos que o Universo se expandia como consequência do Big Bang, mas que a expansão se desacelerava em função da ação das forças gravitacionais. Pois ocorre o oposto, e não sabemos explicar o porquê. Os cientistas calcularam que deve haver uma "energia escura" ainda indecifrável, que torna esse efeito patente. Também descobrimos que não há massa suficiente nas galáxias que permita que a atração gravitacional as mantenha coesas. Assim, novamente, os cientistas interpretam que deve existir uma "massa escura", invisível e muito sutil, que mantém a coesão das galáxias.

Em ambos os casos, "energia escura" e "massa escura" são abstrações matemáticas para nomear o que não conseguimos explicar ou observar empiricamente. Assim, percebemos o quão inescrutável e grandioso é o nosso cosmos. Acredito que há apenas uma maneira de encararmos os fatos desconcertantes desse nosso Universo magnânimo: humildemente decretar nossa ignorância frente aos meandros da tremenda grandiosidade que nos rodeia!

No microcosmo nossa perplexidade é a mesma diante da misteriosa inteligência que a tudo cerca. Importantes tradições sapienciais já diziam que o microcosmo repete o macrocosmo. As marcas orais registram provérbios do tipo "o que há em cima é como o que há embaixo", ou ainda "o que está dentro é como o que está fora". De fato, no nível microscópico, as leis e os processos que governam o átomo e suas partículas fundamentais se mostram similares ao que acontece no grande cosmos, como a atração de partículas, suas órbitas ao redor de núcleos e os comportamentos intrigantes em situações específicas (ver A revolução quântica, p. 63).

No caso da evolução terrena, é clara a constatação de que houve enorme complexidade e mistério no salto entre o desenvolvimento de macromoléculas e a origem da vida. À medida que o nosso protoplaneta esfriava de sua condição de massa incandescente, átomos reagiam entre si e formavam substâncias mais elaboradas, cadeias moleculares maiores e mais pesadas. Esses átomos, remanescentes da explosão de supernovas (estrelas muito massivas que explodiram), foram submetidos a enormes pressões e temperaturas, que forjaram a transmutação de elementos mais leves (como o hidrogênio e o hélio) em outros mais pesados (como o carbono e o ferro). Esses elementos foram se combinando, pela força dos eventos climáticos, numa atmosfera ainda isenta de oxigênio. Cientistas como Haldane e Oparin puderam elaborar a teoria, posteriormente comprovada em laboratório por Stanley Miller, em ambiente que simula a atmosfera da Terra primitiva, sobre a formação de moléculas precursoras dos aminoácidos.

Mas, apesar desse enorme avanço científico que ocorreu em 1953, os cientistas nunca conseguiram evoluir além e mostrar o momento em que matéria orgânica, inanimada, adquiriu o status de ser vivente. Como se formou o primeiro ser unicelular? Essa pergunta fica sem resposta e sujeita a enormes conjecturas. Alguns afirmam que é o próprio átomo o portador da vida incipiente. Outros, que poderia ter ocorrido uma panspermia, a invasão na Terra por seres unicelulares vindos dos recantos do cosmos, incrustados em cometas, e aqui encontraram condições adequadas para se desenvolver e evoluir.

Seja lá o que tenha acontecido, a verdade é que não podemos nos furtar a identificar uma enorme inteligência embutida nesses processos de desenvolvimento molecular e celular. Reflexos da própria evolução cósmica, que se manifesta aqui na Terra com a explosão de vida e de inteligência, que se desdobra sobre si mesma e cria condições para que a autoconsciência apareça em seres como nós, humanos (ou aspirantes a humanos, em muitos aspectos...).

Assim, inteligência e complexidade podem ser observadas em todas as dimensões deste amplo e diversificado Universo. Não pode ser diferente com a teoria acerca do nosso conhecimento (a epistemologia). Ela deve refletir essa mesma amplitude do cosmos. Afinal, sabemos como funciona a Lei da Gravidade e a Lei do Eletromagnetismo. Mas não sabemos responder o que causa a gravidade e o eletromagnetismo. E talvez nunca saibamos, porque seria o equivalente a compreender que parâmetros operam de fato esse vasto e complexo manancial de mistérios à nossa volta.

O homem e o conhecimento

A escalada do homem tem sido marcada pela evolução de seu conhecimento. Desde o instante marcante em que o homem primitivo começou a tomar consciência de si próprio e do mundo que o cercava, o conhecimento se expandiu em diversas e ilimitadas direções. O clássico da literatura *2001: Uma odisseia no espaço*, de Arthur C. Clarke, ilustrou esse instante crucial de descoberta do conhecimento, na cena em que determinado hominídeo segura um osso de animal e faz dele uma ferramenta. Amparado ao seu lado pela figura de um monólito (que pode ser uma representação da inteligência ilimitada do cosmos, da vida e do homem), esse homem primitivo descobriu uma forma de potencializar seu trabalho e sua sobrevivência, ganhando vantagem competitiva. E, ao transformar o mundo à sua volta, ele transformou a si mesmo, ganhando autorreferência.

Podemos dizer que há mesmo uma relação biunívoca entre a evolução do homem e a evolução de seu conhecimento. À medida que o homem foi desvendando alguns dos segredos escondidos nas leis da natureza, seu bem

-estar na caminhada da vida foi se ampliando. Forças, antes incontroláveis e aleatórias, passaram a ser domesticadas. Acesso a abrigo e a alimentação adequados passou a ser quase universal graças ao domínio de técnicas, ao trabalho dirigido e à transformação dos materiais e elementos colocados à disposição pela Terra-Mãe. O combate a doenças e epidemias tornou-se viável. Tudo isso por meio da iniciação do homem ao conhecimento de como operam as variáveis principais (mais visíveis e racionais) da natureza.

Mas à medida que foram se acumulando as realizações materiais e os conhecimentos relacionados a elas, também foi se universalizando a facilidade de se obter as tecnologias, as informações e a viabilidade de utilização do manancial de possibilidades acumuladas ao longo da caminhada da humanidade sobre a Terra. Há não muito tempo, talvez algumas dezenas de anos, a informação era recurso importantíssimo. Ela poderia fazer toda a diferença para a vantagem de um homem sobre outro, ou para um grupo poder se destacar, ou ainda para uma organização ou um país poder competir privilegiadamente no mercado e na luta pelo enriquecimento. Esse estado de coisas se alterou, embora a maioria das pessoas ainda não tenha percebido. Ainda há a crença, consciente ou inconsciente, de que a informação ou o conhecimento são uma arma poderosa para a vitória dos projetos desejados.

Informação não é o fator crucial de sucesso de um empreendimento ou de evolução para um homem. Informação é algo necessário, mas não suficiente. Tomemos o exemplo de um jovem que procura entrar neste momento no mercado de trabalho. Ele precisa saber algo, exibir domínio de alguma tecnologia produtiva. Ele pode ter essa competência pelo estudo formal e pelas

Transdisciplinaridade

informações que podem ser obtidas pelos livros, pela internet ou pelas diversas mídias disponíveis – a informação democratizou-se! O que pode diferenciar esse jovem profissional são suas atitudes, a boa base de sua formação, suas virtudes pessoais e o uso produtivo que tenha aprendido a fazer de suas forças e fraquezas. Ou seja, não é a informação, mas a formação pessoal e a capacidade de autotransformação contínua que tornam um profissional valioso perante os ditames atuais do mercado de trabalho. É isso também que pode alavancar a vida desse jovem, tanto profissional como pessoalmente. Não é possível que continuemos pensando em enriquecer materialmente, enquanto continuarem embotadas a sensibilidade e a humanidade. O conhecimento puro e simples, sozinho, não pode nos ajudar a ultrapassar as ciladas que a razão pura tem colocado diante do caminhar humano sobre a Terra. É hora de compreendermos isso.

É hora de perceber que, se por um lado o conhecimento e a técnica evoluíram enormemente, por outro lado o desenvolvimento das plenas potencialidades humanas permanece embotado. Ainda não somos capazes de fazer conviver pacificamente um povo com outro, de acabar com mazelas como a fome e a desnutrição, de melhorar a distribuição global de riquezas (uma pequena parcela da população mundial – por volta de quinhentas famílias – detém 50% das riquezas globais!), de termos um desenvolvimento econômico sustentável e de mergulharmos profundamente no âmago de nós mesmos. Conhecimento e tecnologia são uma pequena parte do que se espera como desenvolvimento humano pleno!

Ainda resta a visão, corroborada pelos mestres da Antiguidade, de que trazemos o gérmen do conhecimento dentro de nós. Assim, conhecimento pode ser algo democrático, pela própria natureza do homem. Aprender seria o ato de relembrar o que já sabemos. Esse ato, amparado pelos amplos recursos de acesso tecnológico à informação, pode mais ainda se tornar uma *commodity* com pouco valor. Jung também levantou um véu, há tempos, sobre a interconexão humana dos conhecimentos quando elaborou sua teoria sobre o inconsciente coletivo, como foi abordado no Capítulo 1. E fez isso com base em numerosas observações clínicas de seus pacientes e no estudo dos manuscritos alquímicos legítimos. Tudo nos leva a crer na tese de que, além do conhecimento, há enorme capacidade humana latente, que pode se expressar pelas suas inúmeras inteligências, geralmente pouco trabalhadas. Não apenas a inteligência lógico-matemática ou a inteligência linguística (com bases na razão ou na inteligência mental), mas outras tão importantes quanto a inteligência emocional, esplendorosamente clarificada por Goleman, ou as inteligências física e espiritual.

As fontes de desenvolvimento pessoal começam agora a ser compreendidas como além do puro conhecimento. Elas passam pela formação plena do homem – mental, emocional, física e espiritual. Assim, a ciência, que nos últimos séculos foi proclamada a rainha da evolução humana, precisa ser colocada em sua real perspectiva. Ela é uma das formas de compreensão da natureza, do homem e do Universo. Mas não é a única e nem pode ser isoladamente considerada a mais importante, porque tem objeto e método próprios, que a tornam potente, mas limitada. A filosofia, as artes e as tradições sapienciais cumprem papéis importantes e precisam ser revalorizadas, para que a humanidade desabroche plenamente e possa superar os enormes desafios que se apresentam neste século XXI e que se apresentarão nos próximos.

Nossa percepção parcial dos fenômenos físicos, que se limitaram pela ciência tradicional apenas àquilo que podia ser repetível e independente do observador, ruiu. Essa visão nos impossibilitava o aprofundamento nos diversos fenômenos que não podiam ser repetíveis, tais como os fenômenos sociais, as manifestações paranormais, as genialidades criativas que não se explicam por variáveis de ambiência ou de genes etc. E também nos encerrava numa camisa de força para só acreditarmos naquilo que as teorias científicas preconizavam como certo. Ignorávamos, até bem pouco tempo, talvez inconscientemente, que as teorias têm suas limitações e podem ser jogadas fora, trocadas por novas explicações e novos modelos de Universo. Foi o que fez recentemente a física quântica. Ela abriu espaço para que pudéssemos entender, no final do século XX, que precisávamos superar o conhecimento em prol da sabedoria. Que precisávamos integrar lado direito e lado esquerdo do cérebro, consciente e inconsciente, oriente e ocidente. Sem essa integração estaríamos fadados a continuar infra-humanos!

A revolução quântica

Com a descoberta do quantum no início do século XX, por Max Planck, a física começou a se aproximar das grandes tradições sapienciais, que já compreendiam, qualitativa e intuitivamente, a grandeza e a peculiaridade de nosso Universo. E revelou, de maneira ainda mais contundente, a incrível inteligência e complexidade de tudo o que nos cerca, bem como as intrincadas leis "escondidas" que governam as partículas subatômicas.

Essas revelações conduziram o estudo do conhecimento humano em direção ao que podemos chamar de transdisciplinaridade, algo que está "entre, através e além das disciplinas", como vamos ver mais adiante.

Em primeiro lugar, Max Planck estudava o fenômeno de absorção de energia por um elétron dentro de um átomo. No início do século XX, os cientistas suspeitavam que o elétron se encontrasse "orbitando" ao redor do núcleo atômico, em camadas. Para mudar de camada, o elétron precisava receber mais energia. Assim, Planck conseguiu fornecer energia ao elétron, mas notou que mesmo com alimentação contínua de energia, o aumento de camada da órbita do elétron se dava de maneira descontínua (saltava de uma órbita a outra). Ou seja, o aumento se dava sempre que um determinado "pacote" de energia fosse fornecido, o que causava um salto imediato de camada da órbita de um elétron, independentemente de que átomo fosse e em que camada estivesse. A esse pacote específico, Planck chamou de "quantum", cujo plural "quanta" deu origem ao nome física dos quanta, ou física quântica.

Esse salto de camada, impulsionado por um "pacote" determinado de energia, demonstrou que no mundo subatômico as coisas se comportam de maneira descontínua. A aparente continuidade dos processos naturais, muitas vezes referenciada pela frase "a natureza não dá saltos", foi colocada em xeque. Era um princípio antigo de filosofia natural que estava desmoronando. Mas muitos outros aconteceram em seguida, demonstrando que formas paradoxais de comportamento das partículas poderiam demolir os "sólidos" alicerces do mundo mecanicista. As engrenagens do preciso e objetivo "relógio" da natureza estavam enferrujando...

Um segundo efeito foi identificado, e é desconcertante: a total falta de previsibilidade de onde poderiam estar localizadas as partículas subatômicas. Em vez de poder predizer suas coordenadas de modo cartesiano (literalmente falando), descobriu-se que essas partículas ficavam distribuídas numa região de probabilidades. Essa região seria o equivalente a um espaço determinado, com certa configuração geométrica, dentro do qual, em qualquer ponto, a partícula estudada deveria estar localizada. Foi o físico Heisenberg que batizou esse fenômeno de Princípio da Incerteza.

Mais uma vez a comunidade científica ficou atônita. Como não é possível predizer onde localizar um corpo? Toda a cinemática e a dinâmica da mecânica convencional diziam que bastava saber onde se localizava inicialmente um corpo, e, sabendo-se sua velocidade de partida, a direção do movimento e sua aceleração, poder-se-ia calcular com elevada precisão onde esse corpo se localizaria em função do tempo. Era a famosa equação do movimento. Mas, novamente, nesse revolucionário microcosmo as coisas se comportavam de maneira diferente. Parece que ali valia o que Sócrates já havia pronunciado 2500 anos atrás: "Só sei que nada sei"!

Duas conclusões se revelavam desse paradoxo da incerteza. Uma delas: a de que as partículas poderiam não ser partículas, ou seja, já que se encontram numa nuvem de probabilidades, talvez elas fossem a própria nuvem e não um corpo isolado! A outra conclusão: era o fim do determinismo, ou de uma corrente da ciência que via o Universo como um fato predeterminado, em direção a um futuro que poderia ser desvendado com precisão matemática. Assim, nesse microcosmo subatômico, os comportamentos se revelaram absolutamente paradoxais, derrubando paradigmas consagrados por séculos e trazendo nova complexidade ao entendimento do que é a matéria.

Uma terceira constatação foi ainda mais chocante. Por meio de experimentos dirigidos, os cientistas começaram a testar o comportamento dos fótons de luz. Ao direcionar um fóton para uma superfície translúcida inclinada, tal como na figura abaixo, se o fóton fosse uma partícula, ele iria refletir na superfície e se deslocar para o marcador "A". Mas, se fosse uma onda, ele atravessaria o anteparo translúcido e iria se chocar com o marcador "B". Ao emitir um fóton de cada vez, a surpresa foi de que ele tinha um dos dois comportamentos. Em metade das vezes ele se comportava como onda e, em outra metade das vezes, ele se comportava como partícula. A única explicação plausível era a de que o fóton tinha as duas naturezas ao mesmo tempo. Nesse caso ele era uma "partícula-onda". O experimento também foi realizado com elétrons, prótons e nêutrons, e o mesmo comportamento foi obtido. Todas as partículas subatômicas eram, na verdade, "partículas-onda". Tinham um comportamento dual!

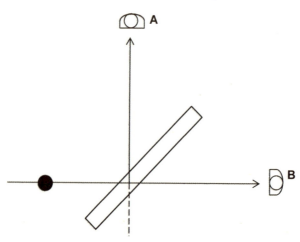

Figura 1: *Bombardeamento de fótons*

Assim, a lógica clássica que previa que, se algo era "A", e se "B" fosse "Não A", então "A" não poderia ser "A" e "B" ao mesmo tempo, pois seria negar sua própria existência única. Esse tem sido o princípio de não contradição da lógica clássica, que foi solenemente desmentido pela física quântica. Ele continua válido na esfera de fenômenos da vida cotidiana, mas sua aplicação é limitada. Não é mais uma verdade universal. Há fenômenos em que "A" também é "B" ao mesmo tempo. E isso é o que está por trás do comportamento dos entes subatômicos. A relatividade de aplicação de um conceito tornou-se aceitável depois que Einstein demonstrou a Teoria da Relatividade. Ele provou que assim também ocorre com a gravidade, que, se aplicada a corpos com velocidade bem abaixo da velocidade da luz, podem ter as equações de Isaac Newton (1643-1727) utilizadas com precisão. Mas, quando corpos beiram a velocidade da luz, a gravidade tem outro comportamento e fórmulas relativísticas devem ser utilizadas.

Um quarto aspecto intrigante na física quântica é o papel reservado ao "observador" em relação ao comportamento dos fenômenos estudados. Em todo o desenvolvimento pregresso da ciência, sempre se colocou que os objetos de estudo deveriam ser independentes de quaisquer influências exteriores e que os resultados alcançados nos experimentos deveriam ser repetíveis em qualquer parte do mundo, por quem quer que fosse. Ou seja, estava implícita a plena objetividade do método científico. Mas o que acontece no mundo subatômico é que o observador influencia sim o resultado dos experimentos. No mesmo teste mencionado acima, em relação ao bombardeamento de fótons na superfície translúcida inclinada, se for colocado um observador capaz de "meditar" resultados em uma direção desejada, então o percentual exato de 50% reflexão e 50% absorção da luz pode ser alterado, com alta significância.

Esse fato é chamado de "colapsar a função de probabilidade" pelo observador. Em termos relativamente simples, o que a física quântica nos diz é que o resultado de um fenômeno existe em estado potencial. Pode-se dizer que é uma função de probabilidade, já que impera a incerteza, no plano subatômico. O papel do observador é trazer para a realidade um desses estados potenciais, ou seja, à medida que alguém observa um evento, este se materializa de um estado puramente probabilístico para a realidade observada. E isso depende de quem está observando. Alguns cientistas especulam que é a "consciência" do observador que colapsa a função de probabilidade de um evento. Nesse caso, o estado anterior à observação de um fóton é a sua existência como um termo "T", que poderá vir a ser "A" (partícula) ou "B" (onda). "T" pode ser considerado um terceiro termo (ou terceiro incluído) que contém os estados "A" e "B". Ou "T" também pode ser chamado de estado quântico. Ou ainda, "T" é a ponte entre dois estados potenciais que não se manifestaram – uma união de paradoxos.

Por último, o aspecto ainda mais desconcertante do comportamento dos entes subatômicos é o chamado "entrelaçamento", ou o que Einstein denominou de "ação fantasmagórica à distância". Quando dois entes que estiveram unidos por algum tempo, tais como dois elétrons que fizeram parte de um mesmo átomo, são separados, mesmo que a enormes distâncias, os dois se mantêm conectados por laços invisíveis! Sempre que se altera alguma propriedade de um dos entes, tal como o seu *spin*, o outro altera a mesma propriedade, simultaneamente.

Einstein ficou muito intrigado com esse efeito, porque violava a sua descoberta de que a velocidade da luz era a maior velocidade possível no cosmos e que nada poderia superá-la. E, no entanto, o entrelaçamento produzia um efeito de velocidade infinita, conectando dois entes de modo inseparável e concomitante, mesmo que distanciados por milhares de quilômetros.

Pois esse aspecto do entrelaçamento mostrava uma interconexão no nível subatômico absolutamente impensável. E mostrava que havia uma união muito maior no cosmos do que poderíamos ter suposto com nossa visão clássica da ciência. Não há separações de fato entre as coisas do Universo. Se levarmos esse efeito ao extremo, num sentido filosófico, podemos inferir que tudo está conectado, pois tudo fez parte de um mesmo fenômeno primordial: o Big Bang. Há bilhões de anos, todos os átomos do Universo faziam parte de um mesmo grande evento. Podem, portanto, conter resquícios de informação embutidos entre si, de alguma forma que ainda não conhecemos, como consequência dessa lei de entrelaçamento.

A física quântica trouxe bases científicas, pela experimentação e pela formulação de leis coerentes, sobre uma percepção do Universo absolutamente distinta da que vigorava até o início do século XX. Porém, ainda estamos presos aos ditames da visão anterior, já que é difícil, em nossas vidas cotidianas, observarmos as leis que se apresentam no mundo subatômico. A física quântica mostrou, de maneira indelével, que há inteligência e complexidade em tudo, muito mais do que poderíamos supor pela simples observação dos fatos comuns. Ela nos levou a compreender que não podemos mais enxergar de maneira compartimentada a realidade da vida. O que antes poderia ser explicado por disciplinas estanques, já que se supunha o Universo muito simples, agora já não pode mais ter esse viés, se formos buscar a compreensão das questões profundas de nossas vidas. Fatos como a descontinuidade e movimentos bruscos em saltos, a incerteza probabilística de um acontecimento, a dualidade paradoxal de aparentes comportamentos, a subjetividade na observação do que ocorre na natureza e a interconexão de toda a matéria por laços invisíveis que ainda não entendemos muito bem trazem enormes complexidades para a evolução de nosso conhecimento. Uma só atitude, aquela que vá além das disciplinas estanques, pode nos dar a chance de continuar nossa evolução em direção a uma sabedoria maior.

Esse pequeno passeio pela física quântica e pela Teoria do Conhecimento nos revela que a velha concepção do homem como *Homo economicus* ou como *Homo sapiens* (puramente racional) está caduca. Não é praticável que as razões de nosso comportamento possam ser explicadas por questões puramente econômicas, pois o Universo é vasto, e os fenômenos são por demais complexos. A visão do homem, enquanto ser multicultural (fruto dessa evolução de bilhões de anos, complexa e inteligente) não pode ser limitada por alguns slogans ou definições restritas. A nossa amplitude é uma realidade insofismável. As diferenças entre pessoas se estendem a mais de sete bilhões de tipologias (pois sete bilhões é o número de seres humanos sobre a Terra)!

Em nossos trabalhos ainda reina, quase que intocável, o paradigma antigo, disciplinar, limitador, estático e retrógrado. É preciso sobrepujar essa limitação histórica se quisermos passar a um novo patamar em nossas organizações. Esse é um dos objetivos de um trabalho como este em que estamos nos empenhando: mostrar que é necessária outra visão do homem, uma antropologia mais vasta e includente e que pode ser obtida pela revisão da filosofia e pela transdisciplinaridade, para levar nosso trabalho e nossas organizações para um estágio melhor e mais produtivo. E, assim, alcançar amplos resultados nas diferentes esferas da realização humana: social, econômica, material, intelectual, emocional e espiritual.

Emerge a transdisciplinaridade

O século XXI nasceu chacoalhado pelas revelações paradoxais da física quântica. Autores como Fritjof Capra, por meio de seus livros *O ponto de mutação* e *O tao da física*, por volta da década de 1980, trouxeram grande contribuição para a ampliação de fontes de sabedoria e de desenvolvimento do potencial humano que precisávamos para caminhar em direção a um entendimento mais aberto, ao mesmo tempo rigoroso, e tolerante de nossa cosmovisão.

Há mais de dez mil anos não havia disciplinas. O homem compreendia a si mesmo e a todo o cosmos como algo integrado. Não havia sentido compartimentar para aprender a respeito de algo. Se o homem quisesse saber mais sobre as ervas e plantas, deveria "conversar" com elas e desvendar diretamente seu significado. É verdade que tal abordagem dava espaço para misticismos e charlatanismos, mas o fato é que havia uma visão mais purista e integrada. E a utilização de capacidades latentes, que poderiam ser desenvolvidas além da razão pura.

Nossos ancestrais não viam separação entre observador, observado e observação. Tudo estava interligado.

É o mesmo que hoje nos diz um mestre zen: não há separação entre o arqueiro, o arco e flecha e o alvo. Tudo faz parte de um *continuum* que, se compreendido pelo arqueiro zen, pode levá-lo a desferir um tiro perfeito. Este é aquele em que há uma "intenção sem intenção", e o alvo é atingido na mosca, sem esforço deliberado do arqueiro. Ele sente o tiro, em vez de se prender ao ato. E isso o leva a um estado meditativo de comunhão com os elementos de sua artilharia. É claro que essa condição é conquistada após milhares de horas de treinamento, em que a integralidade de seu ser é levada a tomar parte na contenda.

Ao longo da evolução humana apareceu a necessidade de dividir, separar, com vistas a analisar e compreender melhor. O ápice dessa metodologia foi a filosofia de René Descartes, como já evidenciado no primeiro capítulo. Ele criou o que se convencionou chamar de método cartesiano, no qual as partes são subdivididas tanto quanto possível, para se tentar extrair o máximo conhecimento delas. As disciplinas do conhecimento foram um caminho seguro para atingirmos o objetivo de nos aprofundarmos em um pedaço de conhecimento por vez. E isso foi forte e poderoso. Conseguimos, na maioria das vezes, entrar em um terreno pré-desenhado e explorá-lo nos seus meandros. Mas, ao fazermos isso, a inter-relação do todo se perdeu. É como se tentássemos entender a formiga observando apenas as suas pernas. Parece irracional, mas é mais ou menos o que tem acontecido com o conhecimento disciplinar. Na medicina, por exemplo, a ultraespecialização tem levado à perda gradual do sentido de humanidade e de vida. Cada especialista preconiza uma receita ao seu paciente, sem que uma consideração ao ser humano integral seja levada em conta. O que temos é uma mecanização estanque do tratamento médico e uma "vista grossa" às diversas variáveis emocionais, sociais, espirituais e psíquicas que desequilibram a saúde.

Vejamos o que dizia Descartes (2000) sobre os quatro preceitos de seu método cartesiano, no livro *O discurso do método*:

> O primeiro preceito consistia em nunca aceitar como verdadeira nenhuma coisa que eu não conhecesse evidentemente como tal, isto é, em evitar, com todo o cuidado, a precipitação e a prevenção, só incluindo nos meus juízos o que se apresentasse de modo tão claro e distinto à minha mente que não houvesse nenhuma razão para duvidar; o segundo, em dividir cada uma das dificuldades que devesse examinar em tantas partes quanto possível e necessário para resolvê-las; o terceiro, em pôr ordem nos meus pensamentos, a começar pelos objetos mais simples e mais fáceis de conhecer, para chegar, aos poucos, gradativamente, ao conhecimento dos mais complexos, e supondo também uma ordem entre aqueles que não se precedem naturalmente uns aos outros; e o último, em fazer, para cada caso, enumerações tão completas e revisões tão gerais que tivesse a certeza de não ter omitido nada.

Vê-se claramente a ideia de que para conhecer era preciso dividir, separar, "esquartejar", tanto quanto possível. Foi Jean Piaget quem primeiro cunhou o termo transdisciplinaridade. Ele o fez em 1970, em um Congresso em Nice, na França. Piaget se referia à necessidade de pesquisar além dos limites das disciplinas, que constituíam uma camisa de força para a evolução do conhecimento (daí o prefixo "trans-", que transmite a ideia de "além de"). Mesmo pensando de maneira interdisciplinar, buscando áreas comuns nas disciplinas, os rigores das fronteiras delas estabelecem limitação para que uma pesquisa mais abrangente e inclusiva possa emergir para fazer frente aos enormes e complexos problemas que nos desafiam neste limiar do novo milênio. No primeiro Congresso sobre Transdisciplinaridade, em 1970, Basarab Nicolescu formulou seus traços e princípios. E, assim fazendo, trouxe um rigor metodológico para que essa nova forma de encarar o conhecimento não se perdesse em divagações sem sentido ou não se deixasse levar por correntes esotéricas sem base.

Os traços definidos por Nicolescu foram o rigor, a abertura e a tolerância. Um conhecimento transdisciplinar deve ser sustentado pelo rigor, pela busca da verdade em sua profundidade, embora ela possa não ser atingível, implica uma argumentação baseada em todos os dados, como barreira às possíveis distorções. Também pela abertura, pois o comportamento excludente pode deixar de lado aspectos relevantes para a elucidação dos fatos, exige aceitação do inesperado e do imprevisível. E, finalmente, pela tolerância, para que as diversas áreas possam conversar entre si, de maneira inclusiva, requer o reconhecimento do direito das ideias e verdades contrárias às nossas.

Os princípios estabelecidos por Nicolescu eram a complexidade, os níveis de realidade e o terceiro incluído. Sobre a complexidade, já discorremos bastante. Os diversos níveis de realidade derivam diretamente da física quântica, quando as partículas parecem coexistir num universo que não pode ser explicado pela lógica clássica, também como já demonstramos. E o "terceiro incluído" foi a expressão encontrada por Nicolescu para designar aquilo que conjuga e une, seria um terceiro elemento que forma a ponte para a união de paradoxos observados na realidade, elemento conector para a linguagem que pode ir além das disciplinas.

Em termos históricos, podemos dizer que a evolução das disciplinas passa por fases. Numa primeira fase, que já mencionamos, o homem levava a sua vida sem necessidade de compartimentar as coisas e, portanto, sem disciplinas. Numa segunda fase, que se inicia com a escrita, por volta de 3000 a.C., na Mesopotâmia, começamos um rudimentar processo de classificar o conhecimento e dividi-lo em suas ramificações – era o princípio de uma "árvore" do conhecimento, com seus diferentes ramos e sub-ramos. Isso tomou vulto na Grécia, quinhentos anos depois. Os filósofos gregos foram os precursores de toda uma gama de ciências que hoje desenvolvemos. Assim, essa fase pode ser chamada de "disciplinar" e durou até a Revolução Industrial (século XVIII).

Figura 2: A "árvore" do conhecimento

As folhas dessa árvore podem ser entendidas como as diferentes disciplinas. Embora surjam de uma base comum (a árvore, que é o todo do conhecimento), essas folhas se mantêm intactas, e cada uma, independente das outras, representa um ângulo da árvore. Por outro lado, para as folhas existirem é preciso uma raiz, um tronco e ramos. A raiz é a sustentação de uma metodologia da ciência em comum. Da forma como a revolução científica a representou, o tronco é o prolongamento necessário da raiz e os ramos são as diferentes subáreas do conhecimento de onde emanam as folhas, ou disciplinas.

Após essa fase disciplinar, os homens da ciência começaram a entender que havia muitas áreas comuns a diversas disciplinas e que novas inter-relações conduziriam a disciplinas híbridas, nascidas dessa conjunção das áreas comuns. Assim surgiu a interdisciplinaridade e, com ela, novas áreas do conhecimento, como a biomecânica, a engenharia genética etc. Foi um grande avanço, pois passamos a compreender que muitos fenômenos não podem ser estudados de modo estanque, mas só a partir da relação que mantêm com diversas outras áreas contíguas entre si. Condição necessária, mas não suficiente!

Apenas recentemente esse grupo de homens, catalisados pela palavra aglutinadora cunhada por Jean Piaget, desdobrou as vastas consequências de pensarmos de uma forma muito mais abrangente. A complexidade do mundo precisava ser respeitada, e a arrogância trazida por uma visão puramente exata e cartesiana deveria ser finalmente colocada em seu lugar: uma grande contribuição para o progresso técnico, mas não a resposta para as grandes questões do homem e do Universo. E sem a busca pelas respostas a essas perguntas, tais como quem somos, de onde viemos e para onde vamos, nós seres humanos nos limitamos à visão de nós próprios como um banco de matéria caótica, animada por sei lá o que e rastejando sobre a Terra, sobrevivendo em vez de vivendo!

Transdisciplinaridade

Emergiu, como resposta ao estudo da complexidade, a transdisciplinaridade, que utiliza das disciplinas e de suas inter-relações, mas a elas não se limita, procura ir além das fronteiras rígidas estabelecidas, pois nosso conhecimento para deslanchar não pode ser limitado e nem obrigado pela lógica paralisante do método estabelecido. Novos métodos de pesquisa e de aprofundamento precisam surgir para fazer frente às enormes demandas do futuro. Um desses precursores na identificação de novos métodos tem sido Edgar Morin. Em seu livro *O método*, por exemplo, ele objetiva ampliar os limites do conhecimento e trazer base para a exploração de nossos ilimitados potenciais humanos.

Os problemas complexos de nosso tempo não podem ser paulatinamente desvelados senão por meio de uma abordagem plenamente inclusiva. A conjunção "ou" pode ser substituída pela conjunção "e", como demonstrado pela física quântica. A união de paradoxos é a via pela qual poderemos caminhar em direção aos avanços futuros. Se a parcialidade do "ou" nos trouxe aos avanços que temos hoje, a imparcialidade do "e" poderá trazer a continuidade desses avanços, sobrepujando a crise na qual estamos mergulhados. Quanto antes começarmos a mudar nosso foco em educação, em visão de mundo e em gestão de nossos empreendimentos, tanto melhor para avançarmos definitivamente em direção a uma ciência com consciência e a negócios que sejam economicamente viáveis, socialmente responsáveis e ecologicamente sustentáveis.

Entre, através e além das disciplinas

Mais do que pensar no conhecimento como uma árvore, como citado anteriormente, o próximo passo para sairmos da concepção míope de que "informação é poder", é encararmos o conhecimento como uma rede. Aliás, essa tem sido a grande mudança de paradigma na atual era da informática e da internet. Enquanto a árvore tem um sentido hierárquico, da base para o topo, parte alta e parte baixa, raízes que fazem o trabalho pesado e enlameado na terra e folhas que fazem o trabalho limpo e luminoso no ar, a rede tem uma conotação de não hierarquia, de conexão de partes democraticamente ímpares, de junção forte e ao mesmo tempo tênue, de elementos igualmente importantes para a existência do todo.

A rede nos faz pensar que, se cada nódulo for uma disciplina e a rede o total dos conhecimentos, a evolução se faz por tecer uma rede cada vez maior, além de seus próprios limites. A rede permite visualizar que há uma relação igualitária entre suas partes e que para compreender a sua totalidade, é preciso olhar entre, através e além dos nódulos.

Figura 3: *Conhecimento em rede*

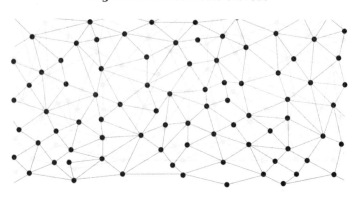

Além disso, ao observar a rede, percebemos que, se os limites do conhecimento podem ser representados pelas bordas tecidas, então o que está se formando por fora delas é a região do desconhecido. Obviamente, para ampliar a rede é preciso, simultaneamente, aumentar o perímetro do desconhecido. E, para anexar novos conhecimentos, é imperioso capturar fragmentos do conhecimento fora desse contorno limítrofe e adentrar a região do desconhecido. Essa é a questão-chave do nosso tempo, como foi muito bem discorrido por Marcelo Gleiser, em seu livro *A ilha do conhecimento*. Em primeiro lugar, não é possível expandir o conhecimento sem estender ao mesmo tempo as fronteiras da ignorância – é a prova cabal do "só sei que nada sei" de Sócrates. Em segundo lugar, só podemos avançar em nossa visão de Universo se nos expandirmos pelas áreas do desconhecido, utilizando ferramentas, métodos e olhares novos. Enfim, sem preconceitos, mas com rigor, abertura e tolerância.

Enquanto buscarmos evoluir apenas tecendo novos nódulos dentro dos nós da rede, estaremos realizando uma expansão por dentro das disciplinas. E, então, o rigor metodológico e o instrumental crítico e lógico da ciência estabelecida talvez sejam os mais adequados. Mas é isso o que temos feito desde a revolução científica, para dar novas bases materiais à civilização. Avançamos nos conceitos tecnológicos, nas realizações práticas da indústria, construímos pontes, portos, aeroportos, carros, aviões, submarinos, aparelhos telefônicos, celulares e computadores. Mas não conseguimos descobrir a nós mesmos enquanto homens, numa escala global. As antigas e velhas mazelas da má distribuição de renda, fome, concentração de poder, continuam as mesmas, exacerbadas pela destruição sem escala dos recursos naturais e pela poluição generalizada. As consequências, um dia, terão de ser colhidas, infelizmente. Adentrar os nós expande o conhecimento técnico, mas não possibilita a melhoria do todo e não responde a questões da consciência do homem.

Por outro lado, investir nas conexões e sinapses, através dos nós, é um passo enorme para identificarmos as relações pertinentes, ampliarmos as percepções de que há conjunções entre as diversas disciplinas e de que um olhar integrativo pode trazer maior compreensão para determinados assuntos. É isso o que podemos chamar de interdisciplinaridade. É essa rede formada por sinapses que se estabelece, trazendo união e um corpo ao todo do conhecimento. Estamos realizando isso neste momento, em diversos cantos do mundo, com cientistas, pesquisadores, escritores, executivos e outros profissionais advindos das mais diversas áreas (ramos, segundo a visão arbórea que explicamos), procurando as inter-relações entre suas descobertas e entre os ângulos e pontos de vista de suas formações.

Mas é preciso ir além da busca das inter-relações. Isso é necessário, mas não suficiente. O novo repousa fora da área tecida da rede. E muito do novo pode ser de tal modo complexo, ou inusitado, que sua realidade se manifesta em outro nível. Para alcançá-lo, devemos utilizar outros recursos, outros meios, outras metodologias que sejam rigorosas, porém abertas e tolerantes. Isso é o que representa ir além dos limites das disciplinas.

Navegar pela região do desconhecido requer, em primeiro lugar, o reconhecimento do mistério. No lugar de negá-lo, ou fugir dele, o melhor é encará-lo e adotar novos métodos mais abrangentes para pesquisá-lo. Como entender fatos que não são repetíveis, mas que demonstram fenômenos além da estrutura do conhecimento atual e para os quais não há uma explicação aceita? Não podemos, nesses casos, aplicar a metodologia reconhecida da ciência, com seu método de isenção do observador e da repetição da observação sempre que for necessário, simplesmente porque certos fenômenos dependem do observador e não são repetíveis.

Em segundo lugar, para navegar pelo desconhecido, é preciso utilizar o cabedal completo de conhecimentos de que a humanidade dispõe atualmente: artes, filosofia, ciência e tradições sapienciais. Essas diferentes formas de conhecimento configuram a rede que citamos (entre as disciplinas), podem perfazer sinapses interessantes e complexas (através das disciplinas) e nos dão uma trilha não convencional para explorarmos o desconhecido (além das disciplinas). É claro que tudo isso clama por um novo método. A metodologia cartesiana, que tanto contribuiu para o avanço científico do conhecimento, hoje está limitada, não consegue abranger a totalidade dos fenômenos e nem sua extensa complexidade. O novo método pode estar apoiado pelos traços e princípios da transdisciplinaridade.

Uma terceira questão é imediatamente aventada quando pensamos em explorar o desconhecido: quais das funções psíquicas, ou quais das inteligências humanas estão habilitadas para explorarmos esse terreno fértil e inexplorado? A resposta perece repousar sobre a totalidade dos potenciais do homem. Enquanto a ciência, em sua maior parte, tem se valido da razão lógica e da inteligência mental para realizar descobertas, a nova fase que poderemos passar de agora em diante, com a transdisciplinaridade, requer esse cabedal total de funções psíquicas e inteligências que possuímos: razão, sentimento, sensação e intuição. Ou, visto por outro ângulo, precisamos das inteligências mental, emocional, física e espiritual (ou existencial).

Einstein foi o homem que talvez tenha realizado as descobertas mais desconcertantes de todos os tempos. E qual foi seu método de pesquisa para adentrar essa região do desconhecido, em que não existem disciplinas que possam explicar os fatos? Ou, em nossa metáfora, a região onde não existem nós, nem sinapses e que se situa além da rede já tecida? E ainda, que tipo de inteligência foi mais utilizada por Einstein para conseguir seus feitos?

Einstein foi um gênio, em toda a profundidade de significado que essa palavra pode ter. O método absolutamente fantástico que ele seguiu para compreender a relatividade e elaborar sua famosa Teoria, que trouxe enormes avanços para todos, foi apenas "cavalgar" um fóton de luz. Ele se colocou, imaginariamente, viajando em cima de um fóton que se distanciava de um relógio. Já era sabido que não vemos um objeto, mas sim a luz que dele emana ou que nele se reflete. Quando Einstein fez esse exercício, compreendeu que ao viajar pelo fóton que emanava do relógio, veria os ponteiros ou os dígitos mostrando sempre o mesmo instante do tempo. Ou seja, ao viajar na velocidade da luz, o tempo (como nós o conhecemos) cessa de correr. Fantástico! Fora do senso comum. E foi isso que deu base para toda uma construção brilhante de raciocínios e demonstrações matemáticas da Teoria da Relatividade. Einstein fez isso utilizando um método fora do convencional. E não foi uma observação empírica, repetível e independente do observador que o levou a tão grande passo. Várias de suas teorias só encontraram comprovação por experimentos muito tempo depois, algumas somente agora no século XXI. E estavam todas certas!

Outro gênio indescritível foi Nikola Tesla, o inventor da corrente alternada e de numerosos outros mecanismos, aparelhos e máquinas elétricas. A corrente alternada barateou sobremaneira a transmissão e a geração de energia e possibilitou um salto no desenvolvimento das cidades e da engenharia elétrica. Tesla era famoso por sua capacidade de abstração. Ele não precisava colocar no papel os componentes de uma máquina complexa para ter a visão de conjunto. Apenas os projetava de memória e dava instruções detalhadas de como produzi-los. E mais: testava-os exaustivamente em sua mente, fazendo-os trabalhar initerruptamente e descobria os pontos fracos, áreas com necessidade de reforço e peças que precisavam ser adequadas. Fazia tudo antes de construí-las e testá-las. E quando tudo estava pronto, funcionava perfeitamente. Em seu livro autobiográfico, *Minhas invenções*, ele relata essas e outras façanhas. O seu método? Completamente destacado do que prescrevia a ciência tradicional.

Einstein e Tesla não tinham apenas essa capacidade de sobrepujar o método de pesquisa da ciência em voga. Eles também faziam uso de inúmeras capacidades latentes no homem. Procuravam agir com o seu ser integral. Corpo, mente, alma e espírito atuavam em conjunto nesses homens. As inteligências física, mental, emocional e espiritual trabalhavam em uníssono. Vejamos como Einstein promovia a sua capacidade de descoberta: primeiro ele era famoso por estudar a fundo um problema e se abstrair do resto. Suas forças físicas eram deslocadas para o objeto do estudo. Segundo, sua emoção em diversos momentos era ativada ao extremo, a ponto de

Einstein ser exímio violinista. Ele dizia que a música o aproximava de Deus. Sua capacidade de raciocínio era impressionante, embora na escola básica tenha sido considerado incapaz em matemática. Certamente o estudo convencional da ciência exata era enfadonho para ele, que elaborou teorias físicas e matemáticas de grande complexidade. Enfim, é famosa a sua frase, ressaltando a intuição e a inteligência espiritual: "Penso 99 vezes e nada descubro; faço silêncio, e a verdade me é revelada". Foi essa última capacidade, com certeza, que o permitiu desvendar os maiores enigmas do cosmos com um brilhantismo inigualável. Pois, como dissemos, ele explorou ideias e conceitos que fugiam completamente ao senso comum.

Esses homens, como Einstein e Tesla, precursores em diversos campos, foram praticantes da transdisciplinaridade. Adentraram o "campo do desconhecido" usando ferramentas novas, inusitadas e desdenhadas pelo corpo de homens esclarecidos da ciência e da sociedade de sua época. Eles também fizeram isso através de seu potencial humano pleno e não apenas "esquartejando" ao máximo o seu objeto de estudo, pela análise exaustiva. Intuição, razão e emoção foram cruciais para suas descobertas. Lá, além das fronteiras do conhecimento estabelecido, não há trilhas, não existem fórmulas, há apenas uma "in-formação" tênue que parece gravada de alguma forma no vazio, no que os físicos atuais chamam de vácuo quântico.

A visão de que existe um oceano infinito de "in-formação" no cosmos tem sido explorada recentemente por alguns autores brilhantes, alguns deles ganhadores do prêmio Nobel. Segundo essa percepção, fazemos parte de um todo orgânico, no qual por trás da aparência de independência, fragmentação e divisão, há algo que nos une e inter-relaciona. Um campo invisível, assim como a gravidade e o eletromagnetismo, estaria a agir na conexão de tudo com todos. É isso o que dizem físicos, biólogos e filósofos da ciência como David Bohm, Rupert Sheldrake, Ervin Laszlo e outros. Esse campo seria como um molde de tudo o que existe no nível de realidade meramente física. Essa proposição é uma releitura aprofundada e repleta de demonstrações teóricas e experimentais, feitas por esses e outros homens, da antiga cosmologia de Platão, que afirmava que por trás dos fenômenos observáveis há o mundo das ideias perfeitas. Seríamos o reflexo imperfeito de ideias perfeitas. Platão elaborou um pouco a consequência dessas nossas limitações de entendimento do ideal com o Mito da Caverna, descrito no Capítulo 1.

A intuição seria um dos mecanismos para se adentrar nesse campo de "in-formação", assim como alguns estados de consciência avançados, conseguidos pelos mestres do espírito e por mentes brilhantes como Einstein e Tesla. Nesse sentido, mais do que acesso ao conhecimento, homens nobres e despojados de arrogância teriam uma espécie de antenas plugadas ao imenso manancial de sabedoria do cosmos. Sabedoria, mais do que conhecimento, seria o produto final de suas explorações desse campo de vazio fértil (ou vácuo quântico). Essa é uma verdadeira inovação para explorar as áreas desconhecidas além de nossa rede. Nesse sentido, é a essência da transdisciplinaridade.

Finalmente, para ilustrarmos os conceitos do "entre, através e além das disciplinas", elaboramos a tabela comparativa a seguir, mostrando as principais diferenças entre a "árvore do conhecimento" e o que podemos chamar agora de "rede da sabedoria". Nota-se que, por esta nossa visão do desenvolvimento da sabedoria, a tarefa de superar os limites do método cabe à transdisciplinaridade, algo que poderia ser aplicado às diferentes atividades do homem, com a grande vantagem de permitir a democratização da sabedoria, sem que dela se fizesse uma terra de ninguém ou algo sem consistência. A ideia da transdisciplinaridade é exatamente unificar questões que parecem opostas: a consistência fundamentada com a abertura democrática (que clama a participação de todos).

Tabela 1: *Diferenças entre a árvore do conhecimento e a rede da sabedoria*

Árvore do conhecimento	Rede da sabedoria
Hierárquica	Não hierárquica
Poder da base para o topo	Poder distribuído
Raiz: a metodologia da ciência	Sobrepuja os limites do método
Ramos: grupos de disciplinas	Desfaz-se a noção de grupos
Folhas: disciplinas estanques	Nódulos: não são estanques, há fluxo entre eles
Folhas não se comunicam diretamente	Nódulos estão interligados por sinapses
Fora da árvore não há conhecimento	A sabedoria está nos nódulos, nas sinapses e além da rede
Construir a árvore: tarefa da ciência	Construir a rede: tarefa da transdisciplinaridade

Fonte: *O autor*

A sabedoria integral

Nesta altura, gostaríamos de discorrer um pouco mais sobre a dicotomia entre conhecimento e sabedoria. Amparamo-nos na Wikipédia e em outros portais de dicionários para chegarmos à seguinte diferenciação:

> Conhecimento é o ato ou efeito de abstrair ideia ou noção de alguma coisa, por exemplo: conhecimento das leis; conhecimento de um fato (obter informação); conhecimento de um documento; termo de recibo ou nota em que se declara o aceite de um produto ou serviço; saber, instrução ou cabedal científico (homem com grande conhecimento). Por outro lado, a sabedoria consiste em saber o que fazer com qualquer conhecimento, como utilizá-lo de forma prudente, moderada e profícua, útil.

Enquanto o conhecimento é ferramenta indispensável para *ganhar* a vida e, na maioria das vezes, reveste-se de caráter técnico, a sabedoria é manancial de inspiração para *construir* uma vida, e tem caráter amplamente humano. Ela é o dom que nos permite discernir qual o melhor caminho a seguir, a melhor atitude a adotar nos diferentes contextos que a vida nos apresenta. Nesse sentido, a sabedoria se apoia no potencial total do homem, sua capacidade de raciocinar logicamente, mas também de experimentar a compaixão e outras virtudes essenciais para o desenvolvimento cooperativo da sociedade e da espécie humana. A sabedoria, portanto, é base para a evolução integral do homem. Daí sua ampla correlação com a transdisciplinaridade e com a nossa rede.

A sabedoria é o antídoto, tanto para a arrogância como para a ignorância. Esta é um mal, porque o homem ignorante não consegue assumir compromisso pelo seu desenvolvimento e dos demais companheiros de vida – ele simplesmente não sabe discernir o joio do trigo e acaba se tornando escravo das circunstâncias, das suas paixões e do jogo de sobrevivência no qual todos têm de se superar. Sua vida não é vivida em profundidade, apenas passa por ela. Um grande mestre da humanidade nos lembrou que "conhecereis a verdade, e ela vos libertará". A ignorância não é apenas das letras e dos números, mas da sabedoria da vida. Mais conhecimento não necessariamente suprime a ignorância. Apenas a sabedoria pode levar a isso.

Maior do que o mal da ignorância é o mal da arrogância. Sim, porque existem pessoas ignorantes dispostas a aprender e evoluir. Mas a maioria dos arrogantes considera-se no topo da escala evolutiva. Em grande parte, isso é o que está acontecendo com o homem culto neste início do novo milênio. Ganhamos tanto conhecimento que começamos a nos considerar semideuses. Passamos a acreditar que temos a resposta para todos os mistérios, para todos os problemas. E nosso egoísmo tem nos paralisado. O egoísmo da falsa superioridade é paralisante. Ele deixa que promovamos o consumismo, a elitização, o credo implícito (e nunca assumido publicamente) de que alguns têm mais direitos do que outros. Pelo egoísmo, a desigualdade não é compreendida como os diferentes potenciais e as diferentes contribuições de cada ser humano, mas na assunção de um falso mérito inato de uns sobre outros. Falta sabedoria, compreensão de muito mais coisas do que pode ensinar uma universidade.

Por outro lado, a sabedoria integral traz potência, que também é um antídoto para a prepotência e a impotência. Esta se origina da ideia preconcebida de que alguém não está capacitado para realizar algum ato ou projeto que seja de relevância para si mesmo ou para outros. A impotência é uma limitação paralisante, originada na própria psique do indivíduo, tornando-o inapto ao exercício de determinada atividade. O antídoto, portanto, é a sabedoria, mais do que o conhecimento, porque na sabedoria repousa a capacidade de utilização correta do conhecimento, o discernimento de como aplicar o conhecimento da maneira mais produtiva.

Já a prepotência é irmã da arrogância. Aquele que muito conhece, mas não é sábio, se julga capaz de encontrar a verdade em qualquer circunstância, avalia possuir qualidades acima das de outrem e, nesse sentido, assume uma posição de antemão e se fixa nessa posição como se fosse a única viável, repositória de valor e virtude. Mas, destituído de sabedoria, quem assume a prepotência está apenas deixando de olhar a si mesmo com parcialidade e compreender que é falível como qualquer ser humano. Na sabedoria está o equilíbrio entre os conhecimentos e os não conhecimentos. Nela está o meio-termo entre o que já se pode ter como conhecimento comprovado, ao menos momentaneamente, e o que ainda se ignora. A sabedoria é a justa medida para não se cair nem na impotência e nem na prepotência.

Nestes dias atuais, confundidos por uma falaz impressão de avanços na escalada do homem, tendemos a atribuir a nós mesmos certa arrogância e prepotência advindas da constatação de que a tecnologia progrediu e tem progredido de maneira exponencial. Por outro lado, após distinguirmos a abordagem transdisciplinar da abordagem tradicional da ciência e após discriminarmos sabedoria de conhecimento, podemos inferir que esse avanço técnico e material na escalada do homem tem tudo a ver com conhecimento, com a agregação cada vez maior de um saber técnico, objetivo e apoiado pela disciplinaridade e pela interdisciplinaridade (mais recentemente). Mas ainda distanciado da sabedoria, pois se o homem realmente avançou nessas áreas, ainda engatinha na utilização benéfica e justa de tudo o que vem conquistando. Parece-nos, portanto, que um caminho importante para superar esse subdesenvolvimento humano é a utilização progressiva da transdisciplinaridade, de modo pleno e não compartimentado em nossas vidas, rumo a uma sabedoria integral!

A sabedoria nas organizações

Concluindo este capítulo, vamos nos ater à reflexão de como toda essa revolução necessária à continuidade de nossa escalada pode e deve impactar o universo empresarial e organizacional. Setor no qual a reinante visão limitada do homem impõe enorme subotimização de resultados para nossa própria evolução como ser humano.

Em retrospecto, vimos como a complexidade vem se revelando paulatinamente a nós, agora muito mais claramente do que no passado. Assim, começamos a suspeitar que o corpo total de nosso conhecimento está demasiadamente contaminado por um ideal de simplicidade e objetividade que percebemos não ser o que existe pelo Universo, tanto no macrocosmo como no microcosmo. Isso pode limitar a continuidade dos avanços. Então, estamos aprendendo a olhar mais cuidadosamente ao potencial total do homem, além da inteligência mental pura e simples. Aprendemos também a notar as limitações do consolidado método científico. A física quântica foi um divisor de águas nesse sentido.

É o momento, portanto, de iniciarmos um estágio melhor e mais produtivo em nossas organizações. Precisamos sair da encruzilhada de uma visão de crescimento infinito dos confortos materiais e do consumismo, pois é longamente sabido não haver recursos suficientes para alimentar esse crescimento desenfreado. Assim, a atitude subsequente deve ser a de um desenvolvimento sustentável. Antes de tudo, "desenvolvimento", porque diz respeito ao homem, ao ser humano potencial que poderá se desvendar por um caminho rico como o da transdisciplinaridade. E também "sustentável", porque há de ser feito, de agora em diante, de modo a preservar o patrimônio físico e cultural, além de se utilizar recursos que possam ser replicados, reciclados, reutilizados naturalmente.

A nova meta empresarial deve ser a de amplos resultados que, em primeiro lugar, incluem também a dimensão financeira. Gerar recursos suficientes para remunerar seus públicos e ainda contar com sobra em volume adequado para investir em seu desenvolvimento é meta primordial de toda organização. Mas não é a única, e talvez nem a mais importante. Peter Drucker já enfatizava que a organização que mira o lucro em primeiro lugar é não apenas míope, mas irrelevante. Resultados amplos contemplam o lucro, mas também outras métricas não financeiras que levam ao desenvolvimento de seus públicos, tendo por base o homem. Sim, porque por trás da figura etérea dos públicos está o homem concreto. Este ser que precisa avançar em seu potencial de humanidade, de ética, de valores e espiritualidade (de sabedoria, enfim), tanto quanto já alcançou em termos tecnológicos, de conhecimentos científicos e de confortos materiais. E fazê-lo, democratizando sua distribuição de maneira mais equânime, bem como ampliando a educação e a consciência humana da maior parte possível de cidadãos do mundo. Essa é a meta do milênio, e acreditamos que as empresas têm importante missão a cumprir em relação a ela.

A visão cartesiana, limitadora e separatista, presa à análise fria e crua, está sendo substituída por outra, abrangente, aberta, tolerante e rigorosa: a visão transdisciplinar. Conhecimento em árvore evolui para sabedoria em rede. E, então, como se aplica ao universo organizacional essa sabedoria integral em rede?

Há diversas dimensões em que essa nova visão tem aplicação, mas identificamos três delas em que se faz urgente e necessária uma revisão profunda:

- Hierarquia: superar a rígida hierarquia em que informação é poder. Aqueles que se lançam a uma iniciativa empresarial temem perder as rédeas e embarcar em problemas financeiros pelo descontrole. Esse sentimento é legítimo, mas o excesso de controles e de travas de informação não é a solução, apenas amplificam os problemas e limitam o desenvolvimento organizacional. Podem ser substituídos por sistemas inteligentes em rede, que abrem o espaço, democratizam o aprendizado e criam barreiras ao risco desnecessário pela sua própria dinâmica. As pessoas não são o problema, mas a solução. Sistemas inteligentes em rede não deixam de ter liderança, mas esta é exercida de modo compartilhado, em vez da clássica linha de comando e controle. Abre-se espaço para a liderança integral, em que o grupo é maior do que a soma das partes e as partes são maiores do que apenas o grupo! Vamos nos aprofundar sobre isso nos Capítulos 5 e 7, sobre cultura e liderança;
- Inovação: nas empresas, repositórias legítimas das grandes inovações, é chegada a hora de dedicar-se a trabalhar pela superação dos modelos estabelecidos. Superar os limites do método, para que os benefícios da evolução material possam mais rapidamente se espalhar, dentro do razoável. Em futuro

breve, o valor verdadeiro virá da inovação profunda, obtida pelas possibilidades de descortinar o desconhecido, como na transdisciplinaridade. Alguns ícones atuais, como a empresa americana Apple, começaram a se deslocar nessa direção, embora talvez como um antiexemplo, ainda visando ao consumismo, à obsolescência planejada e ao lucro acima de tudo. O espírito empreendedor, associado à inovação, é o grande mote para não termos mais organizações divididas entre donos e empregados. Nessa nova empresa todos são empreendedores e gestores. Vamos nos aprofundar nesses conceitos nos Capítulos 6 e 8, sobre visão estratégica e governança;

- Amplos resultados: precisamos de métricas de desenvolvimento organizacional que capturem o verdadeiro valor dos empreendimentos, focando para além das fronteiras do meramente financeiro. Este desafio será cada vez mais crucial no futuro, como revela, por exemplo, a métrica da Felicidade Interna Bruta (FIB), no já famoso país Butão, em detrimento do Produto Interno Bruto (PIB). Uma nova forma mais integral de abordar a gestão dos negócios será consequência natural dessa mudança. Os públicos (em inglês, internacionalmente conhecidos como *stakeholders*) muito provavelmente se tornarão os alvos do esforço organizacional. Enfim, haverá o foco no pleno desenvolvimento do homem!

Os próximos capítulos vão descortinar melhor esses interessantes pontos. A era do desenvolvimento humano e da sustentabilidade, rumo a uma sabedoria integral, parece mesmo ter chegado para ficar.

Referências bibliográficas

Bohm, D. *Totalidade e a ordem implicada*. São Paulo: Madras, 2008.

Capra, F. *O ponto de mutação*. São Paulo: Cultrix, 1995.

Clarke, A. C. *2001*: Uma Odisseia no Espaço. São Paulo: Aleph, 2013.

Descartes, R. *O discurso do método*. São Paulo: Martin Claret, 2000.

Einstein, A. *Como vejo o mundo*. Rio de Janeiro: Nova Fronteira, 1981.

Experimento de Miler. Disponível em: <https://www.youtube.com/watch?v=9cSb87s_3Z0>. Acesso em: 25 nov. 2016.

Gleiser, M. *A ilha do conhecimento*. Rio de Janeiro: Record, 2014.

Goleman, D. *Inteligência emocional*: A teoria revolucionária que define o que é ser inteligente. Rio de Janeiro: Objetiva, 2007.

Laszlo, E. *A ciência e o campo Akáshico*: Uma teoria integral de tudo. São Paulo: Cultrix, 2008.

Morin, E. *O método III*: O conhecimento do conhecimento. Sintra: Ed. Europa América, 1986.

Nicolescu, B. *O manifesto da transdisciplinaridade*. São Paulo: Trion, 1999.

Piaget, J. *Para onde vai a educação?* Rio de Janeiro: José Olympio, 1974.

Sheldrake, R. *Sete experimentos que podem mudar o mundo*. São Paulo: Cultrix, 2005.

Teoria de Oparin-Haldane. Disponível em: <https://www.youtube.com/watch?v=9xVNfRyXgcs>. Acesso em: 25 nov. 2016.

Tesla, N. *Minhas invenções*: a autobiografia de Nikola Tesla. São Paulo: Ed. Unesp, 2012.

Weil, P. et al. *Rumo à nova transdisciplinaridade*: Sistemas abertos de conhecimento. São Paulo: Summus, 1993.

CAPÍTULO 3
O TRABALHO HUMANO: A RENOVAÇÃO POSSÍVEL E NECESSÁRIA

Paulo Monteiro

Era ele que erguia casas
Onde antes só havia chão.
Como um pássaro sem asas
Ele subia com as casas
Que lhe brotavam da mão.
Mas tudo desconhecia
De sua grande missão:
Não sabia, por exemplo
Que a casa de um homem é um templo
Um templo sem religião
(...)
Mas ele desconhecia
Esse fato extraordinário:
Que o operário faz a coisa
E a coisa faz o operário.
De forma que, certo dia
À mesa, ao cortar o pão
O operário foi tomado
De uma súbita emoção
Ao constatar assombrado
Que tudo naquela mesa
– Garrafa, prato, facão –

Era ele quem os fazia
Ele, um humilde operário,
Um operário em construção.
Olhou em torno: gamela
Banco, enxerga, caldeirão
Vidro, parede, janela
Casa, cidade, nação!
Tudo, tudo o que existia
Era ele quem o fazia
Ele, um humilde operário
Um operário que sabia
Exercer a profissão.
(...)

"O operário em construção", Vinicius de Moraes

Nos capítulos anteriores, refletimos sobre a natureza humana e sua relação com o Universo e a existência. Vimos que é possível e necessário reconciliar o concreto e imanente com o transcendente e que há um tipo de metafísica em nossa vida e historicidade. Vimos também que o caminho para a evolução humana passa por um conhecimento mais profundo e amplo, transdisciplinar, que leva o ser humano à dimensão da verdadeira sabedoria.

Essas são as vias que permitirão a renovação mais profunda no âmbito organizacional. Agora precisamos refletir sobre a atividade que toma a maior parte do nosso tempo: o trabalho humano. Para repensar o universo das organizações, é preciso dar um foco maior na trajetória do trabalho e no que significa trabalhar no século XXI.

Quando tudo começou

Desde que a nossa espécie começou a habitar este planeta, observamos nela a qualidade da atividade, do agir para viver melhor: sobreviver-crescer-desenvolver-se-evoluir.

O homem começou a caminhar, erguido sobre os pés, para poder ver suas presas, o que lhe permitiu liberar as mãos e assim fabricar utensílios, a origem da tecnologia. O cérebro cresceu nessa relação cíclica com um mundo que é, ao mesmo tempo, causa e efeito do existir humano. Nossos antepassados foram além, domesticando animais que os ajudaram a se locomover, atravessar territórios para viver em condições mais adequadas. Com a invenção do arco e flecha conseguiram caçar à distância, melhorando o sistema de busca de alimentos. Com a semente, aprenderam a cultivar para depois comer, planejando seu futuro. Posteriormente descobriram o sistema de troca de alimentos, e depois o de compra e venda.

Vemos, assim, um elemento intrínseco ao existir humano, presente desde os primórdios de nossa espécie, que é o *viver no fazer*, e um fazer que progressivamente foi se desdobrando com maior complexidade até o que conhecemos hoje como atividade humana.

É interessante observar que a atividade dos nossos antepassados não se limitava à sobrevivência ou a necessidades puramente biológicas. As primeiras espécies humanas já começaram a desenhar afrescos em suas cavernas para representar sua existência. Era uma forma de tentar entender o mundo e dar sentido à vida. O homem descobriu, assim, junto com seu pensar e existir, a importância da estética como valor em si mesmo, como canal para a beleza e como veículo de leitura simbólica do que significava viver. Nas palavras de

Domenico De Masi (2012), "para conseguir a graça dos deuses, devemos realizar algo que seja belo, não de utilidade imediata".

Toda a atividade humana, desde seus primórdios, era parte de um único existir. Se, por um lado, já existiam divisões de tarefas desde os primeiros registros de organização humana, por outro percebe-se que todo o fazer de nossos antepassados visava uma vida melhor de indivíduos e da coletividade. Desde sua sobrevivência até a relação com o belo e o divino, havia um só propósito, um mesmo atuar com características diferentes. Podemos concluir que havia um certo senso do todo, de unidade, concretizado na vida ativa do homem.

Nossa espécie, portanto, desde suas origens, vivia em um existir amplo que incluía sua sobrevivência e saúde, o afeto, a textura social e a transcendência. Todos esses âmbitos faziam parte da mesma atividade humana. O homem dos primórdios era um *fazedor*, cuja ação tinha relação direta com sua evolução e desenvolvimento contínuo. E todos os membros da coletividade se beneficiavam com os resultados dessa atividade.

Surgem as divisões

Com a capacidade de produzir para guardar e depois trocar ou vender, o homem descobriu a produção em série e, com isso, tivemos o advento das primeiras civilizações. A Mesopotâmia (3000 a.C.) foi um marco dessa era. Começaram as primeiras cidades, abandou-se o nomadismo e o desenvolvimento humano passou a dar-se em uma mesma localidade. O homem inventou a escrita, a roda, a astronomia, a matemática, a tecnologia (como a rede de irrigação etc.), o comércio, a economia, aprendeu a organizar-se socialmente. Nesse longo período, nossa espécie deu um salto em desenvolvimento e evolução, e a atividade humana foi se tornando mais diferenciada, sofisticada e complexa.

À medida que o ser humano estruturou-se e organizou-se como sociedade, intensificou-se uma diferenciação de classes, com níveis distintos e diversas atividades relacionadas a eles. As tarefas mais intelectuais, abstratas ou estéticas eram vistas como mais nobres e, portanto, realizadas por classes consideradas superiores, enquanto que aquelas mais braçais ou "básicas" eram vistas como menores, e por isso executadas por escravos.

Os gregos foram um exemplo de civilização que considerava a vida intelectual e contemplativa como mais nobre, quase divina, colocando-a em patamar acima das atividades consideradas mais simples e realizadas por servos.

O conceito de "trabalho" surgiu a partir desse contexto de diferenciação. Vemos a influência do livro mais popular do mundo, a Bíblia, nesse aspecto. O Gênesis – o primeiro livro da Bíblia, provavelmente escrito na era das primeiras civilizações – traz a narração do homem desobedecendo a Deus e pecando. Em função dessa grave falha de desobediência, Deus se dirigiu à sua criatura com uma repreensão, decretando que devesse passar a comer o seu pão obtido com o suor de seu rosto (ver Gênesis 3:19). Nessa passagem há uma clara separação entre o homem e a terra: para poder resgatar o direito aos seus frutos – que já não lhe pertencem por natureza –, ele terá que suar, esforçar-se fisicamente.

Identifica-se aí, portanto, a ruptura do período em que a atividade humana era mais integrada com o seu entorno, para a era de hostilidade, de separação entre o homem e seu habitat. Para superar essa divisão hostil, o ser humano terá que transpirar e sofrer. Essa ideia de preço de resgate incorpora o conceito de trabalho (algo que infelizmente dura – em muitos contextos – até os dias de hoje). O próprio termo escolhido, para essa que é a principal atividade humana, tem sua origem latina em *tripalium* (tripálio), objeto usado para castigar os escravos (ver Figura 5). Essa palavra está diretamente relacionada ao conceito de dor, castigo, adversidade. Não surpreende o uso que damos até hoje a esse termo quando queremos expressar algo que foi difícil ou complicado: "Aquilo deu muito *trabalho*". Há uma carga negativa e pesada no significado do conceito de trabalho, que vem da origem mesma de seu uso.

Por isso, não parece exagero dizer que os escravos foram os primeiros "trabalhadores": eles garantiam sua sobrevivência por meio de esforço, dor e castigo.

Figura 1: *Tripalium: instrumento utilizado por algumas antigas civilizações para castigar escravos*

Fonte: *gustavosucci.com/trabalho-e-uma-tortura-para-voce*

A evolução do labor humano e a era moderna

O trabalho foi acompanhando o desdobrar da vida coletiva e social do ser humano. A época feudal instituiu outro tipo de trabalho, realizado pelo servo, que cuidava da terra do seu senhor. Vemos aqui também o conceito de diferenciação, já que o servo não possuía a terra e pagava ao dono enormes tributos pelo direito de habitar, lavrar, plantar e pastorear, num regime de trabalho muito próximo da escravidão.

Com a era das navegações e dos grandes descobrimentos, e a consequente exploração das colônias – a partir do século XV –, tivemos o advento do mercantilismo com o crescimento das viagens comerciais. Estabeleceu-se um ciclo no qual as metrópoles se beneficiavam, simplesmente tomando ou comprando a preços baixíssimos a matéria-prima das colônias e vendendo caro o produto manufaturado. Tratava-se de uma economia de ganha-perde, cujo fim era a riqueza do Estado, que acumulava o lucro de suas transações. O trabalho passou a estar ao serviço da nação, numa dinâmica que buscava garantir mais ganhos e acúmulo, com uma aliança íntima entre empresários, comerciantes e governos. Já nessa época começava-se a perceber a opressão econômica dos trabalhadores para maximizar a produção e beneficiar a economia dos países e dos proprietários dos bens e mercadorias. O conceito de "mão de obra" nasce nessa lógica desigual. A essência do trabalho, portanto, estava a serviço da riqueza, que pertencia ao dono, fosse ele indivíduo (comerciante, proprietário, empresário) ou o próprio país.

Como vimos no Capítulo 1, no século XVIII tivemos o ápice do liberalismo, pensamento que surgiu como fruto do Iluminismo, provocando movimentos como a Revolução Francesa e a independência americana e que representava uma reação ao poder do Estado e da religião. Os liberalistas, como John Locke (1632-1704) e outros, defenderam a propriedade privada e o direito individual à riqueza como resultado do trabalho de cada um. Adam Smith (1723-1790), como vimos, foi um dos grandes defensores do que foi denominado de "economia liberal", defendendo a primazia do trabalho para o lucro, dinâmica que gerava, segundo ele, uma "mão invisível" que autorregulava a economia, levando à prosperidade social. O Estado, para Smith, não devia participar desse movimento natural. Seu papel era garantir minimamente o bem-estar dos cidadãos, e não a atuação na economia. Essa filosofia ajudou a suplantar a mentalidade e a prática feudal e mercantilista, propiciando o nascimento do que depois seria denominado como capitalismo. Nessa transição, o trabalho era visto como meio de assegurar o direito quase sagrado do lucro individual, que naturalmente levaria ao bem individual e social.

Aqui é importante ressaltar o relevante pensamento do intelectual Max Weber (1864-1920), que destacou a relação do homem com o trabalho e o capital, sobretudo com sua célebre obra *A ética protestante e o espírito do capitalismo.* Weber mostrou como a doutrina protestante influenciou na origem e evolução da era capitalista. Para Lutero (1483-1546), argumentou o filósofo alemão, o trabalho devia ser entendido como vocação, como resposta ao chamado divino (Providência), e cabia ao homem viver sua dimensão mundana com essa atitude dócil de adesão aos desígnios superiores. Já os calvinistas ampliariam essa relação sobrenatural, afirmando que havia uma predestinação divina para todo e cada homem, um desdobramento da justiça de Deus que definia o que seria a vida de cada indivíduo. Assim, o acúmulo de riqueza, conforme a doutrina protestante, foi justificado, segundo Weber, pela obediência aos planos divinos (Lutero) ou pela determinação prévia da história de cada um a partir da vontade do Criador (Calvino, 1509-1564).

Simultaneamente às raízes mais religiosas e doutrinárias que contribuíram para a formação do espírito capitalista, Weber chamou a atenção para a racionalidade que veio a permear o universo do trabalho e do capital. Para o filósofo, o trabalho passou a ser visto como ato moral, e ganhar dinheiro tornou-se virtude. A aquisição e a consequente riqueza passaram a ser o *summum bonum* (bem maior) do indivíduo capitalista. Com isso, o homem devotou a sua existência ao seu negócio, e enriquecer era seu principal propósito. Weber sinalizou como este racionalismo capitalista contribuía para a ausência do prazer espontâneo de viver, e chegou a referir-se aos homens da época como "especialistas sem espírito, gozadores sem coração".

Esse espírito capitalista, que foi se consolidando ao longo da era moderna, com todo o racionalismo que lhe era característico, ganharia novo impulso no século XIX, a partir de uma das maiores transformações da história da humanidade: a Revolução Industrial. O mundo vivia, na Europa, a transição do trabalho artesanal e manufatureiro para o trabalho industrial, o universo das máquinas, um novo contexto tecnológico que mudou para sempre a existência humana. A economia ganhava nova força com a capacidade da indústria, a demanda se aquecia no mundo todo, e o trabalho se tornava recurso necessário para poder dar conta do ritmo alucinante de produção. As condições dos trabalhadores eram péssimas, e a jornada de trabalho muito longa. Os indivíduos trabalhadores eram recursos a serviço do capital e do lucro dos proprietários das indústrias. Essa lógica instrumental privava o trabalhador do objeto de seu trabalho e do resultado deste.

A era industrial incorporou os princípios do racionalismo e do cartesianismo, no afã de trazer mais objetividade e eficiência ao mundo do trabalho. Razão e ciência passaram a estar a serviço da produtividade e do lucro. Surgia a administração científica, que teve como um de seus principais expoentes Frederick Taylor (1856-1915). Esse engenheiro americano utilizou ao máximo os princípios racionalistas e científicos no mundo do capital e do trabalho, visando a aumentar a eficiência e a produtividade. Seu objetivo era maximizar os resultados com o menor custo possível e em menos tempo. Surgia assim a linha de produção, o sistema em que os operários faziam um trabalho repetitivo para a produção em série. O antológico filme *Tempos modernos*, de Charles Chaplin (1889-1977), representa com riqueza esse tipo de trabalho. Em uma das principais cenas, o protagonista/operário se confunde com o produto e se enrosca na engrenagem da fábrica, parecendo uma peça a mais de todo o mecanismo de produção.

Nesse sistema, havia a clara diferenciação entre o trabalho manual, executado pelo operário, e a esfera intelectual, ocupada pelo dono do capital e pelo engenheiro ou o planejador. Junto aos operários sempre havia fiscalizadores do trabalho, espécies de capatazes posicionados na linha de produção. O interessante é que vemos aqui a continuidade do modelo presente nas primeiras civilizações, mencionado no início do capítulo.

Mantém-se a diferenciação entre o trabalho manual, esforçado e sacrificado, e a atividade mais intelectual ou nobre, esta atribuída à classe social considerada superior. Na era industrial, a grande maioria dos indivíduos ativos realizava seu *tripalium* com muito esforço físico, para garantir resultados e lucros para outros.

É possível notar, nessa linha do tempo, certa evolução nas relações de trabalho. Destacou-se a intenção de Taylor (e a prática de alguns proprietários) de estimular melhores salários a partir dos melhores resultados, além de fortalecimento gradual da classe trabalhadora. Mas a tendência de privilegiar o indivíduo considerado "pensante" e o proprietário do capital, à custa de grande esforço e sacrifício de muitos, continuou presente no mundo do século XIX. Pouco mudaria na premissa básica que permeara o trabalho, desde sua origem, com as primeiras civilizações.

Essa grande separação entre o indivíduo e o fruto de seu trabalho levou ao que o pensador alemão Karl Marx (1818-1883) qualificou como alienação. O sujeito é separado do seu trabalho e do resultado que ele gera, tendência que, como vimos, pareceu manter-se consistente em toda a trajetória do trabalho humano até então. Essa alienação, para Marx, também acontecia *entre* os indivíduos, já que cada um era isolado na dinâmica da produção. O sujeito existia em função do capital, mas este não lhe pertencia. Por isso, para o filósofo alemão, era imperativo resgatar a identidade humana a partir do poder e emancipação da classe trabalhadora contra o que ele considerava uma burguesia opressora.

O trabalhador, na concepção marxista, passa a ser herói em batalha, com a bandeira nobre de libertação e de resgate de sua identidade roubada. Essa era a via que poderia inverter a acumulação quase infinita do capital nas mãos da minoria proprietária. Marx conseguiu diagnosticar um fenômeno que vinha acompanhando o ser humano e sua relação com o trabalho há milênios, ou seja, a separação dramática entre sujeito e capital. Mas sua proposta acabaria tornando-se radical, com um viés de conflito e embate, dando origem posteriormente a um antagonismo histórico entre dois blocos filosóficos, econômicos e geopolíticos: os capitalistas de um lado, e os comunistas de outro. Apesar do preciso diagnóstico, o pensamento marxista acabou defendendo uma reconciliação entre homem e trabalho por meio da luta e da separação, o que a história mostrou, em seu momento, ser um erro filosófico e estratégico.

Tivemos outra voz muito importante a oferecer-nos uma acurada leitura sobre o período do crescimento do capital e suas consequências para o trabalho humano na obra de Hannah Arendt (1906-1975). Essa importante filósofa cunhou o termo *"animal laborans"* para designar um homem que vive a dinâmica cíclica e contínua de labuta-descanso-labuta. O trabalho humano, para ela, era um meio para sobreviver, e o indivíduo não conseguia escapar desse destino implacável. O *animal laborans* vivia no isolamento e desamparo, alienado da terra e do mundo. Não havia propósito, significado. Somente uma dimensão instrumental e utilitária, que também estava diretamente ligada ao consumo. Era a necessidade de subsistir e consumir, segundo Arendt, que comandava o trabalho. Como disse ela: "A utilidade instituída como significado gera ausência de significado" (ARENDT, 2010, p. 192).

A labuta pretendia trazer abundância, conforto, saciedade, um universo fútil que privava o trabalhador/

consumidor do que a autora chamava de *amor mundi*. A consolidação desse modo de vida representaria, para a filósofa, o ocaso da política para o homem moderno. Formava-se, em suas palavras, "uma sociedade de trabalhadores sem trabalho". Para ela, a única forma de superar a falta de sentido e o utilitarismo que permeavam o trabalho seria retornar à subjetividade do homem, à sua singularidade como sujeito com valor em si mesmo.

O já citado Martin Heidegger (ver Capítulo 1), que foi professor e amante de Hannah, falava da "tecnicização" do mundo, o universo que se reduzia a um estoque de objetos materiais desprovidos de sentido ou valor, e que passava a ocupar todos os espaços da vida humana. Esse era um mundo, segundo Heidegger, mecanicamente produzido pela competição, em detrimento da consciência humana, e se apoiava em meios e não em um fim. O filósofo denunciava uma época em que o homem "se produzia a si mesmo", destruindo sua subjetividade e tornando-se objeto de abandono do ser. Por isso, para o pensador, o maior desafio do homem moderno era o que ele veio a chamar de "ultrapassamento da técnica", a via de resgate da sua subjetividade.

Como vemos, a consolidação da relação do homem com o trabalho, na era moderna, passa pela instrumentalidade, a lógica do sujeito a serviço de algo que não lhe pertence, um distanciamento entre indivíduo e atividade, em função de um fim e de um propósito absoluto chamado capital.

Para sermos historicamente justos, é importante reconhecer os benefícios econômicos e o claro desenvolvimento material e financeiro de muitos países a partir do advento da era moderna e da evolução do capital atrelado à produtividade. Mas a relação entre indivíduo e sua atividade laboral foi marcada, desde sua origem, por uma separação nefasta, com graves consequências para os indivíduos e sociedades. A lógica que prevaleceu nesse período pôs o ser humano a serviço do trabalho, que por sua vez existia em função do capital (ver Figura 6). O elemento de racionalidade e utilidade só reforçou o conceito do trabalho como recurso e ferramenta, que acabou ocupando um espaço quase total na vida do homem moderno, ao mesmo tempo que o separou dele mesmo e de sua identidade.

Figura 2: *A lógica que configurou o auge do paradigma industrial-capitalista: o indivíduo a serviço do trabalho, que por sua vez existia em função do capital*

Fonte: *O autor*

O trabalho na economia neoliberal

Podemos dizer que o século XX, sobretudo no período do pós-guerra, viveu um processo de amadurecimento e evolução na relação entre o homem e o trabalho – ao menos nos países chamados ocidentais ou adeptos ao "bloco capitalista". Houve grande avanço no direito dos trabalhadores e na regulamentação do trabalho, com claras melhorias em temas como jornada laboral, remuneração, férias, aposentadoria etc. Tudo isso contribuiu para maior harmonia entre o trabalhador e os chamados "empregadores", trazendo também maior significado para o mundo profissional. Mas podemos dizer que essa evolução ainda foi tímida, se considerarmos a verdadeira natureza e essência do trabalho humano.

A tensão entre capitalismo e comunismo praticamente terminou na década de 1990, com um primeiro impulso a partir da queda do muro de Berlim e o posterior fim da URSS. Esses acontecimentos inviabilizariam a manutenção do comunismo em vários países do mundo. Estima-se que 1 bilhão de pessoas tenham abandonado o marxismo, desde então.

Este marco histórico levou Francis Fukuyama, importante escritor americano, a declarar "o fim da história", já que a partir daquele ponto o mundo passaria a funcionar somente em função do pensamento liberal e democrático e das diretrizes do livre mercado. O ocidente triunfaria, em um mundo universalizado por uma mesma mentalidade. A história mostrou que, do ponto de vista cultural e geopolítico, Fukuyama não acertou em sua previsão, mas podemos dizer que foi muito visionário no que se referia à economia. É verdade que desde aquele momento vemos um cenário complexo, de diversos tipos de economias, muitas das quais adotando um sistema "híbrido", formado por um estado forte e centralizador e uma economia com traços de livre mercado (exemplo da China, entre outros). Mas grande parte dos países mais influentes do mundo, como Estados Unidos e outros, adota um sistema mais "puro" de livre mercado. Podemos afirmar que o cenário macroeconômico é pautado pelos princípios da economia liberal, que tem na dinâmica de mercado sua base e essência.

O século XX já vinha sendo, progressivamente, o cenário de uma economia cada vez mais pujante, com tendência à autonomia e dinâmica própria. O período mais recente da história humana parece consolidar, portanto, o chamado neoliberalismo econômico como seu eixo fundamental. O direito à propriedade, o livre mercado e a ideia de uma economia autônoma como propulsora de prosperidade são princípios que foram cristalizados na maior parte do planeta, confirmando assim o chamado "capitalismo neoliberal" como sistema de influência universal.

Wall Street, o distrito financeiro onde se localiza a bolsa de valores de Nova York, foi se afirmando ao longo dos anos como um dos grandes palcos desse universo da economia neoliberal, com ações que se valorizavam exponencialmente. Milhões de pessoas no mercado de ações buscaram ganhar dinheiro sem qualquer esforço. A declaração divina, registrada em Gênesis, de que o homem teria que recuperar sua terra a partir do suor de seu rosto, perdeu efeito para muitas pessoas. Os grandes provedores desse sonho passaram a ser as empresas e os corretores de ações e, claro, os banqueiros, os novos heróis que tinham o poder de outorgar o crédito. Surgia, assim, a economia "virtual" que gerava o produto financeiro como bem intangível e, muitas vezes, com valor simbólico (ver reflexões sobre a trajetória do dinheiro no Capítulo 4).

O neoliberalismo econômico acredita que a economia possui uma dinâmica livre que se autorregula, guiada por princípios próprios, como já defendia Adam Smith, com sua já mencionada ideia da "mão invisível". Mas, como qualquer ideologia ou princípio que pretende afirmar-se como pensamento único ou extremo, essa filosofia tem limitações, e uma delas é a crença, que se instalou em muitos, da geração de riqueza sem esforço. Várias pessoas começaram a enriquecer sem "produção real", simplesmente com a atividade de jogar com valores financeiros simbólicos, eventualmente chegando à pura especulação. Essa é uma nova leitura do capital, que chega ao período "pós-moderno" com um traço de intangibilidade e virtualidade. Uma nova concepção de trabalho ganha força para muitos, entendida como a capacidade e habilidade de aumentar o valor dos ativos financeiros. Surge assim a nova competência da gestão financeira, muitas vezes com pouquíssimo ou nenhum esforço. Foi assim que muitos homens de classe média se tornaram ricos e muitos ricos se tornaram milionários.

Um dos riscos dessa dinâmica da "economia virtual" ou aparente, embasada a partir da crença da autorregulação do mercado, é precisamente a criação das chamadas "bolhas", situações ou sistemas aparentemente saudáveis, muitas vezes formados a partir da especulação ou pelo crédito não regulado, que caminham para o colapso.

Exemplo recente foi a situação que gerou a crise econômica de 2008, deflagrada inicialmente por uma bolha específica criada nos Estados Unidos. Foram outorgados créditos a clientes chamados *subprime* (que não tinham condições financeiras sólidas e não eram bons pagadores) para que pudessem arcar com hipotecas imobiliárias. Os bancos logo se viram diante de massas de devedores impossibilitados de pagar suas dívidas, situação que só piorou com a alta das taxas de juros ocorrida entre 2004 e 2006 naquele país. A crise começou pontual e local, mas logo afetou os bancos e o crédito nos Estados Unidos, levando, em seguida, grupos financeiros e indústrias à falência, a ponto de o governo americano ter que injetar dinheiro em algumas empresas importantes para não ver sua economia colapsar (ironicamente, a antítese do princípio do neoliberalismo econômico). Em pouco tempo as bolsas do mundo inteiro despencaram, e a economia mundial entrou em recessão.

Esse dramático evento é prova evidente de um mundo interconectado pela economia, e uma mostra não menos clara de como esse sistema – considerado por muitos como intocável – pode ser arriscado se o paradigma continuar a ser o capital desconectado do trabalho "real" ou tangível. Urge, portanto, resgatar o trabalho como atividade humana que gera resultados perceptíveis, com valor claro atribuído a partir de uma utilidade ou efeito concreto em indivíduos e coletividades. É preciso também buscar um marco ético, baseado em princípios humanos e universais e atrelados ao bem comum, para poder limitar e regular uma economia que não tem valor em si mesma, nem faz sentido, se não está a serviço do ser humano e das sociedades.

O paradigma da economia pura, do mercado totalmente autônomo, dos bens intangíveis e virtuais de uma economia especulativa mostrou ser frágil, além de fomentar a cultura do ter (mencionada no Capítulo 1) e a antivirtude da ganância. Tal cultura da riqueza pela riqueza é plataforma natural para a corrupção, já que o produto não está atrelado ao trabalho, levando os valores a serem manipulados segundo o bel-prazer de muitos. Outra consequência dessa cultura e mentalidade é a desigualdade que gera, pois permite que a riqueza aumente cada vez mais para um grupo específico, deixando à margem um grande número de pessoas que não têm acesso a esse "jogo financeiro".

E nessa roda-viva "virtual" um novo grau de alienação acontece entre o homem e o capital, já que vemos riqueza sem obra, sem produto. A economia deve estar, portanto, intimamente relacionada ao trabalho humano, com sua característica concreta, tangível, produtiva, valiosa. Esse é o novo desafio para a relação homem-trabalho que a sociedade contemporânea tem pela frente: além de resgatar o âmbito subjetivo e essencial que a modernidade suprimiu na dinâmica do indivíduo com o capital, agora a tarefa é resgatar também o aspecto objetivo, "sólido", do trabalho humano, que em muitos casos foi suprimido pela cultura da especulação e da corrupção.

As rugas de um trabalho desengajado

Essa progressiva divisão do trabalho que estamos analisando e o viés instrumental que lhe foi dado ao longo de décadas geraram a situação que observamos no mundo contemporâneo. Ou seja, uma desconexão ainda predominante entre o indivíduo e sua atividade profissional. É recorrente vermos indivíduos desinstalados de seus contextos de trabalho em pleno século XXI.

Apesar do incontestável progresso tecnológico e econômico que observamos nos últimos séculos no mundo, com tanta ciência e produtividade, ainda temos o paradoxo de um alto número de indivíduos infelizes em seus ambientes de trabalho. Estamos diante de um fenômeno mundial, típico da pós-modernidade, que Zygmunt Bauman chamou de "desengajamento", como já comentado anteriormente. Diz o autor:

O emprego parece um acampamento que se visita por alguns dias e que se pode abandonar a qualquer momento se as vantagens oferecidas

> não se verificarem ou se forem consideradas insatisfatórias. (...) A presente versão "liquefeita" (...) anuncia o advento do capitalismo leve e flutuante, marcado pelo desengajamento e enfraquecimento dos laços que prendem o capital ao trabalho. (...) O capital rompeu sua dependência em relação ao trabalho com uma nova liberdade de movimentos impensável no passado. A reprodução e o crescimento do capital, dos lucros e dos dividendos e a satisfação dos acionistas se tornaram independentes da duração de qualquer comprometimento local com o trabalho (BAUMAN, 2001, p. 171).

Várias pesquisas realizadas nos últimos anos indicam um alto número de profissionais desengajados de suas empresas e contextos profissionais. Um destes recentes estudos, executado pela Gallup, traz o preocupante índice de 70% de pessoas não engajadas em suas organizações. Algumas causas são apontadas, como a difícil relação com os gestores ou a falta de meritocracia, e ainda é possível ver muitas pessoas que realizam trabalhos de que não gostam, por necessidade econômica ou por imposição da sociedade.

É possível conectar essas diferentes causas ao diagnóstico maior que descrevemos neste capítulo. A partir do momento que o trabalho não é visto como atividade fim – com valor em si mesmo, que gera realização e plenitude –, continuamos a ter o distanciamento entre o indivíduo e sua atividade, uma sensação de que aquele espaço não lhe pertence. O resultado de tal desconexão é o desinteresse, a ausência física ou espiritual e inclusive a constante mudança de trabalho – o chamado turn over –, uma das maiores causas de alto custo das empresas atuais. Esse fenômeno pode ser representado como um ciclo vicioso presente nas organizações hoje, como vemos na Figura 7:

Figura 3: Ciclo vicioso causado pelo trabalho instrumental

Fonte: O autor

Aquele homem primitivo que vivia envolvido em um fazer natural, integral e único, que "trabalhava" espontaneamente para sua sobrevivência, deleite, evolução e até para sua relação com o divino, foi gradualmente separado do seu trabalho, atividade que paradoxalmente ocupa hoje a maior parte da sua vida. É por isso que consideramos fundamental e urgente uma mudança de paradigma e abordagem no que se refere à essência do trabalho humano, e é isso que queremos provocar e apontar em seguida.

A urgente revitalização do trabalho

Para reinventarmos o trabalho precisamos mudar a forma de pensá-lo. E essa mudança de paradigma passa necessariamente por "devolver" o trabalho ao homem, colocando-o no centro de gravidade. Como diz Hannah Arendt (2010, p. 193):

> Só em um mundo estritamente antropocêntrico, onde (...) o próprio homem torna-se o fim último que põe término à cadeia infindável de meios e fins, pode a utilidade como tal adquirir a dignidade da significação.

Como vimos no Capítulo 1, o ser humano é um ser transcendente, naturalmente aberto ao universal e possui valor em si mesmo. Ele busca o fim último, o *Telos* aristotélico, que não é outra coisa que sua felicidade, sua realização e plenitude, que o filósofo grego chama de *Eudaimonia*. Esse estado de completude só acontecerá se a atividade humana for intrinsecamente valiosa e não instrumental – um meio para um fim que não está no sujeito. Esse estado será alcançado à medida que o indivíduo escolha e atue em seu trabalho a partir do que a filosofia hindu denomina *Dharma*, a razão da existência de cada um, o caminho e a vocação do ser, o propósito que é único e intransferível.

Nesse sentido, o trabalho deve adquirir a natureza de "ato humano", a virtude da laboriosidade, eliminando a separação entre labor e vida, ser e fazer, prazer e dever, razão e emoção. Uma atividade inteira e integral de um ser inteiro e integral. Somente por meio dessa necessária reconexão será possível para o sujeito resgatar a propriedade psicológica do seu trabalho.

Tal espaço de significação e sentido leva a um estado de fruição, que o autor e professor de psicologia Mihaly

Csikszentmihalyi denominou "fluxo" (*flow*). Nele, o indivíduo está plenamente envolvido com seu trabalho, em uma atividade significativa, *autotélica* – que tem fim em si mesma –, e que traz o desafio de performance, exigindo habilidade e talento. Essa experiência de total envolvimento e engajamento leva o indivíduo a outra relação com o tempo e espaço, instalando-se em um âmbito onde só há plenitude, não mais os ponteiros de um relógio que avançam sequencialmente ou os ângulos de um espaço físico cartesianamente definido. Vários atletas, artistas e profissionais em geral testemunharam ter vivido essa experiência superior na realização de seu trabalho. Mihaly chegou a incluir o testemunho de um profissional de nível bem operacional de uma fábrica que alcançou o estado de fluxo a partir do especial engajamento com a tarefa que desempenhava (CSIKSZENTMIHALYI, 1999).

É interessante observar que o estado de fluxo também requer "suor", esforço e superação, mas essa energia é significativa, tem sentido e propósito, tem razão de ser e é inclusive um "preço" valioso para alcançar o prêmio da realização. É diferente do conceito mais tradicional do suor no trabalho, que era o preço da sobrevivência e, por vezes, o resgate em função de uma culpa, o esforço e o sofrimento de um indivíduo que não desfrutava do resultado do que produzia e realizava.

No trabalho significativo, o sujeito reconhece-se em sua atividade, e o resultado desta passa a ser uma extensão do seu eu, o fruto de sua alma em ação. É o que ocorre com o artista que se vê em um quadro ou em uma escultura, ou mesmo em uma sinfonia. Seu ser transcende os limites de seu corpo físico para manifestar-se também no que criou. Essa criação ou "criatura" passa a ser uma "obra", um projeto que tem valor e beleza e que recebe o selo contundente e indelével de seu criador. Conta-se que o gênio Antonio Stradivari (1644-1737), um dos maiores (senão o maior) artesãos de violino da história – e que deu origem à marca Stradivarius –, produzia cada violino como se fosse único e o último. Depois dos 90 anos, fez um violino tão próximo do ideal que sempre tinha pensado, que colocou seu selo no instrumento, dizendo que ali estava a expressão da sua alma, do som interno que fazia parte da sua essência. Essa é uma imagem muito rica de como o trabalho pode transformar-se em arte. Quando conseguirmos viver nossa atividade laboral como o artesão com seus violinos, trabalhar será necessidade do espírito e não mais uma obrigação do corpo ou uma imposição da sociedade. Então imprimiremos nosso selo – nossa marca – em cada "violino", com saudável e justo orgulho do que criamos.

Essa unidade entre sujeito e objeto do trabalho elimina a distância histórica entre labor e resultado que consideramos ao longo deste capítulo. A *obra* passa, assim, a ser resultado natural da atividade humana. Não há mais uma meta separada do que o sujeito irá criar e que outros se beneficiarão. A consequência do esforço significativo será a criação bela e valiosa que o criador gerou. E é perfeitamente compatível unir significado e beleza com o valor percebido por quem usufruirá da obra. O valioso está na beleza intrínseca do que foi feito, mas também no valor percebido por outros. Assim como os milhões de pessoas que param diante da Mona Lisa de Da Vinci percebem a beleza intrínseca da obra, ao mesmo tempo que pagam pelo merecido valor de poder admirá-la, é possível associar qualidade e harmonia de qualquer produto ou serviço ao valor percebido por quem interage com estes. Desta forma, inverte-se uma lógica que perdura ao longo de séculos nas organizações e no mundo do trabalho: passa-se de "pessoas para gerar resultados" para "resultados a partir de pessoas", gerando um ciclo virtuoso como mostra a Figura 8:

Figura 4: Ciclo virtuoso a partir do trabalho significativo

Fonte: O autor

Para realizar essa imperiosa inversão e garantir tal ciclo virtuoso, será necessário reconciliar outros âmbitos separados pela história. Como vimos ao longo do capítulo, desde o início das civilizações humanas estiveram separadas a dimensão intelectual e manual, atribuindo a ideia de "trabalho" à segunda. Essa separação ganhou força a partir da Revolução Industrial e deu origem a termos como "mão de obra", "chão de fábrica" etc., provocando uma distância que permanece até os dias de hoje. Ainda a constatamos no mundo organizacional quando se fala de âmbitos desconectados, como o "operacional" e o "estratégico". É necessário e urgente, portanto, *re-u-*

nir esses dois mundos, reconciliar a dimensão mental e braçal, reintegrar a "vida contemplativa" e a "vida ativa".

Aristóteles, apesar de priorizar a contemplação sobre a ação, defendeu em sua obra a importância do *agir* a partir do *contemplar*, gerando assim a relação necessária entre o fazer e o pensar. Para o grego, a ação virtuosa só poderia surgir em função da contemplação do que fosse verdadeiro e significativo (ARISTÓTELES, 2001). O trabalho deveria estar num contexto de contemplação e ação. Pensar também era trabalhar, e agir a partir da reflexão era a melhor atividade possível. O que os olhos contemplavam, as mãos realizavam num segundo momento, ao passo que as mãos em ação traziam novos horizontes aos olhos. Hoje, o mundo do trabalho ainda resiste ao conceito que Domenico De Masi denominou *ócio criativo*, espaços de vazio e não atividade, necessários para a criação, inovação e realização significativa. Mas vemos algumas empresas contemporâneas, como a gigante Google, motivarem seus colaboradores a passarem parte de sua jornada laboral dedicados ao vazio criativo.

O artista lida bem com essa dinâmica porque sabe, por experiência, que não surgirá a obra sem o mergulho neste vácuo fértil, o espaço de todas as possibilidades. O mundo moderno, originalmente, e o mundo contemporâneo em que vivemos, valorizam a atividade em si, o fazer por fazer, a ocupação total do tempo, como se isso fosse uma necessidade do contexto do trabalho. Mas uma nova mentalidade e comportamento deverão gerar uma sinergia vital entre o contemplar e o realizar, o vazio e o cheio.

É nessa ressignificação que o trabalho se transforma em experiência de sabedoria. Essa mudança de uma abordagem instrumental e separada para uma atividade humana e vital, pulsante e significativa, pode ser vista como a jornada filosófica que comentamos no Capítulo 1, tão bem representada por Platão na alegoria da caverna, e também simbolizada por Ômega, o caminho do sentido e da plenitude. O homem passou séculos de sua história vivendo dentro de uma caverna, vendo sombras em um universo de trabalho vazio, sem significado ou possibilidade de fruição, e hoje se vê diante da possibilidade de sair dessa escuridão e poder ver a luz de uma atividade vital e plena, o espaço superior da alma e da realização.

Outro aspecto de essencial importância para a ressignificação do trabalho é a sua dimensão coletiva. A visão moderna isolou o indivíduo no trabalho, separando-o dos demais, realidade que ainda vemos em muitas estruturas e culturas organizacionais que priorizam a individualidade e a competitividade interna, com organogramas cheios de caixas estanques e com políticas de remuneração que destacam somente o desempenho individual.

Aristóteles, como mencionamos no Capítulo 1, definiu o homem como *zoon politikón* – animal político –, um ser social por natureza e que só pode realizar-se na *polis*, na cidade, em contato e relação constante com outros indivíduos. Para Platão, é na República, aquele espaço coletivo onde a sabedoria é praticada, que o indivíduo chega à plenitude. Para os filósofos gregos, portanto, é na coletividade o lugar em que o sujeito se reconhece como ser pleno e onde sua vida ganha sentido.

E este é o âmbito, para Hannah Arendt, capaz de redimir o homem do utilitarismo que o separou do trabalho. A filósofa denomina *ação* o espaço de troca significativa, de maior liberdade e grandeza humana, uma dimensão na qual o indivíduo se relaciona com outros, sem interferências artificiais, vislumbrando a possibilidade de libertação da estreiteza de um mundo tecnicizado.

Os japoneses têm uma forma de representar essa dimensão com a expressão *Ba*, estado superior que emerge das interações significativas. Ela não acontece em cada um, nem na soma dos indivíduos, mas no espaço do "entre", no sublime campo coletivo que se forma, claramente, numa "terceira" realidade que só acontece no encontro de todos os sujeitos. Esta dimensão pode levar a um estado de fluxo ampliado, trazendo outra percepção – dessa vez coletiva – de tempo e espaço, um campo de consciência comunitária e criatividade emergente.

Em seu excelente livro *A fonte*, o autor e consultor Joseph Jaworski descreve uma experiência que teve ao colaborar como voluntário de uma operação de resgate na cidade de Waco, após a passagem do tornado mais mortífero da história do Texas:

> Enquanto trabalhávamos juntos, senti um campo de energia palpável à nossa volta. O meu senso de percepção estava aguçado. Eu possuía uma objetividade excepcional, uma espécie de conhecimento panorâmico. O tempo desacelerou. Fomos capazes de executar tarefas muito difíceis com evidente facilidade. (...) Naquele momento, tudo parecia muito natural. Chegava a ser fácil, embora estivéssemos fazendo um enorme esforço. Nós operamos como uma "inteligência única" – como um único organismo – com uma coerência extremamente elevada. (...) A liderança na equipe mudava automaticamente no momento, conforme a necessidade (...). Era como se estivéssemos sendo usados como instrumentos para realizar o que era necessário. (...) Durante essas horas, tivemos a força, a coragem, a capacidade e os recursos interiores de que necessitávamos. (...) No início da tarde de terça-feira, nos detivemos por um momento para nos despedir. Nada foi dito a respeito do que havíamos vivenciado, porque isso não era necessário. Estava claro que estávamos sentindo a mesma coisa (JAWORSKI, 2014, p. 19).

É verdade que o universo do trabalho é complexo e apresenta muitas variáveis difíceis de combinar para que se possa incorporar uma nova energia como essa descrita no episódio de Jaworski. Mas também é verdade que é possível obter experiências como essa se formos capazes de encarar o trabalho com as novas lentes que estamos propondo neste capítulo. A organização de hoje e o âmbito profissional como um todo podem e devem ser contextos de realização e fluxo individual e coletivo. Em culturas mais "abertas" ou inovadoras, como o segmento da tecnologia, do entretenimento e da arte, começam a multiplicar-se exemplos de contextos de fluxo coletivo. Sem dúvida, o fenômeno contemporâneo do Vale do Silício, com seus milhares de empresas de tecnologia e serviços, representa o advento de um novo tipo de ambiente de trabalho, muito mais favorável a experiências coletivas superiores.

Além deste mundo tecnológico essencialmente inovador, vemos empresas de sucesso como 3M, Pixar, IDEO, Gore, Cirque du Soleil e tantas outras (exemplos dessa dinâmica especial) que são provas vivas de que é possível conciliar talento, prazer e sentido com resultados, num contexto de fruição e realização coletiva.

E o futuro não é mais como era antigamente

Se por um lado ainda vemos predominância do paradigma mais tradicional no mundo do trabalho, por outro podemos perceber, com um olhar otimista, novas tendências que vão transformando a relação do ser humano com o seu âmbito profissional e sua atividade laboral.

Mesmo sendo uma onda ainda tímida – por vezes pontual ou esporádica –, nota-se que a transformação do trabalho é um fato real e sem volta. Gradual, com certeza, mas constante e apontando para uma direção certa, que pouco tem a ver com a mentalidade que originou formalmente o homem trabalhador.

Um primeiro fato que devemos observar e destacar é a mudança do centro de gravidade de uma cultura de produto para a era do serviço. A Revolução Industrial levou, como vimos, o trabalho a girar em torno do produto final industrializado. O século XXI vai se consolidando como uma era em que os serviços predominam. O indivíduo contemporâneo consome hoje horas de ligação telefônica, velocidade de banda larga, assistência médica, consultoria de investimento, nutricionistas e *personal training*, inúmeros websites – desde compra de ingresso para cinema ou teatro, passando por troca de objetos usados, agência de viagem virtual etc. O trabalho no século XXI vai sendo pulverizado em milhares de serviços específicos, que pouquíssimo têm a ver com a natureza rígida, fixa e "pesada" da era industrial. Estamos, portanto, diante de um novo capital, que, como vimos anteriormente, é mais fluido, mais "leve" ou "flutuante", nas palavras de Bauman (2000).

Um dos principais fenômenos que testemunhamos na atualidade – fruto dessa pulverização que comentamos – é a autonomia do sujeito-trabalhador. Na era do serviço e da tecnologia, o que observamos é um crescimento exponencial de indivíduos empreendedores que começam seu próprio negócio com uma valiosa ideia ou uma boa plataforma tecnológica. Quando acompanhamos um estudante de Harvard criar, sem muita ambição, um sistema de encontros e conversa virtual entre pessoas, e tornar-se dono de um dos negócios mais promissores e rentáveis do mundo – como é o Facebook –, entendemos que a lógica do trabalho vem mudando consideravelmente no mundo contemporâneo.

Estamos diante do que Thomas Friedman denominou *Globalização 3.0*, uma era que "colocou, no centro do planeta, indivíduos capazes de colaborarem e concorrerem no âmbito mundial" (FRIEDMAN, 2005, p. 19). O centro no indivíduo e a conectividade total fizeram o mundo do trabalho ganhar novo rosto e nova identidade. O espaço de produção e poder não pertence mais, somente, a grandes empresas ou corporações, mas a um universo híbrido de grandes e pequenos. Megagrupos ou grandes marcas convivem com indivíduos e pequenos sócios que competem num mercado no qual o importante é o que se oferece, e as portas das possibilidades foram escancaradas para quem tiver ideias, inteligência e tecnologia.

Como coloca Friedman, a nova alavanca já não é o cavalo-vapor, e nem mesmo o hardware, mas o software. O mundo da conectividade, com seu acesso à tecnologia, permitiu democratizar mais as possibilidades de novos empreendimentos e negócios rentáveis, inclusive para quem não possui, inicialmente, um grande capital para investir.

No âmbito da relação entre indivíduo e organização, também observamos uma mudança significativa. O conceito de lealdade à empresa ou ao contrato de longo prazo dá lugar a uma mentalidade e atitude mais imediatista por parte do profissional. Bauman defende que a força individualizadora impede que o compromisso mútuo se enraíze, invalidando qualquer declaração de fidelidade do trabalhador à empresa, e desconstruindo a ideia do "até que a morte nos separe". Como argumenta o autor:

> Pode-se dizer que esse movimento ecoa a passagem do casamento para o "viver junto", com todas as atitudes disso decorrentes e consequências estratégicas, incluindo a suposição da transitoriedade da coabitação e da possibilidade de que a associação seja rompida a qualquer momento e por qualquer razão, uma vez desaparecida a necessidade ou desejo (BAUMAN, 2001, p. 171).

Mesmo na dinâmica da realização do trabalho ao interno das organizações e do desdobrar da carreira, vemos uma mudança para o foco de curto prazo, sendo mais adequado falar de "projetos" e "ciclos", com a ideia de que atualmente toda realização tem um começo-meio-fim mais determinado e menos longo. Além dos empregados, temos também a figura do profissional liberal que se vincula a empresas como parceiro, por projetos.

Figura 5: Evolução da relação do trabalho com o tempo

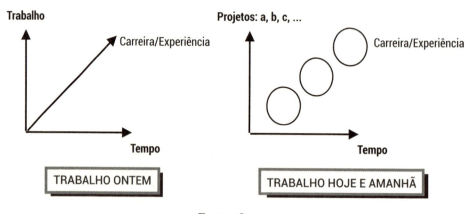

Fonte: O autor

No que tange à postura e relação do indivíduo com sua carreira, vemos notável mudança para uma atitude mais proativa, em que cada um assume o protagonismo de sua própria trajetória. Se, no paradigma que predominava anteriormente, a empresa ou o local de trabalho tinha a função de determinar e dirigir os rumos da carreira do profissional, hoje essa responsabilidade passou para ele. A organização pode – e deve – ser parceira e aliada nessa estratégia de carreira, mas quem a realiza e gerencia é o trabalhador.

Nessa mudança para o foco no indivíduo e numa temporalidade que acontece em função de ciclos de projetos e entregas, há uma tendência de incremento da meritocracia no mundo do trabalho. O valor da remuneração, em muitos casos, dá-se em função do valor do trabalho, da obra, ou do desempenho e resultados do profissional. Nesse sentido, podemos afirmar que há certa evolução – em alguns ambientes – no que tange à valorização mais "direta" e mais justa do trabalho humano.

Não há como falar das tendências emergentes do mundo do trabalho sem mencionar a influência das novas gerações para a composição do cenário atual. Pesquisas recentes, com jovens dessas gerações, demonstram que, entre os aspectos que valorizam mais, estão a realização e a felicidade, o conhecimento e a excelência, a participação ativa e o protagonismo, a colaboração e a troca entre pessoas e grupos diversos e o reconhecimento por seu trabalho. Essas referências mostram uma relação mais visceral e direta do indivíduo jovem com sua carreira e trabalho. O conteúdo do que realiza, a qualidade, o ambiente e o reconhecimento passam a ser pilares para sua performance e para seu envolvimento profissional. Além disso, há que se destacar o aspecto tecnológico, já que essas gerações nasceram e cresceram dentro da tecnologia, relacionando-se com o mundo através de artefatos tecnológicos. Não é possível separar trabalho e tecnologia para as novas gerações. Ambos fazem parte de um mesmo universo e realidade.

E a tecnologia, a sua vez, é um dos elementos-chave para entender as mudanças que o universo do trabalho vem experimentando nas últimas décadas. A conectividade trouxe outro *tempo*, já que tudo é simultâneo e imediato. Um e-mail ou uma mensagem de WhatsApp chega aos quatro cantos do mundo ao mesmo tempo, um investimento milionário é feito com um clique, informações são obtidas em uma fração de segundo. Mas não é só isso. A jornada de trabalho começa a perder sentido porque todos estão conectados 24 horas por dia. É possível trabalhar em qualquer momento, tendo um computador e uma conexão Wi-Fi. O momento e a duração diária do trabalho começam a depender mais da vontade do indivíduo e das suas prioridades definidas pelas demandas e pendências. O sujeito contemporâneo vai se tornando cada vez mais o senhor de sua agenda profissional, o dono de um tempo que outrora foi "propriedade" da empresa.

O advento e o progresso frenético do universo tecnológico também trouxeram outro *espaço*. Agora é possível reunir-se com pares, clientes, fornecedores, estando a milhares de quilômetros de distância, por videoconferência, Skype ou qualquer tecnologia semelhante. A fibra óptica e o satélite trouxeram uma proximidade jamais experimentada pelas pessoas. A localidade do trabalho perdeu importância. A mesma rede Wi-Fi que permite ao indivíduo trabalhar em qualquer momento, o libera – muitas vezes – de ter que estar presente fisicamente no local de trabalho. Hoje é possível trabalhar em casa, em um café ou mesmo na praia, com um notebook conectado à internet. A empresa contemporânea não precisa de um prédio ou uma sala. Ela pode estar localizada no endereço virtual da "World Wide Web", o universo da humanidade do século XXI.

Além de tudo isso, temos o advento do que alguns pensadores chamam de a "Quarta Revolução Industrial", a intensa combinação de tecnologias que visa aumentar a eficiência e o alcance dos produtos e serviços, automatizando mais o mundo do trabalho e aumentando a já forte conectividade e simultaneidade dos eventos. Nossa era parece ser a da proeminência dos algoritmos, e tudo leva a crer que essa onda não tem volta, pelo menos a médio prazo.

É a partir desse novo cenário que as organizações e contextos de trabalho devem se adaptar se quiserem acompanhar a história. E, como veremos em maior profundidade no Capítulo 5, não é mais viável manter as estruturas fixas e rígidas que vigoram desde a Revolução Industrial e que, incrivelmente, ainda resistem em muitos ambientes de trabalho. A hierarquia e a estrutura piramidal com seus organogramas de "caixinhas separadas", os processos burocráticos que incitam a energia operacional e automática e emburrecem o sujeito, levando-o a não pensar, representam um formato obsoleto e totalmente inadequado para um século em que as mudanças são intensas e cada vez mais rápidas. O trabalho nas empresas mais adaptativas e contemporâneas ganhou uma forma flexível, dinâmica, na jornada laboral, na descrição dos cargos, no desenho dos organogramas, na relação entre indivíduos e equipes, na remuneração etc. As estruturas vão se tornando mais matriciais, em rede, maximizando a colaboração entre os indivíduos e as áreas.

O rosto da organização contemporânea prioriza o conhecimento, a troca, o desenvolvimento do profissional e a qualidade do trabalho realizado. E só é possível garantir e manter esse novo traço por meio da dinâmica coletiva e sistêmica mencionada em alguns momentos em nossas reflexões. Como vimos no Capítulo 2, os tempos atuais pedem e nos instalam na sabedoria de um conhecimento em rede, no mundo do saber híbrido e da transdisciplinaridade. O contexto do trabalho vem abrindo as portas da especialidade para um universo de conteúdos e saberes sem fronteiras, um espaço emergente de sabedoria coletiva, garantida por uma dinâmica viva e intensa de trocas e colaboração mútua. O século XXI é a era da não proteção do conhecimento. Um momento de experiências inéditas que surgem a partir do que Ken Wilber chama de *milagre do nós*. A profissão, nesse sentido, vai ganhando caráter multifuncional, sendo cada vez menos especializada ou limitada por áreas específicas do saber.

E nessa mesma compreensão de multifuncionalidade vemos também uma tendência que, sendo muito presente nas novas gerações, não é exclusiva a estas, já que pertence a uma nova e mais ampla concepção da economia e do trabalho humano. Trata-se de uma releitura da economia chamada "capitalista", analisada anteriormente neste capítulo. Cada vez mais, indivíduos, grupos e empresas entendem que o ser humano não é o "homem econômico" elaborado pelos guardiões do pensamento chamado moderno. Ele é muito mais, é um ser multidimensional, como defende o revolucionário economista Muhammad Yunus (2008, p. 34). Isso significa que as pessoas e as empresas que compõem não estão limitadas à busca da maximização de lucros e a um acúmulo financeiro e material cada vez maior. Indivíduos e organizações têm o dever de direcionar o trabalho para o bem maior, coletivo, da sociedade e do planeta.

São cada vez mais os exemplos de iniciativas nessa linha, como empresas sociais, que existem para gerar um benefício concreto na sociedade, ao mesmo tempo que buscam resultados financeiros que garantam sua sobrevivência e evolução. Os projetos de microcréditos, empréstimos a juros baixíssimos que visam garantir o sucesso de um empreendimento em áreas de baixos recursos são outro exemplo desta nova economia. Chama a atenção também como o termo "empresa cidadã" ganhou importância nos últimos anos, mostrando que há uma consciência de que a organização tem uma responsabilidade intrínseca com o bem-estar mais amplo da sociedade.

Essa tendência busca superar a dualidade entre os âmbitos econômico e social, como argumenta Edgar Morin (2013, p. 155):

> De maneira geral, trata-se de 'reinserir' a economia no social, no cultural, no humano, o que significa, fundamentalmente, colocar a economia no seu devido lugar como meio, e não como fim último da atividade humana.

O trabalho do século XXI é, nesse sentido, pensado em um contexto amplo, além das fronteiras mais estreitas da organização, como uma atividade a serviço do todo. É possível então unir crescimento com o bem comum, no conceito mais sustentável de *prosperidade*. Trata-se, em outras palavras, de uma amostra de *re-união* do universo material com o espiritual, reflexão aprofundada no Capítulo 1, que, como uma tendência atual, nos traz esperanças na construção de uma nova lógica na relação indivíduo-trabalho-sociedade-planeta.

A partir das reflexões que nos trouxeram até aqui, é possível pensar em algumas reconciliações que as novas tendências do mundo do trabalho vêm possibilitando:

- **Pessoa/Profissão:** a carreira passa a ser escolha consciente, um desejo baseado no sentido e no propósito pessoal, e não mais nas pressões da sociedade ou em função de melhores remunerações;
- **Prazer/Trabalho:** trabalhar passa a ser compatível com desfrutar. O mundo do deleite e da fruição mostra-se compatível com a produção e o "resultado". Além disso, o equilíbrio entre diversão e descanso, de um lado, e trabalho e produção, de outro, passa a ser condição fundamental para a harmonia profissional;
- **Indivíduo/Organização:** a realização profissional passa a ser o resultado de uma aliança mútua, com mentalidade ganha-ganha, entre o contexto organizacional e os atributos e desejos do indivíduo. A empresa diferenciada só existirá se tornar-se uma coletividade de indivíduos realizados e felizes;
- **Individualidade/Coletividade:** o sujeito autônomo e individual complementa-se com seus colegas, pares, clientes etc. A unidade só tem sentido como parte de um todo maior, portanto não faz mais sentido pensar em plenitude profissional sem conectividade, relação, troca, sinergia;
- **Especialização/Generalização:** não basta conhecer uma área específica, hoje é necessário o saber além das fronteiras, o conhecimento mais amplo, transdisciplinar, além do conhecimento mais sutil e intangível que pertence à sabedoria universal;
- **Empresa/Bem comum:** as fronteiras da organização se abrem para o serviço comunitário e social, e o trabalho passa a ser atividade integral, holística, buscando o maior benefício da coletividade e do planeta.

Como mencionamos ao início deste tópico, essas tendências são como uma onda gradual que vem surgindo no horizonte do trabalho, mas ainda vemos de uma forma predominante a manutenção de estruturas tradicionais e obsoletas, o que nos desperta o espanto e a urgência por acelerar o processo de mudança de um mundo que – em certos aspectos – parece resistir a entrar no século XXI.

Quando ainda verificamos estruturas rígidas, hierárquicas e burocráticas, jornada de trabalho de mais de 10 horas, resistências à implementação de *home office*, legislações que priorizam o comando e controle, diferenças salariais exorbitantes dentro de uma mesma organização, sistemas de recompensa que priorizam o indivíduo etc., nos damos conta de que ainda há um longo caminho para transformar o universo do trabalho.

O que não nos deixa dúvida é que o ritmo das mudanças deverá intensificar-se cada vez mais, levando os sistemas de trabalho a uma transformação mais acelerada e sem volta. Por vezes, é a história que muda as estruturas, e a insistência dos mais conservadores a permanecerem onde estão passa a ter uma data de validade. O futuro próximo nos confirmará se essa máxima se aplicará no início deste século. Nossa aposta é que sim...

Referências bibliográficas

ARENDT, H. *A condição humana*. Rio de Janeiro: Forense Universitária, 2010.

ARISTÓTELES. *Ética a Nicômaco*. São Paulo: Martin Claret, 2001.

BAUMAN, Z. *Modernidade líquida*. Rio de Janeiro: Zahar, 2001.

CSIKSZENTMIHALYI, M. *A descoberta do fluxo*. Rio de Janeiro: Rocco, 1999.

DE MASI, D. *O ócio criativo*. Rio de Janeiro: Sextante, 2012.

FRIEDMAN, T. *O mundo é plano:* Uma breve história do século XXI. Rio de Janeiro: Objetiva, 2005.

GALLUP. *The State of the American Manager*: Analytics and Advice for Leaders, 2015.

JAWORSKI, J. *A fonte:* uma jornada à criação do conhecimento, a essência da liderança eficaz. São Paulo: Cultrix, 2014.

MORIN, E. *A via para o futuro da humanidade*. Rio de Janeiro: Bertrand Brasil, 2013.

YUNUS, M. *Um mundo sem pobreza:* A empresa social e o futuro do capitalismo. São Paulo: Ática, 2008.

CAPÍTULO 4
DINHEIRO: GANÂNCIA OU PROSPERIDADE?

Wanderlei Passarella

Breve histórico do dinheiro

Ao longo da rica história da evolução humana, deparamo-nos, em determinado instante, com o aparecimento de um mecanismo de intermediação de trocas para facilitar a vida dos que desejavam intercambiar seus produtos. O homem agrícola estava assentado na terra para dela extrair seus frutos. Em dado momento, alguns perceberam que poderiam trocar seus excedentes pelo que outros também tinham produzido a mais. Mas qual deveria ser a relação de troca? Provavelmente, nos primórdios das trocas, não havia uma relação determinada, mas apenas o escambo unitário: uma unidade de um bem por outra unidade de outro bem, mesmo que essa unidade fosse "uma porção". É claro que havia dificuldades neste tipo de escambo, pois trocar um peixe por "uma porção" de algo não traz em si nenhuma medida de valor equivalente.

O sistema de escambo evoluiu, ao longo do tempo, para o estabelecimento de certas mercadorias como referência, ou padrão. Animais, tais como o gado, pela facilidade de locomoção e plena aceitação, devem ter sido utilizados como os primeiros referenciais de valor. Mas logo apareceram dificuldades para esse padrão, conforme o comércio e as trocas começaram a se desenvolver. Em primeiro lugar, a relativa escassez dessas referências, também a sua própria utilização como produtos de consumo (com possibilidade de perecerem) e, por último, a já explicitada falta de possibilidade de desmembrá-los, para alcançar valores fracionários.

Assim, logo o sal foi utilizado como nova referência. Era também facilmente transportável, tinha aceitação como algo de valor e podia ser fracionado quanto se quisesse. As porções de sal poderiam ser maiores ou menores para referenciar com adequada exatidão o que se supunha como valor do bem sendo trocado. Hoje não é muito comum encontrar quem conheça o significado etimológico da palavra salário, mas ela vem de sal, atestando que este bem era aceito como moeda de troca, inclusive pelo trabalho realizado periodicamente (era a forma de pagamento dos soldados, na Roma antiga, e seu sinônimo era "soldo"). Assim como a palavra "pecúnia" deriva de "*pecus*" (gado) ou capital de "*capta*" (cabeça). Por essas derivações nas palavras verifica-se um pouco da história do dinheiro.

Mas, ainda na antiguidade, os homens começaram a dominar a técnica de fabricação dos metais e perceberam logo sua vantagem como referência de valor para as troças, como a possibilidade de entesouramento, divisibilidade, raridade, facilidade de transporte e beleza. Então, elegeram o metal como o principal padrão de valor. Era trocado sob as formas mais diversas: a princípio, em seu estado natural, depois sob a forma de barras e, ainda, sob a forma de objetos, como anéis, braceletes etc.

Percebeu-se, em seguida, que a cunhagem de metais em forma arredondada e com a identificação de quem a cunhava era modo mais seguro e prático de estabelecer um padrão de referência. Essa medida agilizou as transações, dispensando a pesagem e permitindo a imediata identificação da quantidade oferecida para troca. Surgiram, então, no século VII a.C., as primeiras moedas com as características atuais: pequenas peças de metal, com peso e valor definidos, e com a impressão do cunho oficial, isto é, a marca de quem as emitiu e que garantia o seu valor.

Um pouco mais para a frente, na Idade Média, surgiu o costume de guardar os valores com o ourives, pessoa que negociava objetos de ouro e prata. Este, como garantia, entregava um recibo. Com o tempo, esses recibos passaram a ser utilizados para efetuar pagamentos, circulando de mão em mão e dando origem à moeda de papel, ou moeda escritural. Esses ourives foram os precursores dos bancos. A mesma lógica da origem e credibilidade do emissor, em relação à moeda, passou a valer também para o papel-moeda. Mas este só tinha valor se houvesse lastro de moeda metálica correspondente, ou de bens físicos valiosos para garantir que pudesse ser resgatado quando seu portador bem entendesse. Com o tempo, da mesma forma que ocorreu com as moedas, os governos passaram a conduzir a emissão de cédulas, controlando falsificações, garantindo o poder de pagamento e reservando o lastro em ouro para garantir a conversibilidade e a possibilidade de resgate imediato dos papéis pelo seu equivalente naquele metal. Atualmente, quase todos os países possuem seus bancos centrais, encarregados das emissões de cédulas e moedas. E o lastro em ouro, característico da garantia de valor do papel-moeda, foi abandonado no século XX. Assim, delineamos uma breve história que, ao longo de milênios, fez surgir o dinheiro na forma que hoje o conhecemos.

A queda do lastro em ouro

De 1815 até 1914, o ouro era utilizado como lastro por quase todos os países, para permitir a circulação e a troca de bens por meio da utilização de moedas nacionais. Esse padrão internacional permitia fácil intercambiabilidade entre moedas de diferentes países, num câmbio fixo, já que por trás delas estava certo peso de ouro correspondente. Além disso, para emitir moeda, era preciso que o Banco Central aumentasse as suas reservas em ouro, em quantidade proporcional. Mas, com o desenvolvimento econômico dos diversos países, surgiu um problema para a continuidade desse lastro: como continuar reservando fisicamente cada vez mais metal à medida que cresciam as transações econômicas e como lidar com períodos de abundância e de escassez na extração e beneficiamento desse nobre metal?

Foi a Primeira Guerra Mundial que, colocando pressão sobre as diferentes nações para custearem seus esforços de guerra, estimulou que diversos países abandonassem a promessa de restituir sua moeda local pelo ouro equivalente. É claro que essa atitude se mostrou altamente inflacionária, pois o papel-moeda rapidamente perdeu seu poder de compra, dado que mais moeda circulava pelas economias locais. Começou um caos econômico para as nações europeias, principalmente devido à desestruturação ocasionada pela guerra e pela

Dinheiro: ganância ou prosperidade?

perda do padrão de referência. Os Estados Unidos ainda mantiveram seu lastro em ouro até 1934.

Em meados de 1944, na famosa conferência de autoridades monetárias em Bretton Woods, uma nova ordem monetária internacional foi concebida e implantada pelos Estados Unidos, tendo o Congresso Americano ratificado a decisão em julho de 1945. Embora o sistema de Bretton Woods tenha funcionado muito melhor do que o desastre da década de 1930, ele foi apenas uma tentativa de buscar um padrão misto entre ouro e câmbio. Nesse sistema, que se manteve apenas por algum tempo, o dólar, avaliado a 1/35 de uma onça de ouro, havia se tornado a única moeda-chave e, então, ele não mais podia ser restituído em ouro pelos cidadãos americanos. Em vez disso, o dólar era restituível em ouro somente para governos estrangeiros e seus bancos centrais. Nenhum indivíduo americano podia trocar dólares pela moeda mundial, o ouro. Apenas os governos tinham esse privilégio. O dólar começou a se tornar a referência mundial!

No dia 15 de agosto de 1971, ao mesmo tempo que impunha um congelamento de preços e salários em uma vã tentativa de controlar a explosiva inflação de preços, o presidente Nixon impôs estrondoso fim ao sistema de Bretton Woods. Como os bancos centrais europeus estavam ameaçando restituir em ouro o máximo possível de seus inchados estoques de dólares, Nixon acabou completamente com o que restava do padrão-ouro. Pela primeira vez na história americana, o dólar era totalmente fiduciário, sem qualquer lastro em metal. Mundialmente, as moedas tornaram-se papéis, sem lastro em absolutamente nada, apenas na confiança de que os Bancos Centrais pudessem honrar com as demandas monetárias de seus cidadãos. O câmbio entre nações tornou-se livremente negociado, país a país. Esses mesmos Bancos Centrais agora emitem seu papel-moeda lastreados na Teoria Quantitativa da Moeda, que preconiza que o estoque de papel em uma economia, multiplicado pela velocidade de circulação desses meios de pagamento, deve se igualar ao nível de preços geral multiplicado pelo número médio de transações por período (ou MV=PT). Caso escapem a esse controle, o risco é a inflação local de preços.

Talvez o fato mais exuberante, após todo esse movimento mundial de desligamento das referências metálicas ao papel-moeda, seja a característica que a moeda tomou de se tornar primeiramente um plástico (cartões de crédito) e, mais recentemente, um bit numa transação eletrônica por *"home banking"*. É difícil imaginar um controle para tudo isso e até que ponto as reservas monetárias individuais, caracterizadas por um estoque virtual na conta bancária e nas aplicações financeiras de cada cidadão, sejam "sólidas" o suficiente para resistir à manipulação política de governantes e de empresários irresponsáveis do setor financeiro. Vivemos um tempo, parafraseando o livro de Marshall Berman, em que "tudo o que é sólido se desmancha no ar".

Funções do dinheiro

Saindo do campo da economia e entrando nas questões humanas, qual é o papel que o dinheiro exerce na vida do homem contemporâneo? Esse breve histórico da evolução do sistema monetário serviu para nos posicionar de como funcionam, grosso modo, as economias dos países

Dinheiro: ganância ou prosperidade?

e as trocas mundiais. Mas o que de fato nos interessa é o papel sociológico e antropológico que o dinheiro assume em nossas vidas.

Entre as diversas funções do dinheiro, podemos destacar quatro: meio de troca, unidade de conta, reserva de valor e veículo de acumulação. São papéis antropológicos porque dizem respeito ao modo como o homem vê a si mesmo (o seu sentido de vida e de sobrevivência), e também sociológicos, porque se respaldam na forma como se estabelecem relações na sociedade, sejam elas de trabalho, de posse de meios de produção ou de comércio entre membros de determinadas classes sociais.

O dinheiro, como meio de trocas, tem utilidade muito antiga, como procuramos demonstrar pelo resumo histórico apresentado, e mantém de fato essa função até hoje. O dinheiro sempre trouxe parâmetros de comparação (fossem eles bons ou ruins). Numa sociedade complexa, na qual existem diversos agentes econômicos revestidos cada um de uma atribuição, seja em produção de bens agrícolas ou industriais, comércio ou serviços, a existência de um meio de trocas é primordial para organizar, facilitar e criar referências ao processo. Isso possibilitou a florescência de uma ampla variedade de profissões, em que cada pessoa procurava seu sustento contribuindo com o outro da forma que pode ou sabe contribuir. O desenvolvimento profissional passou a ser uma meta importante. Profissões mais raras ou mais demandadas tiveram um valor de troca ampliado, suscitando o interesse daqueles que viam possibilidade de se dedicarem a elas, conforme já abordado no capítulo anterior, sobre trabalho.

Não há dúvida de que existem distorções relevantes na moeda como meio de troca. Nem sempre a base da troca é a mesma em diferentes culturas e nem sempre apresenta objetividade nas suas ponderações numéricas. O juízo de valor está sempre implícito na valoração das trocas. Assim é que parte da sociedade brasileira considera justo que um famoso jogador de futebol possa ter de receita mensal, entre a remuneração de seu clube e a de contratos promocionais, algo em torno de três a quatro milhões de reais. Enquanto isso, um professor do ensino fundamental pode receber mensalmente algo ao redor de mil reais, e grande parte da sociedade considera justa a ponderação da troca. Podem até mesmo argumentar que doze mil reais por ano é muito mais do que boa parte da população consegue receber em outras funções menos relevantes e, assim, tornando a atividade de professor, relativamente a essa parcela de cidadãos, rentável e honrada! No livro *Justiça*, Michael Sandel explora diversas situações parecidas com essa, em que revela a questão de valores relativos de uma sociedade.

Mas por trás dessa valoração relativa entre o jogador de futebol de habilidades requintadas e um simples professor de escola pública, estão ideologias, questões culturais e valores éticos de uma determinada sociedade. Se no Brasil o futebol não fosse tão idolatrado, a ponto de muitos deixarem de comprar o necessário a suas famílias para poderem frequentar os campos de futebol, não haveria essa distorção extrema que acabamos de comentar. É o que mostra pesquisa feita em quarenta países pela Organização Internacional do Trabalho (OIT) e pela Organização das Nações Unidas para a Educação, Ciência e Cultura (Unesco), divulgada em Genebra (segundo matéria publica no *Jornal do Commercio* de 07/07/2010), na Suíça. A situação dos professores brasileiros só não é pior do que a dos professores do Peru e da Indonésia. Um brasileiro em início de carreira, segundo a pesquisa, recebe

Dinheiro: ganância ou prosperidade?

em média menos de US$ 5 mil por ano para dar aulas. Isso porque o valor foi calculado incluindo os professores da rede privada de ensino, que ganham bem mais do que os professores das escolas públicas. Na Alemanha, um professor com a mesma experiência de um brasileiro ganha, em média, US$ 30 mil por ano, mais de seis vezes a renda no Brasil. No topo da carreira e após mais de quinze anos de ensino, um professor brasileiro pode chegar a ganhar US$ 10 mil por ano. Em Portugal, o salário anual chega a US$ 50 mil, equivalente aos salários pagos aos suíços. Na Coreia, os professores primários ganham seis vezes o que ganha um brasileiro. Portanto, o valor comparativo de bens e de profissões está amplamente ancorado em escolhas e no grau de consciência dos cidadãos. Esse talvez seja o bem mais valioso que alguém possa almejar. Mas voltaremos a ele mais adiante.

A segunda função da moeda é unidade de conta. A unidade de medida (quilo, por exemplo), adotada de maneira comum pelo Sistema Internacional de Unidades, permite que as transações se processem de modo mais simplificado na sociedade. Da mesma forma, a moeda permite que se realize uma "unificação na linguagem" e, por fim, o estabelecimento do preço, que é a representação da quantidade de moeda necessária para a aquisição daquele bem ou serviço. Além desse aspecto de trazer medida comum para todas as "coisas comercializáveis" (o preço), a moeda, como unidade de conta, permite que possamos fazer cálculos, apurar resultados de um empreendimento, estabelecer padrões de desempenho e outras comparações contábeis e econômicas.

Essa segunda função é mesmo muito prática e importante para o desenvolvimento de civilizações mais complexas como a que vivemos atualmente. Talvez não seja a única forma de trazer mensuração objetiva para o comércio, para a controladoria empresarial e para as contas nacionais. Mas, certamente, é a forma amplamente adotada. Porém, o viés, nesse caso, é precificar o que não tem preço. E muito do que vivenciamos de mais concreto para uma vida feliz não pode ser mensurado pela moeda. Não têm preço o amor, a saúde, o carinho de um filho, a alegria de nosso animal de estimação ao nos receber em casa. Infelizmente, ao adotar a moeda como unidade de conta, a sociedade trouxe para muitos desavisados a impressão de que tudo pode ser quantificado pelo dinheiro. Grave erro! Vamos discorrer neste capítulo, mais à frente, sobre o que é riqueza, mas antecipamos que verdadeiramente ricas são as pessoas que possuem maior abundância de bens que o dinheiro não pode comprar. Nesse ponto, vale a frase de Antoine de Saint-Exupéry (1900-1944): "Se a vida não tem preço, nós nos comportamos sempre como se alguma coisa ultrapassasse, em valor, a vida humana... Mas o quê?".

A terceira função da moeda é a reserva de valor. Neste ponto, vamos nos basear num dos economistas mais reverenciados em todos os tempos: John Maynard Keynes (1883-1946). Em seu livro *A teoria geral do emprego, do juro e da moeda*, ele relaciona diversos usos da moeda como reserva de valor, ou seja, como mecanismo de permitir que a troca por bens ou serviços seja feita ao longo do tempo. Abaixo, alguns dos aspectos resumidos:

- Amortecedor para imprevistos: em muitos momentos da vida podemos precisar, com urgência, de maior volume de recursos para fazer frente a demandas pontuais, mas de impacto de valor, tais como uma cirurgia, um sinistro, uma necessidade de viagem, uma ausência temporária do trabalho etc.;

- Diferenciar períodos de maior e menor intensidade de trabalho: algumas pessoas optam por se dedicar ao trabalho mais intensamente em certos períodos da vida. Assim, o dinheiro realiza a ponte entre essas fases de maior ou menor dedicação, para permitir a manutenção do padrão de vida e de despesas;
- Adiar consumo em prol de poupança: sem dúvida, talvez seja a parte mais nobre da função reserva de valor do dinheiro. A poupança permite preparar um pecúlio (aumentado pelos juros) para o posterior investimento no aumento das possibilidades de alcançar uma vida materialmente digna, com recursos para morar bem, cuidar do corpo e da saúde (alimentação de qualidade, bons médicos, exames de rotina e atividade física de bom nível) e permitir tempo para a dedicação ao que engrandece o espírito. Essa visão é muito bem explorada no livro de Eduardo Giannetti, *O valor do amanhã: Ensaio sobre a natureza dos juros*;
- Preparar-se para grandes projetos: A reserva monetária também tem a função de estabelecer um montante adequado e suficiente para a aquisição de um bem de grande valor ou um grande projeto. Nesse caso, há a alternativa de um financiamento bancário, menos atrativa porque se aumenta o custo do investimento, dado que há juros a pagar. Ao contrário, ao se reservar certa quantia em dinheiro, tem-se a opção de quitação imediata do valor do bem ou do projeto, sendo possível negociar o preço;
- Outros: há ainda o benefício psicológico da reserva monetária, como se sentir seguro ou mesmo mais autoconfiante, dado que a reserva está ali para fazer frente a ameaças e oportunidades diversas.

Mas, se existem todos esses benefícios para a moeda como reserva de valor, há também o lado perverso, como evidenciamos também nas outras funções relatadas. E a distorção é esta: encarar a reserva com avareza. O avarento é aquele que acumula obsessivamente o dinheiro e não demonstra a menor caridade ou generosidade. O hábito de juntar dinheiro, para ele, comanda quase todas as decisões de sua vida. Tudo gira em torno de reservar mais e mais, não se importando com as consequências que podem advir para outros em função dessa obsessão. Mesquinho e sovina são adjetivos que também cabem muito bem ao avarento.

A pior consequência, na vida, para o avarento, é a pobreza. Pode parecer um absurdo que alguém que supostamente tem reserva em dinheiro seja considerado pobre, mas esse é o paradoxo! E essa pobreza é tanto literal como figurada. Literal, porque é comum vermos um avarento malvestido, descuidado e sem capacidade de desfrutar da vida. E é simples entender isso: o avarento não gasta para se vestir, "uma roupa antiga já está boa..."; ele não gasta para pagar um médico ou para se alimentar melhor, "está sempre bem de saúde e qualquer comida serve..."; ele não gasta para ter certas comodidades, "afinal, isso é desperdiçar o recurso mais valioso que é o dinheiro...". Assim se passa a vida dessa pessoa que adoeceu por conta da reserva. E também há um sentido figurado na pobreza do avarento, porque rico não é o que tem apenas recursos materiais, mas principalmente quem tem a abundância de recursos não materiais (bens que o dinheiro não compra) e virtudes suficientes para enxergar a beleza da vida e da oportunidade de contribuir com seu trabalho para o engrandecimento do todo. Rico é aquele que é capaz de deixar o mundo um pouquinho melhor do que o lugar que ele encontrou no início de sua vida!

Finalmente, a quarta função da moeda é a acumulação. Alguns poderão, com razão, argumentar que a reserva e a acumulação referem-se à mesma coisa. Mas é importante separar esse quarto papel (não sendo comum encontrá-lo em outros textos sobre as funções da moeda), porque é aí que mora, provavelmente, a maior distorção do sistema capitalista. A acumulação é fruto de um vício maior do que a avareza: a ganância! Vejamos o que diz a Wikipédia[1] sobre ela:

> Ganância é um sentimento humano que se caracteriza pela vontade de possuir para si próprio tudo o que admira. É a vontade exagerada de possuir qualquer coisa. É um desejo excessivo direcionado principalmente à riqueza material e, nos dias de hoje, pelo dinheiro. Contudo é associada também a outras formas de poder, tal qual influenciar as pessoas de tal maneira que seus praticantes chegam ao cúmulo de corromper terceiros e se deixarem corromper, manipular e enganar, chegando ainda ao extremo de tirar a vida de seus desafetos. Muitas vezes confundida com ambição.

Ela é um dos sete pecados capitais. E decorre de um apego exagerado, de uma predisposição de querer tudo para si. Pela definição, pode-se perceber que a ganância é muito pior do que a avareza. O avarento, no mais das vezes, causa um mal maior a si próprio. O ganancioso não só causa um mal a si mesmo, mas também um grande mal à sociedade e à humanidade.

A acumulação, como base de um sistema capitalista selvagem, prega que é preciso juntar e concentrar dinheiro, poder, bens e direitos de uma forma crescente

---

[1] Disponível em: <https://pt.wikipedia.org/wiki/Gan%C3%A2ncia>. Acesso em: 09 nov. 2016.

e ininterrupta. Ela turva a mente dos incautos e faz deles seus reféns. Para pessoas gananciosas, acumular é propósito de vida, um fim em si mesmo, desprovido de qualquer limite ou ponderação dos meios pelos quais se pretende atingir o objetivo da acumulação. Além disso, é a antítese da distribuição, da igualdade de todos os homens perante as oportunidades, da fraternidade por meio da qual todos ganham e pela qual a vida dos homens se engrandece. Acumulação é a grande distorção que faz com que se perca o real significado do dinheiro.

A grande distorção

Em paralelo ao surgimento do dinheiro e das funções que ele assumiu, a história nos mostra que o desenvolvimento econômico das nações fez surgir o capitalismo como forma primordial de processo produtivo e de organização da atividade mercantil. Desde a antiguidade até meados do segundo milênio, as formas de produção e comercialização de bens se mantiveram restritas ao pequeno produtor, ao artesão ou ao senhor feudal, dentro de condições tecnológicas relativamente simples que podiam ser passadas de uma geração para outra com um mínimo de especialistas envolvidos.

Mas à medida que as trocas e os sistemas de produção se sofisticaram, o capitalismo lentamente se desenvolveu. Nesse sistema, a posse dos meios de produção pertence ao dono do capital e a economia é regulada pelas forças de mercado, em primeira instância. Karl Marx, em *O capital*, criticou de maneira contundente o capitalismo, no fim do século XIX, mostrando todas as suas contradições e distorções, principalmente no quesito igualdade. Baseados em suas ideias, Lenin (1870-1924) e Stálin (1878-1953) deflagraram a revolução socialista, primeiramente na Rússia e, posteriormente, nos países do Leste Europeu que viriam a compor a União Soviética. Eles buscavam corrigir a questão da desigualdade, mas, usando de violência contra opositores, instalaram um sistema que solapou a liberdade.

No segundo capítulo do meu livro *O despertar dos líderes integrais*, há uma comparação entre capitalismo e socialismo:

> Assim, no campo político, econômico e social, com o advento da Revolução Industrial, o capitalismo e o liberalismo realizaram muitos feitos, mas ampliaram as desigualdades, escravizaram o homem, fizeram dele peça de uma engrenagem (como no filme de Charles Chaplin – *Tempos modernos*), o separaram do produto de seu trabalho (fragmentação do trabalho) e dos meios de produção. E espalharam pelo mundo um consumismo, individualismo e egoísmo desenfreados. Logo surgiu um contraponto, alternativas a esse sistema, que foram o socialismo e o comunismo; no entreguerras, apoiados pelas ideias de Marx e Engels, surgiu o socialismo na Rússia e depois na Europa Oriental. Com ele, nasceu a ditadura do proletariado e a nivelação por baixo. As liberdades foram suprimidas pela força e não havia estímulo à efetividade (PASSARELLA, 2013).

A verdade, porém, é que nem o capitalismo e nem o socialismo alavancaram o ideal da fraternidade humana. Um focou na liberdade individual e piorou a igualdade. Outro focou na igualdade, mas suprimiu a liberdade. E ambos falharam fragorosamente na humanização, no desenvolvimento do potencial do homem para a cooperação e a construção conjunta de uma sociedade que permita o desabrochar de nosso sentido de conjunto.

O neoliberalismo (nos últimos vinte anos, após a queda do Muro de Berlim) veio a mitigar um pouco as distorções do velho e desgastado capitalismo, conforme já explicitado no capítulo anterior, mas continuou a exacerbar a questão do lucro e da acumulação como ideais *per se*. O capitalismo e o liberalismo, sistemas econômicos que dominam hoje o mundo ocidental, junto com o foco e as distorções que a humanidade deu ao dinheiro, criaram as condições para o que vemos hoje: a acumulação como um ideal *per se*, sem o necessário equilíbrio dinâmico apregoado na Revolução Francesa: *"Liberté, Égalité, Fraternité"*. Essa conjunção (capitalismo, liberalismo e distorção das funções do dinheiro) deu todo o peso apenas ao lucro monetário e à sua acumulação crescente, como fim em si mesmo.

A acumulação como fim é a maior das distorções que experimentamos na atualidade. Por ela, os homens estão destruindo recursos não renováveis, destruindo seu próprio habitat, desvirtuando a função do trabalho, deixando de levar em conta a oportunidade de melhorar as condições de vida para o todo. E, afinal, a que leva a acumulação? Por que tantos homens se fixam a ela como o grande objetivo de suas vidas? Em parte, por medo de não ter o bastante para fazer frente a necessidades futuras, em parte pela ganância, sobre a qual já discorremos, em parte pela fixação ao poder e à bajulação que este propicia a quem o detém e em parte pelo ego, pela necessidade de alguns homens se verem "endeusados", acima dos outros, entronizados como "entidades supraterrenas"...

Mas a verdade é que a acumulação individual traz mais problemas e distorções do que aquilo que alguns pensam atingir: a prosperidade. A acumulação não re-

Dinheiro: ganância ou prosperidade?

solve as questões mais profundas da vida dos homens, principalmente a de viver uma vida produtiva, explorando seu próprio potencial e vocação. Excesso de poder e excesso de dinheiro podem trazer distorções para a vida individual e para o todo: escravizar-se ao redor de suas demandas de crescimento e manutenção. Talvez seja necessária uma grande evolução cultural, de valores e de consciência, enfim uma quebra de paradigma, para que comecemos a encarar as reais funções do dinheiro e a reservar a ele o papel que de fato pode exercer: um meio para a prosperidade individual, coletiva e da natureza.

Dinheiro e prosperidade

O dinheiro pode se transformar num fetiche, numa "pseudo-visão" do céu traduzida pela acumulação desenfreada, e essa é a razão de ele ser demonizado por algumas pessoas. Mas pode assumir papel importante para o desenvolvimento individual e coletivo. Basta dar-lhe o valor que merece. Nem mais e nem menos. Aqui voltamos à velha questão das virtudes cardeais, elaboradas por Aristóteles e pelos antigos filósofos gregos, em que a temperança (ou o equilíbrio comedido) assume papel central como uma das principais virtudes humanas. Isso porque, se é possível tornar-se escravo do dinheiro (quando a ele dedicamos o objetivo central de nossas vidas, em forma da acumulação individual sem limites), também é possível tornar-se escravo de outros homens ou das circunstâncias (quando não damos o valor mínimo às funções não distorcidas do dinheiro, que elaboramos acima). Ao reservar à moeda o seu valor correto, entendida aqui a palavra "valor" como princípio ou caráter, então a tornamos meio de prosperidade, que atinge quem a utiliza e também ao meio ao redor de si.

Para melhor compreendermos qual deve ser esse valor dado ao dinheiro, para que assuma um papel virtuoso, vamos começar por desconstruir algumas ideias em relação a ele, ao trabalho e ao ganho. E também selecionar conceitos mais alinhados para explorar o potencial de uma vida e torná-la o mais produtiva possível, em direção à vocação e ao propósito de cada um. Creio que um aforismo que adotamos na Unipaz possa traduzir um pouco do que vamos detalhar daqui em diante: "O importante não é levar a vida a sério demais, mas ter um sério projeto de vida". E, nesse caso, de um sério projeto de vida, procurar executá-lo considerando uma "expectativa tranquila", expressão que utilizamos para designar quem vive com baixa ansiedade, buscando o melhor resultado para sua vida, sem se prender ao ato em si.

Em primeiro lugar, é urgente a substituição dessa viciosa perspectiva de acumulação pelo entendimento da criação de uma reserva estratégica de fato. Nesse detalhe residem consequências relevantes, que podem alavancar o sentido do trabalho e da vida. Reserva serve para fazer frente aos imprevistos, para diferenciar períodos de intensidades distintas de dedicação ao trabalho, para adiar o consumo e poupar para realizar projetos importantes, como já foi colocado. Mas tudo isso traz um limite à necessidade de poupar. O problema do acúmulo é que ele não tem fim. Torna-se um objetivo incontrolável e um fim em si mesmo. Não existe a possibilidade de viver sem risco pelo tamanho da reserva. Viver é se arriscar, e há apenas um momento na vida em que já não há mais risco: na morte física.

Assim, ao compreender a necessidade de reserva e não de acúmulo, cada pessoa percebe que há um limite bem claro do tamanho da reserva, variável porque depende das necessidades e das possibilidades de cada um. Para quem exerce atividade mais simples e tem remuneração menor, pode haver a necessidade de um tempo de trabalho maior para atingir certa reserva; por outro lado, o padrão de vida com que essa pessoa está acostumada talvez seja também mais simples, e uma reserva proporcional pode ser alcançada com certa determinação. Não tem mais reserva quem ganha mais, mas quem gasta proporcionalmente menos. A sabedoria está em se conhecer e estabelecer até que ponto seguir poupando. Para os que conseguem chegar nesse ponto e se satisfazer com o que conseguiram, há um mar de possibilidades novas à sua frente. Principalmente a de se dedicar ao próprio desenvolvimento pessoal com mais afinco, sem se deixar escravizar pelo trabalho ou pelo dinheiro.

Em segundo lugar, creio que se faz necessária uma redefinição do que é se aposentar. Segundo o Dicionário Aurélio Online, "aposentadoria é a situação de um trabalhador que tem isenção definitiva da efetividade do serviço, por incapacidade física ou por ter atingido determinada idade legal, e que recebe determinada pensão ou remuneração; é a remuneração paga a um aposentado". Nesta definição, verificamos que o aposentado é aquele que não tem condições físicas, pelo desgaste ou pela idade, de continuar trabalhando, e recebe, seja do Estado ou de Entidade Privada, um determinado pecúlio em forma de salário. Sem dúvida, a incapacidade física pode ser motivo para não mais trabalhar. Mas, na maioria das vezes, não é. Basta exercer função que não exija da limitação adquirida. Também se aposentar por conta de ter atingido determinada idade não precisa ser mandatório. É isso o que precisamos redefinir, pois trabalhar é razão de vida. Aposentar-se, então, pode ser uma forma de dizer não à plenitude de viver (exceto nos casos em que o trabalho exercido é enfadonho, estressante ou desmerecedor). Sem contar o aspecto do futuro desequilíbrio dos sistemas de pensão, quando a população mundial for envelhecendo ou quando já não mais crescer indefinidamente, como vem acontecendo desde que o *Homo sapiens* passou a habitar a Terra.

A aposentadoria perderá o sentido em breve, seja pela razão econômica ou pela razão do sentido de vida de cada um. Assim, o aposentar-se pode ser repensado como um ato de revitalização do trabalho. Alguém poderá se aposentar de determinadas atividades para abraçar outras, mais adequadas à sua idade e força física, ou mais afeitas à sua vocação e propósito. Mas não se deve parar de trabalhar enquanto viver. O trabalho tem o aspecto da produtividade de um homem, do serviço que ele pode prestar ao outro e a todos, bem como tem o aspecto de trazer meios para a manutenção de sua vida. Parar de realizar uma atividade produtiva, em qualquer idade, pode trazer consequências como doenças psicossomáticas, envelhecimento precoce, baixa autoestima, perda de socialização etc.

Visto sob esse novo prisma, trabalhar durante toda a vida, se aposentando de determinadas atividades e se dedicando a outras, para as quais se deve preparar com antecedência, o homem só precisa da reserva para fins mais nobres, e não para deixar de trabalhar. Retirar do trabalho o sustento da vida pode ser cada vez mais prazeroso e útil. O dinheiro do trabalho se torna mantenedor da saúde financeira, física, mental e emocional do homem.

Em terceiro lugar, desmistificar a ideia preconcebida da demonização do ganho. Há quem o considere pecaminoso, algo que nos leva para o abismo. O problema não é ganhar, mas o uso que se faz do ganho. Se for usado para acumular poder, glórias e bens materiais, numa sequência sem fim, poderá não ter qualquer sentido mais profundo. Porém, se for utilizado sabiamente para o progresso pessoal, para acelerar o progresso de outras pessoas e ainda favorecer a evolução construtiva do planeta, esse ganho é bom. Portanto, ganhar pode ser parte de um projeto de vida construtivo.

Finalmente, precisamos repensar o sentido do que é prosperidade e entender qual é a relação dela com o dinheiro. É claro que, ao falar de um homem próspero, imediatamente vem à nossa cabeça alguém que tem abundância de recursos materiais, inclusive dinheiro. Mas, para alguns, prosperidade significa apenas a posse da moeda... Sem dúvida, uma distorção, mas imaginem que ao perguntarmos para algumas pessoas o que é um homem próspero, elas respondem com a descrição de alguém que possui tudo o que quer. Mesmo alguns dicionários, como o Aurélio Online, falam de prosperidade como fartura, excesso de bens materiais e riqueza. Será isso mesmo? Para muitas outras pessoas, está claro que não! Prosperidade deve ser entendida numa multiplicidade de fatores que podem ajudar o homem a ter uma vida boa e produtiva. Assim, prosperidade inclui a dimensão monetária, mas também as questões ligadas à vida emocional, mental e espiritual. Prosperidade é trilhar um caminho de vida que equilibre e desenvolva essas virtudes potenciais que todo homem tem, em direção a algo que o torne feliz por estar realizando um projeto de vida ditoso, para si e para o todo.

Portanto, o dinheiro não traz prosperidade, mas pode ser um dos componentes para alguém poder se dedicar ao seu propósito. Não é incomum vermos mestres e gurus iluminados, que não precisaram se preocupar com a manutenção de suas vidas e de suas famílias porque contaram com situação financeira confortável. Mesmo assim, abandonaram o conforto pela aspiração de algo superior. Buda, o Sidarta Gautama, foi um deles. A verdadeira prosperidade é se desenvolver e evoluir a consciência sobre si, sobre a humanidade, sobre o mundo e sobre o Universo, bem como aumentar a compreensão de qual é o nosso papel nele. Se o dinheiro for utilizado nesse sentido, ele não é mecanismo de ganância, mas um vetor de prosperidade.

Conceito de riqueza

Continuando nosso raciocínio, na mesma linha, a riqueza passa a ser compreendida como a consequência na vida do homem que se dedica à prosperidade. E, como discorrido no Capítulo 2, a transdisciplinaridade nos mostra que o Universo é complexo, em vez de unilateral e simplista. Assim também ocorre com a riqueza. Se enfocarmos riqueza como acúmulo de bens monetários e materiais, a visão de riqueza se torna monocromática e parcial. É preciso compreender que a prosperidade deve levar riqueza a diferentes aspectos importantes da vida de um homem, senão não é prosperidade.

Riqueza, em nossa acepção, é a conquista de variados bens e virtudes que tornam a vida produtiva, equilibrada e pujante. Portanto, há que se pensar em riqueza nos

Dinheiro: ganância ou prosperidade?

diversos ângulos da vida: físico, intelectual, emocional e espiritual ou existencial.

Sob o ponto de vista físico, rico é o homem que tem saúde (goza de disposição e não sofre de doenças graves) e tem bens materiais necessários para enfrentar com certa comodidade as intempéries da vida, o abrigo e segurança, a mobilidade eficaz e proteção das forças da natureza (frio, calor, tempestades etc).

Sob o ponto de vista intelectual, rico é o homem que desenvolve constantemente suas faculdades mentais, adquirindo conhecimentos e aplicando-os na prática para transformá-los em sabedoria. Esse homem é capaz de expandir sua compreensão sobre as diferentes disciplinas da ciência e da filosofia e ainda integrá-las de maneira a desenhar um conjunto visionário sobre o nosso universo, transdisciplinarmente.

Sob o ponto de vista emocional, rico é o homem capaz de vivenciar a plenitude do amor em suas diferentes formas, desde o amor entre pais e filhos, o amor entre casais, o amor pela humanidade e ainda pela vida em nosso planeta e pela vastidão do cosmos. Esse homem é capaz de sentir as diferentes emoções e conviver com elas de modo produtivo, exercendo sobre elas domínio consciente e sabendo que são um fluxo que passa. Sendo capaz disso, seus sentimentos serão nobres e elevados, e ele saberá usufruir da beleza de tudo e de contemplar a natureza e as artes.

Sob o ponto de vista existencial, rico é o homem que procura exercer atos pautados pela ética universal, que se expande além da comezinha noção de buscar benefícios para si ou para seu pequeno círculo de parentes e amigos. Esse homem procura valores cada mais elevados para guiar sua vida. Assim, a enriquece de virtudes que chegam muito mais longe do que ele mesmo pode imaginar e ganha faculdades de intuição, capazes de fazê-lo ver através do limitado espectro da luz visível. Esse homem se conduz mirando-se no exemplo de grandes mestres que já passaram por nossa Terra e desenvolve uma noção de transcendência, para além dos limites do espaço e tempo de sua curta vida.

Enquanto focada na unilateralidade, a noção de prosperidade e riqueza traz como consequência apenas o material, parcial, limitado e pobre. Há um provérbio, cuja autoria desconheço, que diz: "Conheci um homem tão pobre, mas tão pobre, que a única coisa que tinha era muito dinheiro". Assim parece ser a vida de quem enxerga com limitação a riqueza, considerando-a sinônimo de acumulação. Sua vida fica pobre, e ele desperdiça o valioso tempo que tem para viver.

Se, por outro lado, a compreensão de riqueza incluir a transdisciplinaridade, então não há apenas um eixo de desenvolvimento, mas vários, em equilíbrio. Isso nos remete à antiga noção aristotélica de que a sabedoria está no meio-termo, ou a assertiva de Buda de que virtuoso é o caminho do meio. Acima de tudo, é preciso disciplina para concretizar um "projeto sério de vida", em que diferentes aspectos a serem trabalhados coexistem para levarem a uma meta profícua.

Assim, como colocado anteriormente, o dinheiro pode ser vetor de prosperidade, quando utilizado sabiamente para ajudar na disciplina de busca desses diferentes ângulos da vida, trazendo como consequência a verdadeira riqueza, composta não apenas por bens materiais que ajudam a viver de maneira menos dura, mas principalmente trazendo aqueles bens que não têm preço e são conquistados pela firme disposição da alma.

Nessa linha também escreve Jacob Needleman, em seu livro *O dinheiro e o significado da vida* (2007):

> Finalmente, achamos a chave para o lugar que o dinheiro pode - e deve - ocupar em nossas vidas. Ele deverá tornar-se um modo de nos conhecermos, uma ferramenta na única empresa digna de ser encetada por qualquer mulher ou homem moderno seriamente comprometido a encontrar o significado de sua vida. Devemos usar o dinheiro para estudar a nós mesmos como somos e como podemos vir a ser.

Vemos que, para ele, a função digna do dinheiro é ser um meio para o autoconhecimento. O que propomos é que o dinheiro seja um pouco mais do que isso: um vetor para a riqueza do autodesenvolvimento, que inclui o autoconhecimento, mas acrescenta a ideia de desenvolvimento nesses diversos ângulos da vida de uma pessoa e culmina na elevação de sua consciência!

Do homem mítico ao homem holístico

Começamos, neste capítulo, discorrendo sobre a evolução histórica da moeda, desde o seu aparecimento para facilitar as trocas, até sua sofisticação atual, nas modernas economias globais, e com a perda do lastro em ouro. Falamos sobre suas funções, sobre as diversas distorções que podem ocorrer, até chegarmos à forma de encarar o dinheiro para que ele seja utilizado para uma função nobre.

Se o dinheiro pode ser um vetor para a prosperidade, podendo trazer como consequência a verdadeira riqueza traduzida em certo conforto material, autodesenvolvimento e elevação de consciência, resta-nos discorrer sobre a questão da elevação da consciência, um dos pontos últimos desse "sério projeto de vida", para os que assim compreendam ser esse um de nossos grandes objetivos.

Mas o que significa elevar a consciência? Ou, ainda, o que é consciência?

Nesse ponto voltamos ao Capítulo 1, sobre a evolução histórica da concepção de homem e ao papel reservado para sua ampliação de consciência. Como colocado, é uma reconciliação do homem com suas raízes metafísicas, um caminho filosófico para uma vida mais autêntica, inteligível, visceral. É nesse sentido que vemos o papel do dinheiro. Como uma base material para a concretização da amplitude da riqueza do homem.

Laszlo também aponta nessa direção quando elabora uma escada evolutiva do homem, identificando quatro fases principais. Para ele, a quarta ainda está por vir e refletirá essa união ou cooperação para a solução dos enormes e complexos problemas que demandarão mais do que as capacidades e consciências individuais dos homens e a conjunção harmoniosa dos diferentes saberes acumulados até hoje. Essas quatro grandes fases são: *Mythos, Theos, Logos e Holos.* Adaptamos o esquema a seguir, do livro de Laszlo, *A ciência e o campo Akáshico*, citado na bibliografia do Capítulo 2, e introduzimos alguns elementos que julgamos facilitar a compreensão de algumas etapas dentro das fases, segundo nossa própria visão. De alguma forma, revisa muitos dos conceitos já colocados nos nossos capítulos anteriores, mas acrescenta uma visão de futuro, algo que traz um pano de fundo poderoso para compreender o papel que poderá estar reservado às empresas e organizações nos anos e séculos do porvir. Vejamos com detalhes o esquema e sua interpretação:

Figura 1: *Etapas da evolução humana*

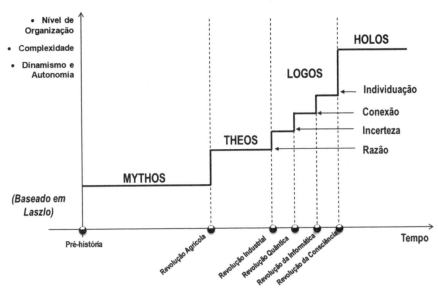

Fonte: *O autor*

A primeira fase, *Mythos*, se inicia na pré-história e se prolonga até por volta de 10000 a.C., quando ocorre a Revolução Agrícola. Esse é o período correspondente ao aparecimento dos primeiros hominídeos até o assentamento do homem nas primeiras áreas, o início de uma agricultura primitiva e o aparecimento dos ideogramas nas cavernas. Equivale à fase final do Paleolítico. Foi um período em que a relação do homem consigo mesmo, com os outros e com o Universo se dava na base dos mitos. Os instintos eram os guias mais confiáveis, e a identificação de um poder transcendental se fazia através da mistificação das relações. Supunha-se que objetos, animais e fenômenos da natureza fossem dotados de poderes mágicos. O homem ainda tinha uma noção primitiva sobre a sua própria vida.

A segunda fase, *Theos*, vai desde a Revolução Agrícola até a Revolução Industrial. É o período entre as duas maiores revoluções de costumes, valores e posicionamento do homem sobre a Terra. Nessa fase o homem se relacionou com os mistérios da vida, atribuindo a um Ser Supremo, com os mesmos vícios e virtudes dos homens, o papel de executor dos milagres, como figura de um Pai Celestial que vigia seus filhos e assume posturas de preferências ou de antipatias, atribuindo-lhes recompensas e punições. Os mitos ficaram para trás, já que acima deles estava Deus. O conhecimento, para ser verdadeiro, precisava emanar Daquele que estava acima de todas as coisas. As religiões proliferaram e atribuíram a si mesmas o papel de intermediárias entre Deus e os homens. Foi o período que culminou com a Idade Média e o Obscurantismo.

A terceira fase, *Logos*, é a mais recente e complexa. Não é caracterizada por uma grande mudança de valores, mas de ampliação de comodidades, de conforto e da compreensão dos fenômenos naturais, pelo menos para uma parte significativa da sociedade. Ela se inicia quando a ciência começa a se manifestar como a grande transformadora da condição humana. Pela ciência, o homem supunha poder superar todos os seus males. O livro *Nova Atlântida*, do filósofo inglês Francis Bacon (1561-1626), escrito em 1659, retrata essa perspectiva de um mundo ideal, no qual o homem domina a natureza por meio da ciência. Trata-se de uma utopia em que a tecnologia era fonte do progresso da ciência e efeito do progresso científico. A obra narra o desembarque forçado de navegadores em uma ilha chamada Bensalém, cuja localização permanece secreta e que não figurava nos atlas e mapas da época. A população local possuía

Dinheiro: ganância ou prosperidade?

cultura elevada e vivia sob um regime político perfeito e científico. Dirigida por sábios, a ilha tinha um grande centro de pesquisas, a Casa de Salomão, dedicado às investigações científicas e tecnológicas, pois o avanço dos conhecimentos científicos era a garantia da felicidade de seus habitantes. Nesse livro vê-se bem retratado o ideal de *Logos*, em que a razão e a ciência se descortinavam como as vias realizadoras da promessa de uma nova civilização, justa, feliz e próspera.

A fase de *Logos*, que ainda subsiste, centrou-se na evolução do bem-estar físico e material do homem, baseando-se para isso nos progressos trazidos pela evolução científica e tecnológica. Aumentou a idade média das populações, avançou inegavelmente a saúde pública, ampliou o acesso a alimentos e à educação profissional e conseguiu ampliar a presença humana sobre a Terra, exponencialmente. Hoje, ultrapassamos a marca de sete bilhões de seres humanos. Por outro lado, conseguiu pouco em relação à verdadeira prosperidade e riqueza (da forma como a conceituamos aqui) para essa enorme população mundial.

Esta fase se iniciou na Revolução Industrial, momento em que o domínio das técnicas permitiu a produção em massa, a mecanização da agricultura, o desenvolvimento de produtos químicos e agroquímicos para elevar a produtividade no campo. A máquina a vapor é o símbolo dessa revolução, pois foi o domínio da energia térmica que propiciou o avanço das manufaturas e da produção em larga escala. No já mencionado filme *Tempos modernos*, Charles Chaplin ilustra esse momento, colocando o chefe de uma manufatura a empurrar uma alavanca, aumentando assim a velocidade da produção de vapor e, consequentemente, da linha de montagem. No filme,

Chaplin explora a desumanização que a fábrica e a era da racionalidade extrema trouxeram para a humanidade.

Mas logo em seguida à Revolução Industrial, ainda na fase de *Logos*, identificamos a Revolução Quântica, iniciada no alvorecer do século XX. Os alicerces sólidos sobre os quais se havia assentado a ciência, por figuras iminentes como Galileu, Newton, Descartes e outros sofreram abalo, como já descrevemos no Capítulo 2. A Mecânica Quântica fez desabar crenças na independência do observador, na repetibilidade objetiva dos fenômenos etc., e permitiu nova rodada de evolução na tecnologia. Graças à Revolução Quântica, hoje temos circuitos integrados que abriram as portas às tecnologias modernas do computador, dos telefones celulares e outros. No campo da filosofia e na visão de mundo do homem, a Revolução Quântica também abalou certos pilares, fazendo com que nossa concepção do Universo, e do nosso lugar nele, pudesse mudar para um conceito novamente voltado para o limite entre o físico e o não físico, entre a densidade da matéria e a sua não existência objetiva (matéria como manifestação da energia, e esta como oscilação de campo). As consequências disso foram a retomada das indagações sobre a sede da consciência, se ela habita no corpo ou fora dele, se ela é independente do cérebro, se realmente somos constituídos de energias sutis que ainda não conseguimos compreender completamente. "Era da Incerteza", pode ser esse um bom slogan para o que se passou após a Revolução Quântica.

Finalmente, hoje em dia vivemos a Revolução da Informática, trazendo em seu bojo uma aceleração da conexão. A ciência e a razão, na fase de *Logos*, possibilitaram que rumássemos em direção ao nosso essencial, à

Dinheiro: ganância ou prosperidade?

nossa riqueza e prosperidade verdadeiras, favorecendo uma conexão entre seres humanos como nunca antes em toda a história. Podemos conversar por vídeo, praticamente sem custo, com qualquer pessoa em qualquer parte do mundo, em tempo real. Temos acesso democrático a quase tudo o que já foi produzido de conhecimento. Também podemos ser informados de eventos significativos para nossas profissões, no exato momento em que eles ocorrem. E conseguimos criar redes de aprendizado conjunto, que interagem e intensificam seu processo de desenvolvimento pela ação conjunta de seus membros. Ainda estamos no começo dos desdobramentos dessa ampla capacidade de conexão que adquirimos.

Assim, chegamos ao ponto de começarmos a inferir o futuro. A ciência e a razão sozinhas não conseguiram trazer para os homens uma sustentável e palpável evolução de consciência (que para nosso propósito neste capítulo é a grande fonte de riqueza e prosperidade). Nos últimos dois séculos, passamos por duas importantes revoluções que trouxeram a incerteza (pelo conceito de probabilidades, desbastando a prepotente visão de que poderíamos saber tudo e dominar todas as coisas) e a conexão (diminuindo a distância e fragmentação entre os homens, raças, credos, ideologias etc.) para nosso cardápio de conhecimentos. Agora, a nossa inferência se direciona para o lógico caminho da sabedoria (como enfatizado no Capítulo 2) e para a necessária evolução da consciência.

Não há como dizer se assim será nosso destino, mas tudo aponta para a perspectiva de que estaremos iniciando, neste novo milênio, uma Era de *Holos*, cujo primeiro passo se direciona à Revolução da Consciência e que foi precedido pelas quebras de paradigmas das revoluções anteriores na fase de *Logos*. Se isso de fato ocorrer, pela primeira vez na história do homem, razão, intuição, instintos e emoções poderão confluir para realizar em massa o que Jung preconizou, em seu livro *O homem e seus símbolos*, como nosso *leitmotiv* da existência: nossa individuação. Ou ainda o que tratou Erich Fromm, em *Análise do homem*, sobre a possibilidade latente em cada um de nós de nos tornarmos o que potencialmente somos. Um grande salto para a evolução da consciência. Neste ponto, as ideias de Chardin, Laszlo, Jung e Fromm se encontram para celebrar essa nova fase de rica prosperidade para o homem sobre a Terra.

O papel das empresas

Levando em conta todos esses conceitos de elevação de consciência, prosperidade e verdadeira riqueza, como podemos compreender o papel das empresas nesse contexto? Bem, a responsabilidade é clara e muito relevante. Afinal, as empresas são o tipo de organização humana estabelecida com o objetivo de gerar riquezas por meio do atendimento a certas necessidades de grupos de clientes.

No nível pessoal, é possível repensar paradigmas como reserva, acúmulo, ganância, riqueza, consciência e sabedoria. No nível empresarial, o mesmo deverá ocorrer, pois ambas – pessoas e empresas – estão intimamente interligados. A empresa pode ser um dos veículos mais preponderantes para que os vícios em relação ao dinheiro apareçam de modo cruel e se cristalizem. Então, é no seio dela que grandes reformulações de postura são necessárias para que a elevação de consciência possa seguir seu curso histórico. Ademais, já exploramos que não será nem com o capitalismo selvagem nem com o socialismo que poderemos acelerar o ideal de "liberdade, igualdade e fraternidade", mas com uma empresa humana, integral e consciente.

Dessa forma, ela pode ser também um dos veículos mais preponderantes para criar uma base material sólida e libertar o homem para seu caminho evolutivo, para a reinterpretação de seu todo físico e metafísico, para sua vida de maior potencial de realização. Nesse caso, o dinheiro é o veículo, é a forma concreta que possibilita a dedicação a um ideal mais elevado.

Em um paralelo quase perfeito, podemos inferir uma nova postura das organizações frente ao dinheiro, à moda e semelhança com que fizemos em relação ao homem com o dinheiro, nos quatro principais itens que abordamos anteriormente: acúmulo x reserva, aposentadoria x vida produtiva contínua, demonização do ganho x modo de progresso, estagnação x prosperidade.

> **Acúmulo x reserva:** Embora as empresas invistam capital, naturalmente, sob a forma de imobilizado, maquinaria, instalações, aplicações financeiras, contas a receber etc., muitos estudiosos do ciclo empresarial ainda não compreenderam a distinção entre estoque e fluxo, em sua profundidade. Enquanto estoque de capital, *per se*, pode não ter utilidade e ser apenas uma ineficiência, o fluxo, por outro lado, é o que garante a utilidade do capital empregado. Sim, porque o capital imobilizado que não gera fluxo não é útil! De onde se depreende que investimento é útil por gerar fluxo, e o acúmulo pode não representar nada se existir apenas como estoque. Uma reserva, por outro lado, é importante, pois poderá ser utilizada em épocas de vacas magras...
>
> **Aposentadoria x vida produtiva contínua:** Aqui a comparação é óbvia, já que empresas não existem para se aposentar. Mas o parale-

lo pode ser estabelecido quando observamos que muitos acionistas e fundadores pensam que a empresa é uma extensão deles, que ela apenas existe para servi-los, um meio para suas vidas pessoais. Mas uma empresa, uma vez estabelecida, ganha vida própria, passa a existir por conta de seus públicos e, por isso, é candidata a uma vida perene, contínua. A geração de riquezas, em fluxo, é o que garante a longevidade e utilidade contínua do negócio, para além da aposentadoria de seus fundadores;

Demonização do ganho x meio de progresso: a ideia do ganho como meio de alavancar o progresso é poderosa. Não é uma verdade inconteste, pois há situações em que o ganho não tem relação com o progresso de uma empresa (entendido o progresso como caminho de desenvolvimento equilibrado para os diversos públicos). A questão é não demonizar o ganho, como se fosse algo indecente ou injusto, mas permitir que ele trabalhe por esses públicos. Se cada público receber valores (monetários e não monetários) da empresa, cada um deles terá razões para fazer o seu melhor para a sua continuidade e sucesso no longo prazo. No meu já citado livro *O despertar dos líderes integrais* (p. 33), há uma tabela com os valores que a empresa pode propor para cada público, com vistas a buscar esse meio de progresso. Ela se encontra reproduzida a seguir e é autoexplicativa em relação a esses valores que excedem o monetário – embora este seja o componente principal que permite a proposta de outros valores como a conectividade, a vocação e o bem comum.

Tabela 1: *Valores para cada público*

	MONETÁRIO	CONECTIVIDADE	MISSÃO/VOCAÇÃO	BEM COMUM
Clientes	•Custo/benefício •Outros atributos	•Relações amplas •Cooperação mútua •Cultura de paz	•Pesquisar o que é missão do cliente •Contribuir	•Reciclagem de rejeitos •Produtos corretos
Fornecedores	•Remuneração justa pelos produtos e serviços	•Relações amplas •Cooperação mútua •Cultura de paz	•Pesquisar missão dos principais fornecedores •Contribuir	•Critério de escolha de Fornecedores responsáveis
Acionistas	•Lucros e juros pelo capital	•Acionista alinhado com conectividade	•Acionista alinhado com vocação empresarial	•Perenidade de seu negócio
Colaboradores	•Salários, benefícios e prêmios pelo trabalho	•Respeito •Liderança integral	•Autoconhecimento •Treinamento •Oportunidades	•Ambiente de trabalho •Trabalho voluntário
Comunidade e ambiente	•Contribuições monetárias	•Pesquisa Transdisciplinar	•Apoiar a vocação das comunidades vizinhas	•Organizar ONGs •Projetos sociais •Projetos ambientais

Fonte: *O autor*

■ **Estagnação x prosperidade:** o contrário de paz não é guerra, mas estagnação, como nos diz Pierre Weil em seu livro *Rumo à nova transdisciplinaridade*. Água parada apodrece, mas água em movimento é sinônimo de vida. Aqui novamente entra o conceito de fluxo na vida empresarial. Empresas prósperas estão em contínuo movimento. Pensam em fluxo e não em estoque. Empresas prósperas, ou empresas integrais, ou ainda empresas conscientes, se diferenciam porque têm foco no longo prazo, realizam no curto prazo o que planejaram antecipadamente, são orientadas a criarem programas amplos de valores a seus públicos e se transformam, naturalmente, em vetores de elevação de consciência para nossa grande família humana!

Revoluções silenciosas

Está em nossas mãos a utilização que podemos dar ao dinheiro. De um lado, os seus males que aprisionam o homem à ganância e ao atraso. Do outro lado, a possibilidade de continuar os avanços materiais, para possibilitar tempo livre ao homem para se dedicar à evolução de sua sabedoria e de sua consciência, em direção ao que definimos como a verdadeira riqueza e prosperidade. Numa comparação simples, dinheiro pode ser como água: se ingerida em excesso pode causar doenças e males. Se tomada na medida justa, com pureza e nobres ideais de alimentação, a água é essência de vida.

Uma fase de *Holos* nos aguarda, se conseguirmos sobrepujar ainda os enormes problemas, guerras, desigualdades, intolerância e destruição de recursos de maneira insustentável, como estamos realizando no início deste novo milênio.

Não acreditamos que o caminho para superar esses enormes desafios esteja na esfera política. Os políticos estão ocupados demais com seus próprios interesses para se dedicarem seriamente a isso. Também não está entre os religiosos, estes estão focados em provar que seu sistema de poder é superior e funciona melhor que todos os outros similares. Não está nos sistemas econômicos e de governo: o capitalismo tradicional com sua visão restrita de lucro, como vem sendo utilizado até hoje, só fez ampliar as desigualdades; o socialismo provou ser uma forma de manipulação das massas em benefício de uns poucos proletários poderosos e só diminuiu as liberdades. Em nossa visão, a nova fase de *Holos* está nas mãos da classe média trabalhadora, dos esclarecidos que começam a perceber as incongruências de suas vidas mecânicas e que querem buscar novo significado para seu trabalho. E, ainda, o caminho está nas empresas, nas instituições que possam rapidamente se transformar, exercendo um novo tipo de capitalismo, mais consciente e voltado para a consecução de resultados não apenas financeiros, mas também de evolução pessoal e de individuação para os que nele estejam inseridos.

Aqui, depois de nossa viagem pelo mundo do dinheiro, começamos a compreender que ele pode ser um vetor de prosperidade, se utilizado de forma ponderada, com temperança e quebrando algumas visões da sua relação com reserva, trabalho e aposentadoria. E se as instituições e as empresas que nos propiciam o acesso a ele também realizarem sua travessia para esse novo oceano de prosperidade. Em todos os casos, a solução de nossas mazelas se encontra em cada um, em nós, homens propriamente ditos, e nas revoluções silenciosas que devem se processar dentro de nós. Uma nova cultura empresarial precisa emergir para permitir essas revoluções individuais e ainda corroborar e dar sentido ao caminho de *Holos* que temos pela frente.

Referências bibliográficas

Bacon, F. *Nova Atlântida*. Lisboa: Ed. Minerva, 1976.

Chaplin, C. *Tempos modernos*. Disponível em: <https://www.youtube.com/watch?V=iej1_5y7ft8>. Acesso em: 25 nov. 2016.

Fromm, E. *Análise do homem*. Rio de Janeiro: Ed. Guanabara, 1983.

Giannetti, E. *O valor do amanhã*: Ensaio sobre a natureza dos juros. São Paulo: Companhia das Letras, 2005.

Jung, C. *O homem e seus símbolos*. Rio de janeiro: Nova Fronteira, 1964.

Keynes, J. M. *A teoria geral do emprego, do juro e da moeda*. São Paulo: Atlas, 1982.

Laszlo, E. *Um salto quântico no cérebro global*. São Paulo: Cultrix, 2012.

Marx, K. *O Capital* – Série "Os Economistas". São Paulo: Nova Cultural, 1988.

Needleman, J. *O dinheiro e o significado da vida*. São Paulo: Cultrix, 2007.

Passarella, W. *O despertar dos líderes integrais*. Rio de Janeiro: Qualitymark, 2013.

Sandel, M. J. *Justiça*: O que é fazer a coisa certa? Rio de Janeiro: Civilização Brasileira, 2009.

Teilhard de Chardin, P. *O fenômeno humano*. Porto: Livraria Tavares Martins, 1970.

Weil, P. et al. *Rumo à nova transdisciplinaridade*: Sistemas abertos de conhecimento. São Paulo: Summus, 1993.

PARTE 2
TRANSPIRAÇÃO

Até aqui trouxemos alguns pilares que nos parecem fundamentais para poder edificar organizações sólidas e perenes:

- O ser humano como um ser consciente, aberto ao todo, ao universal, com uma vocação essencial à transcendência e plenitude;
- A sabedoria como um caminho, uma jornada, que supera a visão parcial e limitada, buscando um existir mais amplo, consciente, inclusivo, integral;
- O campo coletivo, em rede, como âmbito onde o ser humano realiza sua sabedoria e é capaz de chegar à plenitude a partir de uma experiência de conectividade e de contribuição para o bem comum;
- O trabalho como ato significativo do ser humano, que o leva a realizar-se a partir do que produz, sua arte, a extensão do seu ser;
- O dinheiro como símbolo de valor e vetor de prosperidade, que sublinha e destaca a vocação humana para a felicidade, realização e construção do bem comum.

A Parte I foi nosso momento de Inspiração, de fincar os pilares para a edificação de uma organização sólida, sábia e perene. Mas depois da inspiração, temos que avançar e agir, esculpir outras formas organizacionais, com novos paradigmas concretizados em composições inovadoras, em sintonia com os grandes imperativos do século XXI.

E é essa a nossa intenção e foco nessa segunda parte: transformar inspiração em transpiração, reflexão e insight em forma, trazendo os principais elementos que, no nosso entender, devem ser revisitados e repensados para a reinvenção da organização contemporânea.

Vamos transpirar então...

CAPÍTULO 5
A FORMA E O CONTEÚDO DA EMPRESA CONTEMPORÂNEA

Paulo Monteiro

A forma: a estrutura que a nossa era pede

UMA NOVA ÓRBITA PARA O SISTEMA ORGANIZACIONAL

Ao conectar as ideias e pilares da primeira parte do livro, nos deparamos com a necessidade de repensar o princípio sobre o qual muitas das organizações são concebidas e estruturadas. É preciso uma reconfiguração da natureza, propósito, lógica e formato das empresas do século XXI se quisermos conectar a trajetória de milênios de filosofia perene com um futuro promissor, sustentável e longevo.

Tal reconfiguração deve representar uma espécie de "Revolução Copernicana" do universo organizacional. Assim como o cientista polonês Nicolau Copérnico (1473-1543) descobriu com seus estudos que a Terra não era o centro do Universo e que orbitava ao redor do Sol – causando um choque e uma desconstrução cosmológica, antropológica e sociológica –, a filosofia perene conectada às reflexões, experiências e descobertas das últimas décadas, nos remete à necessidade de elaborar um novo sistema organizacional.

As empresas foram concebidas, originalmente, em função de elementos externos: o mercado, os consumidores, os proprietários, o lucro. Nessa lógica, todo o sistema orbita em torno do resultado financeiro, o sentido de sua estrutura e cultura só existe para este objetivo.

Figura 1: Órbita original da organização em função exclusiva de resultados financeiros

Fonte: O autor

Mas ao considerar a profundidade e o alcance da filosofia perene, essa luz que perpassa a história humana – como vimos na primeira parte do livro –, visualizaremos uma nova órbita para o sistema organizacional. Ao nos servirmos da (bem-vinda) analogia platônica da luz sendo representada pelo Sol, posicionaremos a organização com suas estruturas, pessoas, resultados etc. ao redor deste centro de luz, o princípio maior de verdade e beleza (Ômega), que inclui a realização do ser humano e propicia o bem comum da sociedade.

Essa dimensão significativa e humana deve estar necessariamente atrelada a um "produto", a um resultado, que é o valor da organização, e é percebido e desejado por um mercado. Assim chegamos a uma empresa que é uma comunidade consciente e significativa e oferece valor para os indivíduos e para a sociedade, gerando resultado e lucro. O valor da organização do século XXI deve ser intrínseco, vir de dentro e irradiar-se para fora indo ao encontro de uma necessidade, demanda ou querer externo. O que se produz é uma consequência natural da essência dessa entidade colocada a serviço da coletividade. Quando esses dois âmbitos – interno e externo – se encontram e se alimentam mutuamente, a organização ganha significado e passa a ter um valor único.

Figura 2: Órbita da organização consciente, que existe a partir de valores perenes (dimensão Ômega), gerando resultados naturais e duradouros

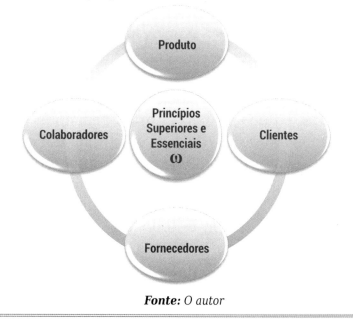

Fonte: O autor

Tal luz interna traz uma dimensão mais universal, que mencionamos no Capítulo 1, que abrange toda a humanidade, pois pertence à sua natureza mesma, trazendo princípios como ética, respeito ao ser humano, sustentabilidade e perenidade, equidade etc. Mas há também nessa luz a essência da organização, seus valores e diferenciais, seu propósito e razão de ser, seu sonho, enfim, sua vitalidade.

Kim e Mauborgne (2005) chamam a atenção para o que denominam "visão reconstrutivista", que coloca o foco e o peso de suas ações em fatores intrínsecos, gerando crescimento endógeno para a empresa. É um paradigma oposto ao que eles chamam de "visão estruturalista", que baseia toda sua estratégia na concorrência e em uma leitura determinista do mercado. As empresas inovadoras – para esses autores – utilizam o paradigma reconstrutivista para chegar a uma inovação de valor, propondo algo único ao mercado e liberando demanda potencial. Eles mencionam o Cirque du Soleil, a exitosa empresa mundial de entretenimento, como um exemplo de organização que cria valor a partir de fatores internos e essenciais, nessa dinâmica que já mencionamos, de dentro para fora.

Muitas empresas sólidas e longevas comprovam essa nova lógica, edificadas sobre fortes princípios e por um claro propósito que se irradia como a luz do sol. Pensemos em organizações de tecnologia como Apple, Google, Facebook, ou de outros segmentos como Whole Foods, Starbucks, Blue Jet, Zappos, as mais antigas como Sony, Shell, Unilever, Johnson & Johnson, e brasileiras como Natura, Embraer e tantas mais que poderíamos incluir nesta lista. Essas e outras empresas têm mostrado que a "nova órbita" faz sentido e traz bons resultados. Elas

A forma e o conteúdo da empresa contemporânea

não vivem somente em função do lucro, mas, ao realizar um claro propósito, geram um excedente financeiro necessário para reinvestir, continuar crescendo e realizando sua missão, num ciclo virtuoso. Suas atividades e orientação têm múltiplas dimensões e direções: satisfazer pessoas e mercados, realizar os profissionais e colaboradores, ajudar na economia do mundo, contribuir socialmente etc.

Mark Zuckerberg (fundador e presidente do Facebook) é autor de uma frase que ilustra bem essa nova realidade: "Não construímos serviços para fazer dinheiro, fazemos dinheiro para construir serviços melhores". Não é difícil entender por que Mark se recusou a vender sua empresa – entre 2006 e 2007 – por altíssimos valores que chegaram a 1,5 bilhões de dólares, uma decisão virtuosa se considerarmos que sua empresa, naquele momento, ainda não era o fenômeno de sucesso mundial que é hoje. Se referindo a um dos potenciais compradores, o fundador da gigante rede social uma vez disse: "Essa é a diferença entre uma empresa de Los Angeles e uma empresa do Vale do Silício, nós construímos algo para durar, e esses caras não têm a menor ideia de como fazer isso".

Nossa intenção com esse tipo de exemplo não é "endeusar" a pessoa de Mark Zuckerberg, nem criar mitos, porque todos os seres humanos são complexos, imperfeitos e contraditórios por natureza. Mas nos parece importante destacar atitudes exemplares que traduzem uma forte convicção no *valor intrínseco* da organização, como mostra o exemplo acima.

A missão da Google é "organizar as informações do mundo e torná-las mundialmente acessíveis e úteis". Desde 2002 o site do gigante buscador ficava inacessível na China. Em 2006 a empresa tentou outra estratégia com seu www.google.cn, com o site hospedado no próprio país, mas mesmo assim várias buscas eram censuradas. Em 2010, depois de ouvir as contribuições dos funcionários de todo o mundo, a Google decidiu que não podia censurar seus resultados, já que isso atentava contra sua essência e missão. Sua única opção era não mais prestar serviços no site hospedado na China. A alternativa encontrada foi chegar aos usuários chineses através de um site hospedado em Hong Kong, país que nos últimos anos conquistou maior autonomia em relação à regulação chinesa. A empresa decidiu sair do mais populoso país do mundo, porque permanecer lá significaria ir contra suas crenças mais profundas como organização. Como explica Laszlo Bock, vice-presidente mundial de recursos humanos da Google: "Nós decidíamos não com base em critérios econômicos, mas sim considerando o que reforça nossos valores. Repetidas vezes deixamos que nossos alicerces culturais – missão, transparência e voz – nos escorassem na hora de lidar com questões difíceis e controversas" (Bock, 2015, p. 56).

A nova órbita com a luz no centro gera empresas convictas, autênticas, íntegras e – para a surpresa dos mais céticos – contundentes e longevas.

UMA ESTRUTURA MAIS SINTONIZADA COM OS DESAFIOS ATUAIS

As organizações de hoje estão inseridas em um contexto cada vez mais incerto, mutante, que demanda uma capacidade de constante adaptação. Pensemos na quantidade de mudanças que ocorrem em um ano: novas tecnologias e produtos, novos players no mercado, variação cambial, crises econômicas, conflitos geopolíticos

A forma e o conteúdo da empresa contemporânea

e religiosos etc. O mundo hiperconectado e veloz onde vivemos muda de aparência e essência em espaços de tempo muito curtos. Sobreviver e, sobretudo, evoluir nesse ambiente mutante requer uma competência fundamental: a adaptabilidade.

Para incorporá-la, é necessário incluir outro elemento na nossa Revolução Copernicana. Há décadas, desde o advento do pensamento sistêmico, pensadores de peso de várias áreas como Bateson, Bertalanffy, Varela, Capra, Senge, De Geus etc., vêm contribuindo para um paradigma integral, holístico, ecossistêmico, que permite pensar a organização como um sistema vivo, já que ela é formada por uma coletividade de seres humanos – seres vivos e conscientes –, formando um sistema social. Mas, apesar de anos de desenvolvimento dessa teoria, e de termos exemplos de algumas empresas que concretizaram essa ideia, estas ainda representam uma minoria.

É no mínimo intrigante que depois de tantos anos de propostas e aplicações na linha do pensamento sistêmico e da difusão de uma visão mais orgânica da empresa, grande parte das organizações ainda se apegue a um modelo mais burocrático, cartesiano e mecânico. Há muitos anos Arie de Geus já se perguntava por que existiam pouquíssimas empresas longevas e o que elas teriam de diferente das que duravam pouco. A resposta, para ele, veio de maneira inequívoca: as empresas longevas eram pensadas e estruturadas como sistemas vivos.

Dee Hock, o inovador fundador da Visa Internacional, também tinha alguns questionamentos, como seu colega De Geus:

> Por que as instituições, em toda parte, sejam elas políticas, comerciais ou sociais, são cada vez mais incapazes de cuidar de seus problemas?

> Por que as pessoas, em toda parte, estão cada vez mais em conflito com as instituições de que fazem parte, e alienadas delas?
> Por que aumenta cada vez mais o desequilíbrio na sociedade e na biosfera? (HOCK, 2006, p. 104)

Para o ex-executivo e autor, um dos motivos que levam a esses questionamentos é a forma como as organizações foram pensadas: entidades mecânicas que existem unicamente para o lucro. Dee Hock imaginou e concretizou um tipo de empresa sistêmica e sinérgica, uma rede de instituições financeiras em torno de um propósito comum: facilitar a economia do crédito no mundo inteiro. Ele cunhou um neologismo, caórdico: a capacidade de gerar sistemas que funcionem de forma emergente, espontânea, flexível, com uma mínima ordem, um significado e padrão que representa o caminho amplo a ser percorrido.

Jim Collins reforçou esse pensamento quando pesquisou dezenas de empresas longevas e de grande repercussão e percebeu que tinham algo em comum: foram capazes de preservar a essência (o propósito) e abrir-se ao novo, à reinvenção e adaptação (COLLINS; PORRAS, 2007). É interessante observar que tais exemplos de desempenho superior são uma concretização e testemunho da reconciliação entre ser e fazer, ontologia e fenomenologia, proposta amplamente no Capítulo 1.

O conceito de empresa viva traz, portanto, o movimento dessas duas polaridades: o equilíbrio garantido pela essência, a alma e o propósito da organização e o dinamismo da abertura, flexibilidade, pulsão, em uma constante transformação que os tempos atuais demandam. O existir sábio e filosófico de quem une a essência ao devir e à adaptabilidade em uma reinvenção evolutiva que não abandona o propósito: eis a aventura de Ômega.

A forma e o conteúdo da empresa contemporânea

Para poder viver a dinâmica de tal reinvenção, adaptação e evolução, um sistema deve ser, necessariamente, fluido, flexível, autônomo, sinérgico. Sistemas mecânicos funcionam para contextos estáveis, de repetição, em que o viés é técnico, e há uma linha do tempo na qual uma atividade se mantém praticamente a mesma por longos períodos. Mas, neste atual contexto de mudança constante, é a estrutura sistêmica, orgânica, caórdica, a que será capaz de continuar crescendo ao longo do tempo.

Dificilmente se chega à capacidade adaptativa de constante reinvenção e evolução a partir da concepção e formatação mecânica da empresa. A estrutura rígida, engessada – que prevalece em grande parte das organizações há décadas – fez sentido para uma era de realidades mais fixas, com um cenário de grandes blocos ideológicos e econômicos, mercados definidos e estáveis, grande demanda e poucos produtores, e com uma tecnologia mais limitada. Na era da conectividade total, do avanço voraz da tecnologia, de mercados instáveis e mutantes, do universo do *não espaço* e do tempo instantâneo, é vital que as empresas se estruturem de uma forma mais dinâmica, flexível, ágil e aberta.

Tal estrutura deverá ser mais circular e menos piramidal, como um ecossistema, onde todas as partes se percebem compondo o todo, e a formação dos grupos dependa da tarefa e do propósito, e não de uma descrição rígida e imutável (área, função, nível etc.). A composição dessas células deve ocorrer em função do que fazer em um determinado tempo, com um objetivo claro. Elas devem ser formadas com o critério da diversidade e representatividade do sistema. Quanto mais o sistema estiver representado em cada célula, mais esta será uma parte "fiel" às características do todo. Um sistema só funciona se cada parte entende sua função no todo e se o todo está presente em cada parte.

Recentemente vem se desenvolvendo uma abordagem bem interessante chamada *Holacracy* (traduzida para o português como Holacracia), que pensa a organização como um organismo vivo, com uma estrutura orgânica, não piramidal, que funciona a partir do propósito e missão das tarefas e projetos. As células se organizam em função de cada atividade, com coordenadores e representantes que não são chefes, e sim mediadores que transitam por outras células, buscando espaços de sinergia para um resultado melhor, nos moldes de um ecossistema vivo (ROBERTSON, 2016). A empresa brasileira de tecnologia Vagas é uma – entre várias – que segue esse formato. Nessa organização os funcionários não têm cargos definidos, mas funções, e as decisões são tomadas de forma coletiva e colaborativa. São formados comitês temporários, criados em acordo entre toda a empresa sempre que há necessidade de que as equipes atuem de forma multifuncional. Este é um entre muitos exemplos de organizações que já perceberam o quanto o paradigma mecânico e piramidal – onipresente por décadas no universo empresarial – tornou-se obsoleto diante dos desafios do século XXI.

Esta forma mais fluida e orgânica de funcionar não abole as áreas ou funções. A organização contemporânea não deve abandonar as fronteiras mínimas que determinam áreas específicas, como finanças, marketing, jurídico etc., mas deverá combinar a especificidade desses nichos com a sinergia e troca orgânica entre eles, formando novas células, a partir de cada desafio em questão.

A ideia é equilibrar momentos de maior profundidade e viés "técnico", necessário para tarefas mais específicas de cada área (a contabilidade debruçando sobre a legislação fiscal etc.) com desafios mais complexos e adaptativos (como uma célula que reúne o jurídico, pesquisa e inovação e marketing para tratar de um novo produto de acordo com as leis de importação e produção de um país). Essa é uma aplicação concreta do conceito caórdico de Dee Hock: existirão momentos que demandarão mais ordem e outros que pedirão mais trocas, combinações, inovações emergentes.

Figura 3: *Estrutura sistêmica e orgânica com células que se formam em função das tarefas e desafios específicos, unidas por uma essência e objetivo comum*

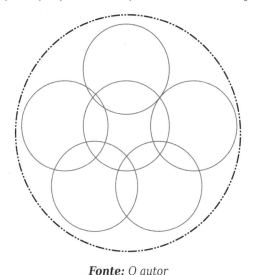

Fonte: *O autor*

Queremos ressaltar aqui que não estamos propondo somente um tipo de estrutura organizacional ou defendendo que o único modelo possível deve ser baseado em formas como Holocracia. Estamos apontando uma tendência irreversível – empresas mais orgânicas e adaptativas –, trazendo exemplos de aplicações que já acontecem atualmente. Além disso, é importante destacar que empresas de diferentes tipos e segmentos concretizarão de distintas maneiras o conceito da estrutura viva e sistêmica, porque há alguns setores que são mais inovadores e adaptativos, como o de tecnologia ou de entretenimento, se comparamos com outros como o de *commodities* ou industrial. Entretanto, podemos arguir que, até no setor mais formal ou previsível, será necessário introduzir uma dinâmica viva e flexível em algum nível e intensidade. Toda e qualquer empresa contemporânea vive a necessidade de reinventar-se constantemente, somente pelo fato de existir nessa era em que as mudanças são vertiginosas e os desafios muito complexos.

Essa estrutura mais fluida também deverá destacar e reforçar a autonomia, a responsabilidade, a participação e a igualdade. Esse foco leva necessariamente ao engajamento, o sentimento de que cada um é coproprietário da empresa e autor de um trabalho relevante, e não um mero repetidor de ações parciais e carentes de significado (ver Capítulo 3). O protagonismo será uma atitude natural em uma estrutura que maximiza a relevância da ação de cada indivíduo e sua responsabilidade única e intransferível para a saúde do todo.

No formato vivo e orgânico, supera-se a já mencionada separação histórica ente o pensar e o fazer. Ao longo de décadas o modelo cristalizado vem defendendo que o estratégico está "em cima", no nível executivo – os que "pensam" a empresa – e o operacional está "embaixo", na base, os que fazem e botam a mão na massa. Essa divisão, como refletimos na primeira parte do livro, vem do dualismo cartesiano que separa mente e matéria, o ser pensante (*res cogitans*) do âmbito material (*res extensa*). A herança de tal separação é uma realidade comum em muitas empresas esquizofrênicas, onde operários e colaboradores do nível executor não conhecem o impacto do que estão realizando, nem o propósito maior em que sua atividade está inserida.

Por outro lado, como veremos no Capítulo 6, o nível estratégico muitas vezes não conhece os detalhes da operação, não consegue traduzir as necessidades específicas do negócio em um caminho mais amplo e inteligente. As ideias de um nível separado da realidade caem muitas vezes numa esfera abstrata e desconectada do real. Na estrutura viva todas as partes são estratégicas e operacionais, com diversos pesos para cada eixo, dependendo do propósito de uma célula ou do projeto determinado. Devemos separar esses conceitos somente como uma abstração para poder dar mais ênfase a um ou outro em um determinado momento, mas não para segregar os que estão aptos para pensar daqueles que existem para executar (ver origem desse paradigma na reflexão sobre a origem do trabalho, no Capítulo 3).

A reflexão e ação são um *continuum* na empresa adaptativa, e esse ciclo está sempre acontecendo nas células que são capazes de pensar e concretizar o negócio o tempo todo. Trazer reflexão para a ação e concretude para a reflexão, essa é a dinâmica necessária para os desafios atuais.

Como visto até aqui, a organização do século XXI deverá evoluir naturalmente, transcendendo alguns conceitos e práticas obsoletas que ainda insistem em permear o universo empresarial:

Tabela 2: *Evolução do paradigma que permeia a estrutura organizacional*

DE	PARA
De cargos rígidos e hierárquicos	Funções
Chefe (o gestor que ainda se comporta como "capataz")	Coordenador-facilitador de atividades/projetos
Áreas fechadas, silos com frequência incomunicáveis	Ciclos de projetos
Hierarquia piramidal	"Holarquia", estrutura em rede, ecossistêmica

Fonte: *O autor*

Nesta estrutura mais idônea para os atuais desafios da organização contemporânea será preciso reconfigurar a área de recursos humanos, que herdou o modelo mecanicista no seu próprio nome, já que este título qualifica o humano como "recurso", algo que se estoca para usar no momento adequado. Mas para fins de compreensão – enquanto outro termo não for consolidado universalmente para designar essa área – manteremos este obsoleto título nas linhas que se seguem.

Ao longo do tempo os trabalhadores demandaram seus direitos e uma relação mais digna, humana e qualitativa entre eles e seus empregadores e, com isso, desenvolveu-se uma área para "cuidar" desse diálogo. Por muito tempo a área de recursos humanos (RH) focou em aspectos operacionais, legais, trabalhistas, para garantir uma melhor realidade ao trabalhador. Mas com a evolução do mundo organizacional, a transformação dos mercados, o aumento da competitividade, a necessidade de posicionamento e diferenciação, a importância da formação humana etc., o RH foi ganhando espaço e praticamente intimado a ser mais estratégico, a colocar-se no centro do negócio.

Grandes avanços ocorreram na área de pessoas, que se profissionalizou e ganhou relevância. Mas, paradoxalmente, grande parte dos RHs atuais tornaram-se mais operacionais. Em muitas empresas, o RH aceitou diligentemente o convite para sentar-se à mesa principal, mas acabou focando em detalhes, praticamente a serviço das principais lideranças da organização, sem chegar a posicionar-se como um verdadeiro par ou colega, que compartilha a capacidade de decisão e execução.

Por outro lado, é preciso reconhecer os claros avanços ocorridos nas últimas décadas. O sistema atual de *Business Partners* (BPs), por exemplo, é sem dúvida uma evolução na trajetória do RH e deve ser melhorado cada vez mais, pois se trata de uma excelente aproximação ao conceito sistêmico, com uma área que passa a se multiplicar e estar presente nas pontas, em cada parte do sistema, unindo operação e estratégia. No modelo holárquico, por exemplo, é possível pensar na combinação de um núcleo central de RH – que pense e desenhe diretrizes mais transversais e genéricas – com representantes dessa área em cada célula de trabalho, focando em necessidades mais particulares do projeto em questão.

Na organização contemporânea, o RH deverá reinventar-se não só no nome. Essa área de pessoas, ou como quisermos chamá-la, deverá ser a grande propulsora do fator humano nas organizações, o setor que fará a mediação entre as partes, buscando maximizar a energia vital do sistema. Neste sentido, podemos concebê-la como uma área enxuta, com pessoas proativas com excelente formação e grande responsabilidade, visando garantir os elementos humanos atrelados ao negócio, em cada célula organizacional. Essa é a área que deverá fazer circular e irradiar a sabedoria pelas redes e interconexões da organização. Os profissionais que exercem essa função não deverão ser meros executores, mas mediadores profissionais, formadores seniores de indivíduos, equipes e culturas mais conscientes e desenvolvidas.

Figura 4: Área de pessoas como grande propulsora de sabedoria na organização consciente, sendo ponte entre o fator humano e os desafios do negócio

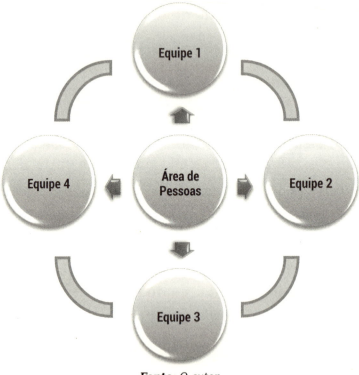

Fonte: O autor

Finalmente, queremos chamar a atenção para a importância de a organização contemporânea ser um sistema aberto, ou seja, não se encerrar em si mesma, estar em constante comunicação e relação com os demais sistemas nos quais se insere. Se pensarmos a empresa como uma grande célula, conseguiremos visualizar melhor como ocorre a dinâmica de um sistema aberto. A membrana limita a extensão da célula ao mesmo tempo que a conecta com outros sistemas. Ela define o alcance da autonomia celular ao passo que permite o intercâmbio contínuo de energia e matéria entre a célula e seu ambiente. E graças a esse fluxo de energia e recursos que circula entre o ambiente externo e as células, os organismos vivos podem renovar-se continuamente (ver CAPRA, 2004, p. 140). Da mesma forma, a organização contemporânea que desejar ser viva e adaptativa deverá ter uma membrana que defina sua essência, identidade, cultura, estratégia e imagem, ao mesmo tempo que a conecta com seu meio ambiente em uma relação aberta e constante, de mão dupla.

Pensemos em uma empresa de mineração, por exemplo. Ao operar em uma comunidade, deverá cuidar que sua produção não cause dano para o meio ambiente e simultaneamente se engajar na dinâmica social e econômica do entorno onde está inserida. Essa relação deve se estender a todos os seus *stakeholders*, já que sua atuação não se encerra no que produz em si, mas se conecta com todo o ecossistema com o qual se relaciona (além da comunidade local, fornecedores, compradores, agências reguladoras, mídia, consumidores finais etc.). A nova economia, que cada vez mais ganha forma e alcance, concebe a empresa contemporânea como uma entidade social, com uma clara responsabilidade pelo bem comum.

O conteúdo: o Universo significativo que a nossa era pede

CULTURA COMO FENÔMENO E EXPERIÊNCIA EMERGENTE

Quando pensamos a estrutura da organização contemporânea como um sistema vivo, uma rede orgânica e significativa, sua cultura pode ser definida como a forma desta rede se comportar.

Ao concebermos a cultura como a dimensão da *organização em ação* e de seu comportamento percebido, faz-se necessária, na mesma lógica da Revolução Copernicana mencionada quando refletimos sobre a estrutura, mudar a forma de pensar, para administrá-la de maneira mais sábia.

Ao longo de décadas, em função da já mencionada mentalidade racional e mecanicista que imperou e ainda prevalece em um grande número de empresas, a cultura vem sendo pensada e tratada como uma abstração ou "definição institucional". Fala-se dela trazendo frases feitas, colocando termos e linguagens que jazem frios em websites, intranets e paredes. Incorpora-se uma gramática e semântica de "terceira pessoa", ou seja, algo que está "fora" e que pode ser manipulado de acordo com a vontade de quem tem o poder de falar e escrever sobre ela. A consequência mais imediata e natural dessa visão e prática é a distância entre a definição e explicação da cultura e a realidade do dia a dia, a "organização de verdade".

Mas se olharmos para a organização pelo prisma de entidade viva, podemos aplicar, analogamente, o conceito de *Autopoiese*, que significa a capacidade dos

A forma e o conteúdo da empresa contemporânea

organismos vivos de produzirem a si mesmos. Trata-se de um sistema auto-organizador: uma rede viva que cria a si mesma com seus recursos e relações e tem a capacidade de renovar-se e adaptar-se continuamente a partir de seu próprio fazer (ver Capra, 2004). Eis aqui o imenso poder de um sistema vivo, possibilidade perfeitamente aplicável em uma organização consciente.

Por isso é tão importante entender e viver a cultura a partir do enfoque psicológico/comportamental, como uma realidade fenomenológica, uma experiência sem mediação de filtros institucionais, um *nós em ação*. Essa coletividade emergente deverá ser vivida e interpretada na prática, no acontecer de cada dia, evoluindo a partir desse mesmo desdobramento. É o conceito do *Dasein*, de Heidegger, mencionado na primeira parte do livro, aplicado à coletividade organizacional: o *ser sendo*.

Mas, como mencionamos, ainda se observa em muitas empresas atuais um grande esforço para mostrar "oficialmente" uma cultura, um significado. Se as visitarmos, veremos uma série de símbolos, mensagens, frases e materiais corporativos que tentarão transmitir um conteúdo institucional do que elas são, quais seus valores, o querem realizar, quais os comportamentos que aspiram etc., mas se olharmos com mais cuidado, veremos que em muitas destas organizações há outra realidade, mais sutil, que por vezes não corresponde ao esforço da mensagem transmitida formalmente. Trata-se da discrepância entre valores esposados e assunções básicas, estudada por grandes especialistas em cultura organizacional como Edgar Schein (2009).

E tal distância surge precisamente da dualidade que separa o real do formal/abstrato, a classificação da cultura como uma "coisa" a ser definida e comunicada – e quando necessário – ajustada ou mudada em um nível mais "estético" ou retórico. Essa tipificação cria um espaço aspiracional: "Deveríamos ser assim", um ideal declarável, mas muitas vezes inalcançável. Nessa ruptura entre o real e o declarado, o que temos é uma prática diversa do que é comunicado, o que gera uma incoerência (o *walk* diferente do *talk*), surgindo assim uma pseudocultura atrelada a algum tipo de "moral institucional", normalmente amparada e defendida por núcleos de poder que querem manter o discurso ou não querem perceber e admitir que o falado não corresponde ao vivido.

Os sistemas buscam declarar algumas mensagens formais no intuito de garantir sua força, posição e poder, mas quando essas declarações são feitas unilateralmente, descoladas da realidade emergente da coletividade, o que temos são representações artificiais que podem tornar-se acordos superficiais, que jamais mostrarão a real cultura da organização. Nesses casos há uma diferença entre o aparente e artificialmente construído e o verdadeiro tecido narrativo do cotidiano. Tal desconexão produz duas culturas: a anunciada (pseudo) e a vivida (real).

É no mínimo intrigante ver hoje grandes organizações implicadas em escândalos éticos, mantendo um discurso oficial de lisura e respeito profundo às leis e aos valores humanos. Recentemente várias empresas ligadas à construção e ao segmento de óleo e gás foram envolvidas no maior sistema de corrupção da história do Brasil, que abrange o setor privado e público e altas camadas do universo político do país. Não só muitas dessas empresas foram inicialmente à mídia dizer que não fizeram nada de errado e que todo o seu procedimento foi correto, como intensificaram seu discurso aos colaboradores e clientes de que são exemplos de empresas sérias, humanas, éticas etc. Chama a atenção a insistência na declaração do que não é visto nem percebido na prática. O mais interessante, e penoso, é que quanto mais se sabe que uma empresa atua de forma amoral ou antiética, mais seus líderes negam esse fato e se dizem guardiões do bem e da integridade. Talvez porque para eles seja muito difícil aceitar que não são o que dizem ser, ou mesmo porque sabem que, ao reconhecê-lo, estariam apartando-se de seu universo social, destruindo uma imagem que cultivaram por anos.

Podemos dizer que essa dissonância sistemática enfraquece a cultura, a torna inautêntica e frágil, afetando a capacidade adaptativa e evolutiva da organização que a aceita. Trata-se, sem exagero, da anticultura, a antítese de uma *comunidade significativa*.

Quando a organização se percebe a partir de seu acontecer real, o fenômeno e a experiência que de fato se manifestam e têm um significado, temos uma cultura autêntica. Nela, o que vemos é a manifestação emergente de uma coletividade com uma marca natural de comportamento, observável por todos, e conectada a um benefício maior, um bem comum.

O discurso arbitrariamente esculpido dá lugar, nas palavras de Michel Foucault (1926-1984), a um status de *acontecimento*, o que ele chama de "vontade de verdade" (FOUCAULT, 2001). A linguagem institucional migra de uma minoria detentora de um poder formal para a coletividade que realiza sua narrativa naturalmente. Há um salto do significante *a priori* para o significado fenomenológico. Este é o salto necessário de evolução, em palavras de Frances Hesselbein (1998) e outros autores, da "comunidade compulsória" para uma "comunidade por escolha". Em tal evolução saltamos de coletividades artificialmente construídas, com acordos superficiais feitos em benefício próprio ou de poucos, para comunidades significativas formadas por indivíduos que fazem escolhas em função de seu propósito e de uma missão comum maior.

O MILAGRE DO NÓS

Na organização contemporânea, com sua estrutura aberta, fluida e sinérgica, a cultura é a energia multidirecional – e ao mesmo tempo coerente – que circula no interior da organização e se projeta ao exterior. Essa energia é formada por linguagens, signos, ações, hábitos e relações que dão vida à coletividade, o que faz desta um *todo significativo*.

Podemos pensar a cultura como o espaço que tem um significado, explicita a identidade da organização dentro de uma "fronteira" (a membrana celular na analogia que utilizamos anteriormente) que é o seu próprio campo coletivo. Essa rede social em ação que estamos chamando de cultura tem um sentido, um propósito, uma razão de ser, que é uma dimensão coletiva, ao mesmo tempo que é o resultado das relações entre os indivíduos. Poucas, porém, são as organizações que conseguem experimentar essa dimensão coletiva em sua plenitude.

Não é difícil encontrar as raízes desta carência de organizações autênticas. O pensamento moderno, racional, ganhou uma especial vitalidade, como vimos no Capítulo 1, com o Iluminismo que floresceu na França e depois em quase toda a Europa. Esses princípios inspiraram os "Fundadores" da nação americana, que escreveram sua primeira carta magna baseados nos valores sagrados da liberdade, igualdade e fraternidade. Mas, curiosamente, o valor que teve o maior peso e atenção na formação das sociedades e economias ocidentais foi o da liberdade. As empresas do século XX, sobretudo da segunda metade, foram construídas a partir de verdades intocáveis, como o direito à propriedade privada, o lucro como resultado do trabalho, a individualidade e a competitividade. Todo o foco e esforço estavam voltados a essa direção. Cada indivíduo estava a serviço da obtenção de um melhor resultado, mesmo que essa condição significasse por vezes uma competição interna entre eles. Não se cultivou um vetor de conexão maior entre as pessoas. Os comportamentos ligados à igualdade e fraternidade, os princípios do iluminismo menos considerados, foram periféricos na evolução do capitalismo, o que marcou o tipo de cultura que vemos até hoje nas organizações com seus valores mais "ocidentais", como o individualismo e a competição.

Por isso ainda vemos em grande parte das empresas culturas individualistas, marcadas por silos, muitos dos quais não se comunicam, ou mesmo competem entre si. O foco é no sucesso da empresa a partir dos "sucessos" localizados, algo que com frequência é concretizado em bônus e recompensas individuais, ciclos de carreira muito curtos etc. Essa prática mais egocêntrica contrasta com a declaração onipresente de que todos acreditam no espírito de time, na força do coletivo etc., reforçando a já mencionada distância entre o que se fala e o que se faz.

Para superar essa mentalidade que já dura muitos anos, temos que aprender com os orientais e a sabedoria taoista do equilíbrio. Seguindo o autor Barry Johnson (1996), entendemos que há polaridades-chave que deverão ser geridas e harmonizadas. O individual e o coletivo são dois polos que, como o Yin e o Yang, formam o todo organizacional. A cultura da organização contemporânea necessita de indivíduos autônomos, proativos, talentosos, criativos, mas também demanda uma energia coletiva, comportamentos sinérgicos, trocas intensas, conexões, comunicação aberta e madura etc. Se exagerarmos no polo individual, negligenciando o coletivo, teremos como resultado seu lado negativo: uma cultura fragmentada, individualista, com pouca comunicação e quase nenhuma transparência, com exagerada competição interna etc. Por outro lado, se só olharmos para o polo coletivo, negligenciando o individual, podemos ter uma cultura alienada, uma massa de pessoas que não sabe por que trabalha, com pessoas que não se preocupam em superar-se ou destacar-se profissionalmente.

Figura 5: *Harmonia vital entre polaridades organizacionais cf. Johnson, 1996*

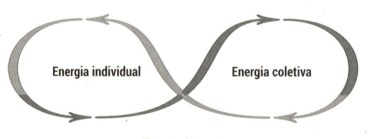

Fonte: *O autor*

A organização é um *Holon Social*, expressão cunhada por autores como Ken Wilber (2000), uma coletividade formada por indivíduos com identidades únicas, mas fortemente ligados e relacionados. Podemos dizer, então, que a cultura autêntica acontecerá quando o melhor do indivíduo se completa com o coletivo, e o melhor do coletivo é garantido pelo respeito ao universo individual. Seguindo essa lógica, uma boa maneira de entender a cultura da organização contemporânea é pensá-la como: *uma coletividade formada por indivíduos autônomos e complementares, essencialmente interconectados em torno de um projeto comum, em um contexto significativo.*

Esse espaço coletivo que contém um significado nos leva a ver a cultura como "hermenêutica da organização", esse campo de interpretações mútuas, o tecido significativo do *nós*, em que acontecem as narrativas e a expressão da realidade. Esse é o âmbito comum de sentido no qual muitos "eus" se convertem – de uma forma não linear, racional ou previsível – em um "nós" poderoso. Sujeitos se transformam em *intersujeitos* (ver WILBER, 2006).

Há um elemento-chave que permite esse salto milagroso dos "eus" para o "nós": a ressonância, uma frequência comum que possibilita a sintonia entre os significados, levando a um agir coletivo sincrônico e fluido. Considerando a mencionada polaridade entre o indivíduo e o coletivo, o que ocorre na ressonância é uma *conexão superior*, resultado da participação ativa de cada "eu" que se complementa em um espaço de relação, que transcende a soma das partes. Forma-se então uma nova entidade, que indo além da mera "reunião de indivíduos", passa a agir como um todo coerente: as energias se harmonizam e convergem em uma unidade de direção, como a luz de um lazer. É o que Ken Wilber chama de "o milagre do nós". Alguns animais, como espécies de pássaros e peixes, vivem esse fenômeno em movimentos coletivos (WILBER, 2006, p. 194).

E nós, seres humanos, poderíamos viver mais esta experiência se aprendêssemos com os demais animais a entrar em contato com a natureza essencial das coisas e com nossas frequências sutis. Mas nos preocupamos com tantas distrações, medos e ansiedades (nível do ego), que nos incapacitamos de entrar em relação com o campo maior que existe ao nosso redor. Como diz Deepak Chopra (2008): "À medida que desenvolvemos um Ego, um sentido do "eu" separado de tudo, essas conexões se obscurecem".

O século XXI é o momento histórico para propiciar culturas que funcionem como um todo coerente, coletividades que vivam a *ação alinhada*, a chamada *consciência rápida*, na qual os membros atuem de forma articulada e essencialmente sinérgica com resultados diferenciados.

Dee Hock, o ex-presidente da Visa que mencionamos anteriormente, conseguiu formar o que podemos chamar de *coletividade alinhada*. A empresa que liderou reuniu pessoas e instituições de diversas culturas, línguas e sistemas monetários, com uma mesma narrativa e intenção convergente. Os membros/proprietários interagiam na mais intensa cooperação, "um aparente caos de uma organização que ninguém dirige e onde todos dividem a responsabilidade" (HOCK, 2006, p. 8). O ex-executivo descreve uma das experiências únicas, o fluxo coletivo mencionado no Capítulo 3, que viveu no período de fundação da empresa:

> Os líderes surgiam espontaneamente, ninguém no controle, mas todos em ordem. A engenhosidade explodiu. A individualidade e a diversidade floresceram. (...) As pessoas ficavam maravilhadas com os talentos ocultos que emergiam nos outros. A ideia de cargo perdeu o sentido. O poder sobre os outros perdeu o sentido. Cresceu o entusiasmo por estarmos fazendo o impossível e surgiu uma comunidade baseada em propósito, princípio e pessoas. (...) Floresceu a sensação de pertencer a alguma coisa maior (...), a alguma coisa além do ga-

> nho imediato e da gratificação monetária. (...) Dinheiro era uma parte pequena do que estava acontecendo. O trabalho era movido por uma expansão espontânea da troca não-monetária de valor – o que se fazia pelos outros não tinha medida nem retorno estabelecido – o coração e a alma da comunidade. As pessoas descobriram que receber decorre inexoravelmente de dar. (...) Ninguém registrou. Ninguém mediu. Mas todo mundo sentiu, compreendeu e amou (HOCK, 2006, p. 191).

Vemos nesse exemplo uma radiografia de uma cultura superior, um nível diferenciado e elevado de auto-organização, que acontece pela força do propósito comum e pela solidez das conexões: a beleza da harmonia entre as diferenças que se complementam por uma causa maior. Esta é uma experiência típica da *organização consciente*, a empresa que o século XXI demanda e a história contemporânea começa gradualmente a esculpir.

Nessa natureza mais fenomenológica da organização que estamos propondo – bem representada no exemplo acima – a realidade vai se construindo à medida que as ações acontecem. Não há distância entre o projetado e o praticado, o planejamento acontece em ação, *in loco*, o melhor da lógica e da prática se encontram em um *continuum*. A cultura superior da organização consciente explicita a reconciliação (já mencionada) entre mente e matéria, o pensar e o fazer, artificialmente separados no cartesianismo. E essa dinâmica deve ocorrer a partir da maximização de conexões, trocas, ideias, testes, buscando chegar a soluções inéditas, o que é a essência da adaptabilidade.

Para que este fluxo de atividades coordenadas aconteça desta forma altamente sinérgica, é preciso garantir um ambiente "protegido" que possa permitir a tensão criativa, a energia fértil das diferenças em ação, o conflito produtivo. As singularidades, características específicas e únicas, apontando para um destino macro comum, a partir da sinergia expansiva.

CONDIÇÕES PARA A CULTURA SUPERIOR (I): UNIÃO DE PROPÓSITOS

Um primeiro aspecto crucial para chegar à Cultura Superior é colocar em prática toda a linha humanística que viemos insistindo ao longo deste livro, na qual os princípios universais (Ômega) formam o centro de gravidade da organização, e os resultados acontecem como consequência natural dessa nova órbita. Para isso – como refletimos –, é preciso superar a visão do colaborador como "recurso", como um cargo que realiza ações automáticas. Um primeiro passo para essa mudança é levar o indivíduo ao contato com seu propósito – e posteriormente com a intenção coletiva –, abrindo espaços de reflexão pessoal que possam materializar o que o motiva, quais seus valores, qual o legado que quer deixar.

Ações de educação organizacional como *coaching*, mentoria, projetos internos de desenvolvimento, cada vez mais difundidos, são os melhores meios para maximizar essa reflexão. Quando o colaborador olha para dentro de si e pensa no que faz sentido para ele, suas escolhas passam a ser mais conscientes, seu protagonismo aumenta, e sua performance se diferencia, projetando sua carreira com outro padrão de qualidade. Ao escolher melhor seus espaços de realização, sua motivação e engajamento aumentam e, consequentemente, sua contribuição à organização.

Simultaneamente ao movimento de reflexão individual, é fundamental a explicitação do propósito da empresa. Como bem coloca Phil Jackson, ex-treinador do Chicago Bulls – um dos maiores times de basquete da história – e considerado um dos melhores técnicos que já existiram: "A maneira mais eficaz de forjar uma equipe vencedora é recorrer à necessidade dos jogadores de conectar-se a algo maior do que eles próprios" (ver JACKSON, 2014). Esta frase é totalmente aplicável ao mundo organizacional: é este horizonte mais amplo de significado compartilhado, como mencionamos, que vai permitir a formação de uma cultura diferenciada.

E a comunicação do propósito maior deverá ser feita de forma autêntica, real e "visceral", em vez de institucional ou "corporativa". Deve ser um processo comunicacional intenso e verdadeiro, em que os diversos profissionais da empresa transmitem os valores, os motivos, o legado, todo o significado maior. Para manter viva esta chama da missão organizacional e a consciência do Todo, a empresa deverá saber comunicar o aspecto mais amplo de sua ação, seu "produto final", o que entrega, qual o seu valor agregado, que benefícios gera etc. Há várias formas de fazê-lo, utilizando canais formais, mas também fóruns de conversação nas diferentes áreas e o mais importante, entre elas.

É fundamental, portanto, que a organização contemporânea maximize uma mensagem global de unidade além das fronteiras de cada grupo, subculturas etc. O foco e o peso desta comunicação livre e natural deverá ser, como estamos insistindo, o sentido, o significado e não os cargos, áreas etc. O *Todo Orgânico* ao qual nos referimos neste capítulo deverá expressar o propósito comum de maneira fluida e espontânea, para que cada parte se veja no sistema. Partes e todo se dissolvem, assim, para a dimensão única, sistêmica e integral da *Comunidade Consciente.*

E, uma vez explicitados o propósito individual e o organizacional, é possível vislumbrar um espaço de interseção entre o "porquê" da organização e o do colaborador (como mostra a Figura 16), um campo fértil de encontro entre o sujeito e a empresa que permitirá a ressonância a qual nos referimos acima. Cada um encontrará, dessa forma, o espaço de sentido em seu trabalho, conectando-o a um significado maior.

Figura 6: Campo comum entre a aspiração individual e a coletiva: espaço rico que gera resultados diferenciados

Fonte: O autor

Por isso vem aumentando o número de empresas que promovem este tipo de movimento de reflexão, sabendo que esta é a melhor forma para conseguir formar culturas superiores com indivíduos engajados e interconectados em um campo maior. Recentemente atuamos como consultores em um projeto para uma grande empresa de bens de consumo, cujo objetivo foi levar toda a liderança a refletir sobre seus próprios valores e propósitos, e a partir dessa reflexão perceber os pontos de convergência com a missão da organização. O resultado desta grande reflexão foi um Plano de Desenvolvimento Individual (PDI) que cada líder deveria validar com seu gestor, buscando a concretização do propósito profissional e o da empresa. Este programa gerou um grande engajamento nos colaboradores e um empoderamento muito maior do próprio trabalho. O grande desafio de programas como este está em não os reduzir a um evento passageiro, incorporando-os à cultura organizacional com ações, processos e políticas corporativas.

CONDIÇÕES PARA A CULTURA SUPERIOR (II): O AJUSTE
DE AUTENTICIDADE

O fato de reforçar a identidade e a narrativa organizacional em um *todo significativo* não garante um estado de perfeição ou de total coerência da cultura, simplesmente porque se trata de uma coletividade humana, que é imperfeita, limitada e contraditória por natureza. Assim, mesmo fortalecendo essa membrana que explicita a essência, as pequenas incoerências poderão existir. Muitas vezes esses pequenos ruídos crescem, e como não são desejáveis para a cultura (ninguém gosta de olhar-se no espelho e ver que não é o que gostaria), acabam sendo reprimidos a um nível pré ou inconsciente: continuam existindo, mas agora em uma dimensão tácita, profunda, não declarável, apesar de real. É quando acontece a distância entre o declarado e o real mencionado anteriormente.

Por isso, toda cultura que queira ser superior, autêntica, consciente, deverá dar um passo além do esforço de unidade de identidade: deverá fazer um *ajuste de autenticidade*, o movimento de adequação entre o aspiracional e o real, entre o que se fala e o que se vive, ou nas palavras de Chris Argyris, entre a *Teoria Esposada* e a *Teoria em Uso*.

Para esse ajuste, propomos algumas condições a serem consideradas:

a) Reforçar a identidade e a essência: esse é o ponto de partida para qualquer caminho de evolução autêntica. Trata-se de reforçar o que a organização acredita, o que não abre mão, os valores que sempre defendeu, alguns registrados em materiais institucionais ou pendurados em paredes e que devem ser resgatados para atualizar o que foi declarado em algum momento. A razão de ser da empresa tem uma função de *motor*, mesmo se foi ignorada há algum tempo. É a partir desse "porquê" que a organização se ergueu, esse é o canal semântico pelo qual se comunica interna e externamente, por isso é através dele que qualquer caminho de autenticidade deverá acontecer.

b) Uma importante capacidade que nós humanos temos é a de olhar para nossos próprios mecanismos de pensamento, julgamento e decisão. Um segundo passo para o ajuste de autenticidade é explicitar a distância entre o declarado e o vivido, mostrar qual parte do que se acredita ou diz-se acreditar não está sendo praticada. Mas isso deverá ser feito com cuidado e habilidade, pois como mencionamos, ninguém gosta ou quer ver elementos de incoerência em sua forma de agir, e a prova disso é a repressão desses aspectos a um nível não consciente. Nesse movimento será fundamental reforçar as razões maiores da organização e o benefício de ser autêntico, o que está em jogo com o ajuste em questão. Só se essa dimensão positiva e benéfica do ajuste for comunicada e assimilada, poderemos pensar em um caminho em direção à coerência, do contrário, o desconforto dessa mudança falará mais alto, e a incoerência implícita e reprimida prevalecerá.

Essa explicitação da incoerência é um processo adaptativo, lento e gradual, que deve ocorrer através de diálogos transparentes e maduros, em que o "indizível" é explicitado, aumentando a temperatura e a saudável tensão em níveis toleráveis que permitam provocar a evolução. Essas conversas devem buscar a maior objetividade possível, mostrando ações e comportamentos – mais que julgamentos muito subjetivos, – a fim de explicitar de forma analítica e descritiva a incongruência que se vive na organização e a necessidade de ajustá-la para o bem de todos.

c) Ao aprofundar nas conversas conscientes e maduras, naturalmente possibilitamos um distanciamento dos próprios modelos mentais, ou seja, as crenças e construções subjetivas que usamos para chegar a qualquer opinião, postura ou comportamento. Essa etapa é crucial: iluminar os filtros que nos levam a agir de uma determinada maneira. Se dizemos algo e nossas ações apontam em outra direção, é porque na realidade há crenças mais profundas que nos fazem agir de outra maneira. Iluminá-las é vital para poder concretizar a mudança.

d) Uma vez que as crenças profundas são detectadas e iluminadas, faz-se necessário "subvertê-las", desconstruí-las, ampliá-las, transformá-las em outras concepções que darão origem a atitudes mais coerentes e autênticas.

e) A partir dessa reconfiguração de crenças, o passo seguinte é desenhar estratégias e definir ações que as concretizarão em novos comportamentos e hábitos.

f) Em seguida, deve-se concretizar a estratégia e ações, colocando os novos comportamentos e hábitos em prática, acompanhando, monitorando por meio de constantes conversas que avaliem a efetividade da mudança.

Figura 7: Condições necessárias para o ajuste de autenticidade

Fonte: O autor

Para facilitar a compreensão do caminho descrito, vamos considerar um exemplo hipotético. Pensemos em uma empresa que gera e distribui energia. Entre seus valores declarados está a sustentabilidade, um princípio amplo que inclui a relação respeitosa com as comunidades assim como a preservação do meio ambiente. Mas ultimamente – com um mercado muito competitivo e uma situação econômica mundial e nacional não muito favorável – a empresa vem praticando uma forma mais "descuidada" no que tange a esse valor. As plantas energéticas são construídas sem compromisso de reposição ambiental, comunidades do entorno têm sido removidas sem o devido cuidado, e o impulso exclusivo tem sido a produção e os resultados, quantitativos e técnicos (estrutura, tecnologia, serviço etc.), mas sem aderência à dimensão sustentável.

Ao observar essa discrepância, alguns profissionais acabam se sentindo desconfortáveis, incômodos por conviver com uma prática tão pouco aderente ao declarado. Mas a rotina vai prevalecendo, e o foco passa a direcionar-se para o trabalho em si. Até que as conversas na hora do café se repetem com o mesmo teor, a sensação de que estão fazendo algo que não corresponde ao que defendem.

Esses executivos optam por trazer à tona seu desconforto nas reuniões periódicas da equipe de liderança. E na próxima reunião decidem colocar o tema de forma cuidadosa: "Acreditamos em valores sustentáveis, e isso significa respeito às comunidades com as quais interagimos e cuidado com o meio ambiente. Nas últimas plantas que construímos, expulsamos as comunidades e não repusemos adequadamente a área verde que eliminamos. Nos parecem ações pouco aderentes aos valores que defendemos. Esta é uma percepção compartilhada por todos?". Essa linha de conversa deverá ser o tom do caminho que esses profissionais começaram. Certamente tal provocação elevará a temperatura e irá gerar desconforto, mas se os protagonistas dessa breve narrativa são hábeis e cuidadosos, saberão conter essa tensão com a positividade dos valores e princípios, ao mesmo tempo que dirigem toda a atenção e foco para as ações, e não para a subjetividade de opiniões e posições, garantindo também a maior objetividade possível.

Firmes em seu propósito de gerar uma ruptura necessária e evolutiva, esses profissionais deverão provocar o grupo de líderes a perceber qual a crença mais profunda que é a responsável pela distância entre o declarado e o vivido. Provavelmente, depois de algumas conversas maduras e de um corajoso caminho de reflexão, buscarão uma maneira hábil de explicitar essa assunção mais profunda: "Acreditamos nos valores de sustentabilidade, mas na hora da pressão, considerando a agressividade do mercado e a difícil situação da economia, precisamos sobreviver, jogar o jogo, afinal, quem não faz isso está fora e é muito difícil conseguir resultados sendo 100% sustentável". Com perseverança – havendo a maturidade necessária para esse nível de conversa – o grupo deverá entrar em contato com essa crença e gradualmente subvertê-la, desconstruí-la. Isso pode ser feito questionando-a explicitamente:

"É verdade que se somos 100% sustentáveis estaremos fora do jogo? Só se joga ou se ganha abrindo mão deste princípio? É realmente incompatível ser competitivo e sustentável? Seria impossível produzir e gerar resultados quantitativos e qualitativos, respeitando o meio ambiente e as comunidades?".

O ideal é que essa desconstrução da crença básica venha acompanhada de exemplos, ações da própria empresa ou de outras, que possam comprovar a possibilidade de ser competitivo de forma sustentável e que a concepção e crença anterior deve ser repensada e reformatada, já que é parcial e limitante.

O momento seguinte será o de pensar nos caminhos que a empresa tem para produzir em quantidade e qualidade de forma mais sustentável. O grupo, de maneira participativa, criativa e adaptativa, deverá buscar uma estratégia inovadora que permita a melhor produção possível, garantindo o resultado necessário e em um tempo competitivo, respeitando o princípio da sustentabilidade. Na nova crença básica que a empresa está esculpindo, está uma ideia-chave: "Como podemos aproveitar a sustentabilidade ao nosso favor, para gerar um resultado melhor ainda?".

A nova estratégia deverá se concretizar em ações tangíveis: que elementos serão incluídos no planejamento de uma nova planta? Que fatores críticos devemos acrescentar à equação dos custos baixos e margens necessárias? Como iremos incluir as comunidades desde o início do processo? De que forma garantiremos a preservação ambiental desde a origem do projeto? Essas ações deverão ser explicitadas com a definição dos indicadores e prazos, os responsáveis (indivíduos e equipes), além do processo de avaliação e seguimento para garantir a execução do plano.

O ideal de um movimento de *ajuste de autenticidade* como o relatado, é que aconteça com a maior participação possível da organização como um todo. Assim, para chegar à percepção de possíveis discrepâncias entre o aspiracional e o real, a empresa deverá ser ouvida de maneira formal, como através de pesquisa de clima, ou informalmente, a partir das conversas que acontecem no dia a dia e que muitas vezes são suficientes para se ter uma ideia da realidade do cotidiano. Quanto mais envolvimento acontecer na busca pela coerência, mais forte será o compromisso da empresa em evoluir e permanecer no novo patamar. Por vezes o desconforto surge em níveis mais intermediários da hierarquia, por isso faz-se necessária uma nova estrutura para as organizações, como mencionamos anteriormente, para que a força da mudança venha da própria coletividade. É mais provável que o incômodo surja na rede, e a mesma rede produza seus mecanismos de subversão e reformatação das crenças básicas. Essa seria a maneira mais orgânica de uma organização realizar seu ajuste de autenticidade.

Quanto mais hierárquica for a empresa, maior a probabilidade de que a discrepância entre o falado e o praticado permaneça, pois a dor da mudança é grande e os riscos da coerência são reais. Se a subcultura que detém o poder formal na organização não estiver disposta a passar pelo desconforto do crescimento em direção à autenticidade, dificilmente o ajuste ocorrerá. Se o poder está distribuído pelo ecossistema organizacional, então a própria energia do sistema buscará o ajuste para poder permanecer em equilíbrio, seguindo sua dinâmica *autopoiética*.

Por fim, é importante destacar que esse movimento de trazer as questões subjacentes para cima da mesa não é uma necessidade somente de organizações que vivem um claro desajuste de coerência. Este é um comportamento que deve ser promovido constantemente na empresa se esta quiser ser adaptativa e evoluir neste mundo mutante. Frequentemente os colaboradores se encontrarão diante da pergunta: "o que realmente está acontecendo aqui?", "qual é o nosso verdadeiro problema?" (Eichholz, 2014, p. 181). Explicitar as questões submersas no fundo do "iceberg" é, portanto, o maior desafio das culturas que optarem pela constante adaptação e evolução.

CONDIÇÕES PARA A CULTURA SUPERIOR (III): AMOR E CONFIANÇA

Para garantirmos a formação de culturas superiores como as que estamos propondo, são necessários também alguns pilares e princípios.

O primeiro diz respeito à consciência humana, individual e coletiva. Robert Kegan (2010) se refere à consciência capaz de olhar para os próprios filtros/modelos mentais como *Mente Autotransformadora*. Este é o primeiro passo, a capacidade de distanciar-se do eu estreito e limitado. Ao descongelar nossas crenças e ampliá-las, formamos um campo de modelos mentais compartilhados (Bohm, 2005), criamos mundos mais abrangentes, mais próximos da realidade complexa em que vivemos e aumentamos nossas possibilidades de lidar com os desafios atuais, que requerem conexões qualitativas e caminhos adaptativos. Essa capacidade de distanciar-nos de nosso universo muito pessoal e mais estreito não ameaça nossa individualidade, ao contrário, a enriquece, pois nos traz mais possibilidades, alarga nosso ser, amplia nossa identidade incluindo outros traços de uma vasta humanidade.

E como manifestação natural desse amadurecimento, ocorre um alargamento da consciência em direção ao outro e ao Todo. Ken Wilber (2010) chama esse nível mais amplo de ser e existir de *mundicêntrico*, porque o indivíduo (ou o grupo) é capaz de inserir outros espaços do mundo em sua existência, sem fronteiras limitantes. Novas formas de ver e de agir são incorporadas, surgem caminhos mais ricos para lidar com os desafios. À medida que o ser humano evolui em sabedoria (como viemos refletindo ao longo da primeira parte do livro), vai transcendendo seu ego encapsulado em direção a uma existência mais inclusiva e integral. Quanto mais verificarmos nas organizações pessoas e comportamentos *mundicêntricos*, mais elas serão capazes de funcionar como um todo coerente. Para isso, será necessário um esforço constante de explicitação de valores mais coletivos, ações que priorizem o bem comum, projetos cada vez mais pluridisciplinares e inclusivos etc.

Um aspecto relacionado a essa consciência mais ampla se refere ao elemento qualitativo da relação interpessoal. Howard Gardner (2006) fala de algumas inteligências necessárias para os desafios do século XXI, e entre elas está a que ele chama de *Respectful Mind*, algo como "mente respeitosa", que gostamos de traduzir por *inteligência empática*, aquela que é capaz de colocar-se no lugar do outro e incluí-lo em nosso mundo, formando um universo maior: a arte de ver e experimentar a humanidade além da fronteira estreita do nosso eu.

E nessa linha mais qualitativa da relação interpessoal, o filósofo contemporâneo Luc Ferry fala de uma nova postura de ser no mundo, que ele denomina *pensamento alargado*, uma atitude que busca incluir outras pessoas, realidades e mundos, em uma existência mais abrangente. Diz o autor:

> Afastando-me de mim mesmo para compreender o outro, (...) ultrapasso ao mesmo tempo o particular de minha condição de origem para aceder (...) ao reconhecimento cada vez maior e mais rico das possibilidades que são da humanidade inteira (2007, p. 289).

Trata-se, portanto, de buscar um caminho de amplificação e conexão que possibilitará a realização e a manutenção de vínculos duradouros, alargando as fronteiras de maneira cada vez mais inclusiva, condição fundamental para a formação de culturas superiores. Talvez uma forma mais palatável e simples de traduzir essa ideia é mencionar que se trata da viabilização do *amor* no mundo organizacional.

A cultura grega traz entre seus mitos o deus Eros, que deu origem à ideia de amor, muito usada desde então pelas culturas ocidentais. Eros ganhou uma nova narrativa na obra *O Banquete*, de Platão: filho de Poros, deus que representava força e recurso, com Pênia, deusa pobre que simboliza a escassez, Eros oscila entre uma vida pobre e rude e o gosto pelo belo, o desejo de viver o melhor da vida e adquirir sabedoria. É uma forma de Platão trazer a condição humana incompleta, sempre em busca da completude, da plenitude, que parece estar no outro, no encontro, no que habita além das nossas fronteiras e nos remete à unidade perdida. No mesmo relato do *Banquete*, Aristófanes, colega de Sócrates, explica o Eros a partir de uma decisão de Zeus de cortar o ser humano, que antes era inteiro, em duas metades para poder controlá-lo e domesticá-lo melhor. Ao ver-se dividido, o ser humano passou a buscar a sua metade, no afã de unir o que foi separado (PLATÃO, 2005).

O ser humano é, portanto, um ser movido pelo Eros, pela força impulsora que o remete a uma unidade que deseja. Desde nossas origens, o *Homo sapiens* já buscou estabelecer relações, inclusive além de suas fronteiras geográficas, o que permitiu a essa espécie adaptar-se aos desafios de sobrevivência que o mundo daquela época impunha. A conectividade, a busca de vínculos, o impulso pela energia relacional, ímpeto intuitivo e natural do ser humano, sempre foi e continua sendo a condição mais básica para qualquer sistema social.

Por isso Freud trata a dimensão "erótica" com uma leitura mais ampla, no sentido relacional, que ele associa ao desejo afetivo, à busca de união com outros, considerado por ele um aspecto fundamental para o desenvolvimento humano:

> No desenvolvimento da humanidade, como no do indivíduo, o amor revelou ser o principal fator de civilização, e quiçá o único, determinando a passagem do egoísmo para o altruísmo (FREUD, 2013).

E como um elemento *sine qua non* para buscar a cultura superior – e que emerge do impulso de Eros – temos a confiança. Essa capacidade de acreditar no nosso interlocutor e apostar que quer o melhor para a coletividade e que, mesmo sendo diferente e trazendo visões que podem ser divergentes das nossas, tem uma função importante para o propósito comum. No exercício da confiança devemos atualizar a crença de que o interesse do outro não será ameaçador para o nosso interesse ou o do Todo. Até porque quando o interesse individual é maior que o interesse coletivo, o Todo acaba se desmembrando ou se tornando um "pseudotodo" como já mencionado (algo tão comum nas culturas organizacionais de hoje). Com a confiança buscamos acessar esse campo no qual o interesse de nossos parceiros e colegas se encontra com o interesse comum.

Além disso, uma cultura de confiança permite que todos façam o que devem fazer, individual e coletivamente, segundo as necessidades que emergem no próprio sistema, superando interesses limitados ou egocêntricos, ou códigos corporativos e institucionais que visam o benefício de poucos.

E para concretizar o exercício da confiança, o melhor caminho é a conversa aberta e transparente, que seja capaz de trazer nossas inquietações e opiniões de maneira respeitosa e cuidadosa. Quanto mais conversas conscientes tivermos, mais robusta será a confiança presente em nossas comunidades. É a conversa qualitativa, portanto, o principal canal de atualização do Eros em energia unificadora, condição vital para a cultura superior (ECHEVERRÍA, 2013, pp. 150-6).

A CULTURA SUPERIOR FICA FORA DA CAVERNA

Ao longo de nossa reflexão sobre a formação da cultura superior, argumentamos que esse estado coletivo só será possível a partir de uma elevação de consciência de indivíduos e grupos que sejam capazes de estabelecer relações mais amplas e inclusivas consigo e com o mundo ao seu redor.

Essa jornada de amadurecimento da consciência pode ser bem representada, simbolicamente, com o Mito da Caverna descrito no Capítulo 1: a pseudocultura, que declara o que não vive, mas se esforça por insistir em significantes persuasivos, corresponde ao mundo da sombra, das aparências, tão ricamente representado por Platão como o interior da caverna. Esse é o âmbito da opinião, do invólucro, da maquiagem que o filósofo denominou *Doxa*. Faz-se necessária uma ruptura com essa inércia da imitação, para levar indivíduos e coletividade para "fora da caverna", onde há luz intensa vinda do Sol, fonte da realidade como é, e onde há a experiência do real e verdadeiro sem filtros. Esse é o símbolo do *ajuste de autenticidade* ao qual nos referimos anteriormente e que podemos ler como o caminho da evolução, da sabedoria – o caminho de Ômega.

Mas como o filosofo grego já advertiu há mais de 25 séculos, a maioria das pessoas não está preparada para a saída da caverna, porque esta libertação requer um salto ao desconhecido, ao desconforto de mudar de mundo e abrir mão de crenças e comportamentos familiares, o que traz um custo muito alto, que poucos estão dispostos a pagar. Por isso, atualmente vemos tão poucas culturas conscientes. A falsidade prevalece em grande parte das organizações porque tal *modus operandi* mantém um estado confortável de aparência, que paradoxalmente é pouco produtivo ou perene, o que traz grande entropia e desgaste para todos os que nele estão inseridos.

Por essa razão é tão importante contar com indivíduos e grupos dispostos a influenciar a ruptura da inércia da caverna, através do exercício da influência e liderança, que será o tema da nossa reflexão no Capítulo 7.

Como síntese dessa abordagem sobre a cultura superior, desenvolvemos um esquema representado na Figura 18 que sintetiza os elementos vistos neste item, assim como a relação entre eles em um todo coerente.

Figura 8: *A dinâmica da cultura superior*

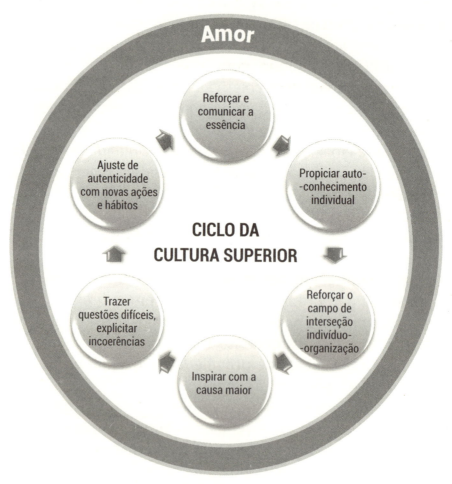

Fonte: *O autor*

Referências bibliográficas

Bock, L. *Um novo jeito de trabalhar*: O que o Google faz de diferente para ser uma das empresas mais criativas e bem-sucedidas do mundo. Rio de Janeiro: Sextante, 2015.

Bohm, D. *Diálogo*. São Paulo: Palas Athena, 2005.

Capra, F. *A teia da vida*. São Paulo: Cultrix/Amana Key, 2004.

Chan Kim, W.; Mauborgne, R. *A estratégia do oceano azul*. Rio de Janeiro: Elsevier, 2005.

Chopra, D. S*incrodestino*. Madri: Punto de Lectura, 2008.

Collins, J.; Porras, J. *Feitas para durar*. Rio de Janeiro: Rocco, 2007.

Echeverría, R. *La empresa emergente*. Buenos Aires: Granica, 2013.

Eichholz, J. C. *Adaptive capacity:* How organizations can thrive in a changing world. Greenwich: LID, 2014.

Kegan, R.; Lahey L. L. *Imunidade à mudança*. Rio de Janeiro: Elsevier, 2010.

Gardner, H. *Five minds for the future*. Boston: HBS Press, 2006.

Ferry, L. *Aprender a viver:* Filosofia para os novos tempos. Rio de Janeiro: Objetiva, 2007.

Foucault, M. *A ordem do discurso*. São Paulo: Edições Loyola, 2001.

Freud, S. *Psicologia das massas e análise do eu*. Porto Alegre: L&PM Pocket, 2013.

Hesselbein, G. et al. *A comunidade do futuro*. São Paulo: Futura, 1998.

Hock, D. *Nascimento da era caórdica*. São Paulo: Cultrix, 2006.

Johnson, B. *Polarity management:* Identifying and managing unsolvable problems. Amherst: 1996.

Platão. *O Banquete*. São Paulo: Martin Claret, 2005.

Robertson, B. *Holacracia*. São Paulo: Benvirá, 2016.

Schein, E. *Cultura organizacional e liderança*. Rio de Janeiro: Atlas, 2009.

Wilber, K. *Espiritualidade integral*. São Paulo: Aleph, 2006.

_____. *Uma teoria de tudo*. São Paulo; Cultrix/Amana-Key, 2010.

CAPÍTULO 6
ESTRATÉGIA: VISÃO E CONSTRUÇÃO DO FUTURO

Wanderlei Passarella

Estratégia: a ruptura com o planejamento

Uma das funções executivas mais estudadas, talvez a estratégia nada mais seja do que uma explicitação da forma como a empresa pode se posicionar no mercado, para possibilitar sua trajetória rumo ao futuro desejado pelos seus públicos principais.

É indubitável que ter uma estratégia para os negócios é altamente recomendável. Todo e qualquer negócio precisa de uma estratégia. Não basta dizer aonde se quer chegar, há que se desenhar um mecanismo para poder realizar essa visão de futuro, e a estratégia empresarial tem sido essa ferramenta.

Desde que a administração começou a ser uma disciplina estudada e executada no âmbito dos negócios, a forma como se elabora a estratégia vem evoluindo. Pressupostos diferentes implicam respostas diferentes.

Em meados do século XX, o planejamento estratégico e a elaboração de cenários eram a forma predileta de se elaborar a estratégia empresarial. O pressuposto era de que ao se planejar, era possível realizar as coisas com relativa certeza; bastava se cercar de pessoas comprometidas, elaborar planos de ação e acompanhar sua execução. O ambiente de negócios era previsível, de certa forma; e os concorrentes, lentos para reagiram com velocidade aos seus passos. Não existia uma comunicação tão rápida e eficiente, e os meios de promoção e de inteligência de mercado se baseavam em metodologias militares da Segunda Guerra.

Desde então, muita coisa evoluiu. A rapidez das mudanças, a forma de se conhecer os passos dos concorrentes, a dinâmica dos mercados, o comportamento dos consumidores, a chegada da internet, as redes sociais, a base empreendedora das empresas, enfim, inúmeras áreas se transformaram. Talvez a mais importante evolução seja o que discutimos nos capítulos precedentes: a retomada de uma concepção mais holística do homem, uma diferente compreensão do que é conhecimento e de onde estão suas fronteiras, uma interpretação mais madura do que é o mundo do trabalho e uma forma mais produtiva de se encarar o papel do dinheiro.

Esses novos paradigmas têm uma influência decisiva em como se desenhar uma estratégia empresarial que se alinhe com a evolução de nosso olhar. Não podemos mais pensar em um mundo cartesiano, no qual as coisas funcionam como em um universo mecânico, tal qual um relógio previsível (rever Capítulos 2 e 3). Por esse fator poderoso, a estratégia não pode ser uma peça de previsão matemática. Mesmo os modelos de elaboração de cenários também não são mais adequados, pois o

Estratégia: visão e construção do futuro

pressuposto que o delimita é que precisamos desenhar cenários alternativos, baseados na previsibilidade, e depois prestar atenção a qual rumo de ação seguir. Mas isso deixa de lado a questão de que o futuro não é para ser esperado, e sim para ser criado.

No livro *More Than Just a Game: Soccer vs. Apartheid* de Chuck Korr e Marvin Close, há o relato da história na prisão de um dos maiores líderes da humanidade em todos os tempos: Nelson Mandela. Durante sua permanência na "hospedagem" de Robben Island, Mandela conduziu os prisioneiros a protestarem juntos pelo direito de jogar futebol na prisão. Negado repetidamente, eles se arriscaram em greves de fome por mais de três anos, até que o direito fosse concedido. Então, uma verdadeira liga de futebol foi criada e gerenciada pelo grupo. Com súmulas dos jogos, a criação de um comitê para julgamento dos casos ocorridos e para a fundamentação das diretrizes dos campeonatos, Mandela conseguiu o que era mais improvável: unir as diferentes tribos (etnias) dos sul-africanos (representadas em suas diversas facções em Robben Island). Ao concretizar esse feito, Mandela já tinha nomes para a composição de seu futuro governo, em prol da unificação do país. Mas... como Mandela sabia que iria ser o presidente da nação? O fato é que ele não sabia, porém criou esse futuro para seu país, tal era a sua capacidade de liderança.

Esse exemplo majestoso na história da humanidade exemplifica o quanto o planejamento esquadrinhado, meticuloso, cheio de análises e marcos de referência perdeu o sentido. Numa sociedade que se caracteriza pelo aumento constante do conhecimento, do fluxo incessante de novas descobertas e da velocidade crescente de inovações, não faz mais sentido se pensar em prever o futuro, desenhar cenários e elaborar caminhos meticulosos. Tudo agora está no eixo das probabilidades, incertezas e possibilidades. Foi o que discutimos nos Capítulos 1 e 2, sobre a consolidação da visão quântica de nosso cosmos. Pois então, como Mandela, o ideal é criar o futuro. Agir, de forma congruente e apaixonada, pelo rumo ao que é desejado. E numa organização empresarial, em que diversas pessoas compartilham a mesma visão, o futuro é cocriado, trabalhado em conjunto.

Mas essa criação do futuro, diferentemente do que se preconizava até meados da era industrial, já não se sustenta se for apenas do tipo analítica e cartesiana. É preciso ir além. Como na definição de transdisciplinaridade, é preciso ter a análise, mas estar entre, através e além dela. A nova definição de estratégia é muito mais aberta e deixa espaço para a intuição, para a síntese criativa e para a força de uma visão conjunta, elaborada a partir dos fundamentos percebidos pelos públicos ligados ao negócio. A estratégia passa a não ser mais uma peça elaborada por poucos do topo, mas concebida e compartilhada pelas áreas interessadas.

Ao romper com o planejamento esquadrinhado, a estratégia incorpora um aspecto mais humano e realista: a intenção. E intenção é vontade! Assim, uma visão alternativa da estratégia é a de ela ser um exercício conjunto da força de vontade.

Novos pressupostos e novas posturas

Durante os primeiros quatro capítulos, exploramos conjuntamente a evolução histórica e a consequente evolução de modelo mental em quatro áreas-chave para a vida empresarial, contidas no vetor homem-conhecimento-trabalho-dinheiro. Sem dúvida, a ressignificação de quem é o homem (como ponto de partida) nos levou a revisar o que é o conhecimento. E este está além da praticidade imediata para aplicá-lo no trabalho em busca de dinheiro. Essa revisão que fizemos desse vetor quádruplo nos trouxe novos pressupostos que, por consequência, explicitam novas posturas, e estas trazem implicações para a forma como podemos desenvolver nossas estratégias nos negócios. Vejamos os principais pressupostos diferenciados que procuramos explicitar e que impactam na forma como podemos reinventar o desenho estratégico:

a. Há diversos cientistas asseverando que por trás da ordem explícita do Universo há uma ordem implícita, invisível, que até agora não conseguimos compreender de fato como age. Essa concepção do Universo é um novo paradigma que traz implicações importantes para a forma como podemos elaborar nossas estratégias de negócios. Ele abre a perspectiva de que a informação que precisamos está à disposição, implicitamente, e basta saber como acessá-la.

b. Esses conceitos na verdade foram elaborados há mais de 2500 anos, quando Platão dizia que era preciso ascender a uma vida mais verdadeira, na dimensão do conhecimento profundo e da dimensão essencial das coisas. Exemplificamos, então, com o Mito da Caverna, para ilustrar que certas concepções ou preconceitos podem ser apenas uma pálida ideia do que jaz por debaixo dos véus de ignorância que carregamos. Pois então, no mundo da estratégia empresarial, ocorre o mesmo fenômeno. É preciso "enxergar" além do horizonte restrito da caverna para compreender a realidade subjacente e dela tomar parte. Novamente, a questão é como realizar essa "visão" e essa "escuta".

c. Após a viagem antropológica que fizemos pela nossa conceituação do que é ser "humano", compreendemos que era preciso superar a visão estreita e instrumental sobre nós mesmos, criada por alguns séculos de evolução iluminista, cientificista e pós-moderna. E essa superação deveria ser na direção de uma filosofia perene, em comunhão com uma nova ciência mais aberta, desprendida das limitações da razão pura. Da mesma forma, a limitação da ciência para compreender o homem e o Universo. Concluímos que era preciso integrar lado esquerdo com lado direito (do cérebro), razão com emoção, instinto com intuição. Assim, também na nova intenção estratégica, precisamos parar de focar a razão pura, mas adentrar o campo dos instintos, da emoção e da intuição. Faremos uma proposta de como.

d. Pela transdisciplinaridade, mostramos que é preciso sobrepujar o antigo paradigma disciplinar, limitador e estático. Uma abertura ao que está no limite do conhecimento é desejável para a inovação, em busca da sabedoria. Precisamos sair da míope concepção de que informação é poder. Ela é apenas parte de um todo maior (a rede da sabedoria). Portanto, a busca de outras métricas para verificar se a organização está de fato se desenvolvendo estrategicamente é desejável. E a inovação para superar modelos estabelecidos é parte da cultura de mudança constante. Assim, inovar constantemente, por meio de uma abertura transdisciplinar à sabedoria, com diferentes métricas de acompanhamento é outro imperativo para uma nova postura de desenho estratégico.

e. Como se desvencilhar da noção atávica de que trabalho é castigo? Como vimos, a etimologia da palavra trabalho vem de *"tripalium"*, objeto utilizado para castigar escravos. Ou ainda, como fazer para contradizer Hannah Arendt que, como colocado no Capítulo 3, define o homem como *"animal laborans"*, preso numa engrenagem do tipo trabalho-consumo-descanso-trabalho

Estratégia: visão e construção do futuro

sem propósito ou significado? Como fugir à instrumentalidade sem sentido que solapa a identidade do homem e que lhe foi imposta sem que ele se aperceba? Talvez uma das fontes do "desengajamento", abordado anteriormente, seja a precária participação na definição dos rumos do negócio, dos diferentes tipos de trabalhadores e seu alijamento da criação da ideia do futuro. É preciso reconciliar o operacional com o estratégico, reintegrar a "vida contemplativa" com a "vida ativa", a reflexão e a ação para um trabalho cheio de significado.

f. Finalmente, como conseguir transformar o aporte de dinheiro em educação e aquisição de atitudes construtivas ou novas habilidades, de uma visão de custo em desenvolvimento de pessoal para uma visão de investimento, para que os participantes do processo estratégico estejam constantemente aprimorando seu autoconhecimento e seu autodesenvolvimento, para que assim sejam colaboradores efetivos do processo de definição de rumos e de desenho do futuro?

Esses são os principais pressupostos que conseguimos resumir dos capítulos anteriores e que vão nos ajudar a buscar novas posturas para criar um processo de elaboração da estratégia alinhado com o que consideramos a vanguarda do pensamento. Nos próximos itens vamos nos debruçar sobre isso.

Tendências atuais

Diversos autores e literaturas nos trazem um pano de fundo em relação ao que queremos propor como uma formulação estratégica que se apoie nas conclusões que tiramos de nosso vetor quádruplo. Selecionamos as obras que entendemos como mais elucidativas do caminho que vamos tomar e, obviamente, estão carregadas de nosso viés cognitivo, de nosso particular julgamento do que se encaixa no quadro de referência que estamos montando neste livro. Como disse Leonardo Boff em seu livro *A águia e a galinha*, "a vista de um ponto é também um ponto de vista". Afinal, ao nos debruçarmos na visita a essa literatura, buscando olhar o que nos encanta em relação ao ponto a estudar (a vista de um ponto, portanto), estamos de fato trazendo à tona o nosso modo de olhar o mundo (nosso ponto de vista)...

Vamos começar com uma crítica ao clássico dos clássicos sobre estratégia: *Estratégia competitiva*, de Michael Porter. Nesse livro, o autor faz a antológica "análise da indústria", que consiste em tentar compreender as forças que dirigem a concorrência. Nessa abordagem são levados em consideração os fornecedores, os compradores (clientes), os produtos substitutos e os novos entrantes potenciais no setor.

A partir dessa análise, os planejadores devem escolher entre as estratégias competitivas genéricas que melhor se encaixem com a situação da empresa ou negócio analisado, quais sejam: liderança em custo (baixo custo), diferenciação (produto ou serviço com atributos únicos) ou enfoque (nicho de atuação). No desenrolar de seu livro, Porter procura explicar como se aprofundar nos movimentos competitivos a serem feitos, a partir da estrutura do mercado da empresa (indústrias em que o poder de barganha está com os compradores, indústrias fragmentadas, maduras, em declínio etc.). Ou ainda em relação às decisões estratégicas sobre integrar o negócio (para frente ou para trás), expandir a capacidade ou entrar em novos negócios.

Após termos utilizado essa abordagem diversas vezes, em grandes empresas como a Ipiranga Química (Ind. Petróleo Ipiranga) ou na Nitroquímica (Grupo Votorantim), nos deparamos com sua estanqueidade e dificuldade de execução. Principalmente com o excesso de pressupostos analíticos. Projeções que dificilmente se realizavam, afirmações que dependiam de variáveis incontroláveis, mas que vinham envoltas em uma atmosfera de "saber consolidado". Essa tem sido a principal crítica à abordagem em foco. Após inúmeras e exaustivas reuniões, pesquisas de mercado etc., a elaboração do plano estratégico conduzia a um mapa "seguro" de orientação, que após alguns meses já estava obsoleto e continuava a ser perseguido, sem sucesso em sua execução.

A palavra execução, por sinal, nos remete a outro clássico da literatura administrativa sobre estratégia, o livro *Desafio: Fazer acontecer – A disciplina de execução nos negócios* (2002), de Larry Bossidy e Ram Charan. Eles demonstraram, baseados em exemplos de diferentes empresas, que há uma enorme "lacuna" entre o que é planejado e o que é executado. Na página 15 chegam a mencionar que "a capacidade de executar ajudará você, como líder da empresa, a escolher uma estratégia mais consistente". Em outro ponto, na página 212, ressaltam que "o processo da estratégia define aonde um negócio quer ir, e o processo de pessoal define quem vai fazer o negócio chegar lá".

Sim, há uma enorme lacuna entre a estratégia e a execução, e isso é uma das falácias que temos observado e sobre a qual estamos tentando mostrar caminhos mais viáveis. Continuando sobre o livro, os autores elaboraram uma cartilha com três elementos-chave da execução: os comportamentos essenciais do líder, um modelo para a mudança cultural e ter as pessoas certas no lugar certo (bingo)!

Mas na primeira frase eles colocaram a afirmação de que o líder deve escolher a estratégia mais consistente. Isso implica que deve haver um portfólio de estratégias à disposição dele, e que cabe a ele, só a ele, escolher qual é a melhor. E, ainda, que deve fazer isso baseado na capacidade de execução da empresa. Na segunda frase extraída do livro, fica claro que essa capacidade de execução repousa, na visão deles, no processo de pessoal.

Assim, a melhor estratégia é aquela que "cabe" na empresa, vinda da capacidade de execução que, por sua vez, repousa no processo de pessoal. Concordamos que é o pessoal que vai fazer a diferença. Também acreditamos que é a execução que deve ser cuidadosamente acompanhada, senão nada acontece. Porém, a nosso ver, os autores ainda passaram ao largo do cerne do problema e propuseram uma sutil assertiva que impede que a execução siga num ambiente de energia e motivação: líderes escolhem, o pessoal executa. Pode ser que tenhamos nos acostumado a isso no ambiente corporativo. Mas tal proposta implica numa cisão entre o topo e a base: um decide o outro executa, um fica com o plano estratégico, o outro fica com o plano tático operacional. Essa falácia que estamos vendo há dezenas de anos não nos levará ao próximo degrau da escada.

Em busca desse degrau a mais, o livro *Presença: Propósito humano e o campo do futuro*, de Peter Senge, Otto Scharmer, Joseph Jaworski e Betty Flowers, descreve uma metodologia de elaboração estratégica ousada e diferente. De certa forma, sobrepuja diversos problemas que as visões dos autores anteriores nos impingiam. Os autores, tendo participado de entrevistas com centenas de executivos sobre o processo criativo de desenvolvimento de estratégias, bem como por inúmeros processos de desenvolvimento de estratégias corporativas (inclusive no famoso grupo de desenvolvimento de cenários da Royal Dutch Shell), concluíram que "ver com o coração" (título do seu quarto capítulo), era uma das mais comuns formas para a descoberta além do óbvio. Mais que isso, ver com o coração e ouvir o silêncio eram complementares e fundamentais para a criação de estratégias conectadas com um grau profundo de sabedoria e, de algum modo, alinhadas com as inúmeras variáveis incontroláveis que a análise exaustiva não consegue abarcar.

A forma de elaborar a estratégia, segundo tais autores, seria algo parecido com um "U". Descrito na página 90, esse "U" começa com "sentir": observar cautelosamente o mundo ao redor, os clientes, os mercados, a empresa. Sem tirar conclusões. Apenas contemplar. Em seguida, passar para o que eles chamam de "presenciar": significa olhar além das aparências, procurar o sentido das coisas, não limitado pelo que as convenções estipulam como certo. Presenciar é estar inteiro, de corpo e alma no momento de um evento e observá-lo por dentro. Por fim, na outra borda do "U" está o "concretizar": realizar aquilo que se compreendeu, colocar para funcionar rapidamente, sem muitos devaneios ou medos. É como o mestre zen realiza seu tiro com o arco e flecha, ou como o guerreiro samurai move sua espada – de forma assertiva e consciente, sem titubear, baseado na sua visão profunda de onde está ou estará seu alvo ou oponente.

A figura a seguir ilustra o conceito do "U" (baseada nos conceitos do referido livro). Nela podemos ver todo o processo de formação de uma estratégia. Importante frisar que ela é também um construto coletivo e não individual. Ela é obra de uma equipe que desenvolve o "U" em etapas, algumas delas em que cada um age de forma isolada (como o presenciar), mas que posteriormente se concretiza em conjunto.

Figura 1: *Processo de formulação de uma estratégia*

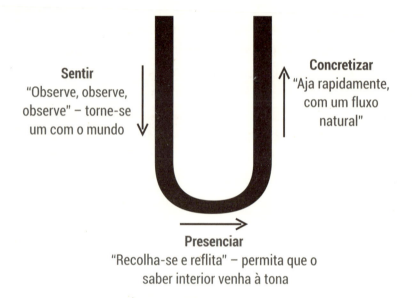

Fonte: *O autor*

Essa abordagem nos remete aos conceitos enunciados por George Leonard no livro *Maestria: As chaves do sucesso e da realização pessoal*. Embora não seja um livro sobre estratégias empresariais ou de negócios, o paralelismo é muito forte, porque o autor evidencia que para se chegar à maestria em qualquer área de atuação, seja ela o esporte, a vida profissional ou algum ramo da arte, é preciso um trabalho prévio de muito treino, leituras e práticas incansáveis, buscando a melhoria contínua. Ele ressalta que não se chega à maestria por um caminho retilíneo de evolução constante, mas evolui-se em platôs. Para os mais ansiosos e despreparados, esse é o momento da desistência, quando após meses de trabalho duro parece que nada saiu do lugar. Acontece mesmo uma pequena involução após o trabalho sério e diligente, mas ela é apenas o presságio de um salto para um novo platô, e assim sucessivamente. A figura abaixo ilustra o que George Leonard observou com seus estudantes e praticantes de aikidô.

Figura 2: *Modelo de evolução em platôs*

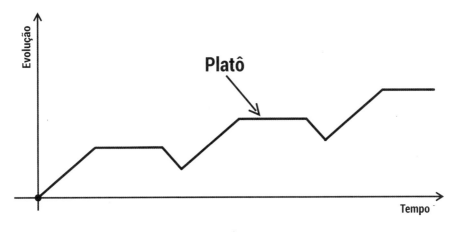

Fonte: *O autor*

O interessante é que Leonard chega às mesmas conclusões de Senge e os outros autores de *Presença*, quando diz que o treino é apenas uma etapa necessária de adestramento das capacidades físicas, da inteligência sensível, para que o seu praticante possa estar pleno no momento de sua competição ou de sua atividade profissional, procurando significar que a plenitude é a capacidade de estar centrado, presente, inteiramente absorvido por sua atividade. E assim, poder utilizar seu ser por completo, suas emoções construtivas, sua capacidade analítica instantânea e sua intuição aguçada.

Esta deve ser a condição de contorno a ser observada por aqueles que buscam a melhor estratégia para seus negócios: observar, analisar e estudar incansavelmente, mas depois partir para uma síntese, que deve ser guiada de dentro de seu ser. Lá repousa a sabedoria, a filosofia perene. E lá está a resposta para suas questões mais profundas. No âmago do ser está a região de não pensamento e de silenciosa descoberta! Como disse Einstein, "penso 99 vezes e nada descubro; faço silêncio, e a verdade me é revelada".

Um dos escritos mais aparentemente insólitos para o mundo dos negócios é a obra de Tim Sanders, executivo de topo do Yahoo, *O amor é a melhor estratégia*. Esse título parece de um livro de religião e não de negócios. Mas é puramente um livro sobre administração. Sanders trata sobre sua trajetória profissional, sobre sua experiência no Vale do Silício e o que aprendeu com ela. De fato, a maior parte de seu sucesso ele atribui a três princípios básicos: obter o maior conhecimento possível sobre sua área de atuação, criar uma rede de contatos importante que facilite seu acesso aos negócios e, finalmente, compartilhar de bom grado com todos, sem esperar nada em troca, tanto o seu conhecimento (livros, filmes, experiências etc.) como a sua rede (contatos, pessoas, empresas, quem pode fazer o que etc.).

A essa atitude de compartilhar ele chama de "compaixão", num sentido de desejar ao outro o bem que você quer e montou para si mesmo. Essa compaixão tem um sentido de ampliar as ações consequentes e produzir uma atmosfera cada vez mais construtiva no mundo dos negócios, uma espécie de círculo virtuoso de relações ganha-ganha. É a estratégia do amor! Algo que os mestres das tradições espirituais de todos os tempos já enfatizaram devidamente. Mas o mundo empresarial, com suas raízes na ciência laica, sempre desprezou esse tipo de sabedoria, taxando-a de piegas ou *nonsense*. A lógica adotada é que a lei áurea do "amai-vos uns aos outros" pode valer para sua vida pessoal, mas não para sua vida profissional, na qual a cada dia deve-se matar um leão para permanecer no jogo. O que não parece resistir a uma análise mais aprofundada e isenta. Percebemos é que o mundo empresarial vive num círculo vicioso de ações truculentas que não se rompe, a menos que se passe a adotar uma nova estratégia fundada na maior energia construtiva que se conhece: o amor sincero e desapegado. Como diz Sanders (2003):

> Para ser bem-sucedido no ambiente profissional de amanhã, você precisa de uma estratégia nova e formidável que supere as ideias em voga ou estabeleça uma nova categoria em seu campo... E qual é essa estratégia? Dito de maneira simples: o amor é a melhor estratégia no mundo dos negócios. Quem usar o amor como fator de diferenciação profissional se distanciará de seus concorrentes exatamente como um fundista se distancia do pelotão que corre atrás.

Aos poucos, percebemos que muitas pessoas não desejam mais negociar com empresas que não sabem contribuir com a sociedade, com o meio ambiente e com os seus colaboradores. Empresas que não se preocupam com seus públicos, de forma honesta e verdadeira, parecem fadadas ao fracasso ao longo do século XXI. O nível de consciência dos consumidores vem se elevando, não só pelo amor em si, mas também pela constatação de que uma atmosfera ácida e egoísta no ambiente empresarial é destruidora e inconsequente para todos no fim das contas.

E mais esse motivo nos leva a antecipar que a estratégia empresarial amparada nas infindáveis análises, frias e calculistas, não vai mais funcionar. A estratégia, mais do que nunca, precisa emergir como um construto coletivo dos públicos da empresa, para que eles se sintam comprometidos, atendidos em suas expectativas, partícipes do processo de criação do sentido e significado dos negócios aos quais eles se vinculam. E essa estratégia parece necessitar emergir da profundidade de seus seres, dos sentimentos nobres que esses públicos possam querer compartilhar, de suas visões do que é o bem, do que é necessário para o todo, enfim, de seu amor construtivo.

Outro autor que une as colocações de Charan, Senge, Leonard e Sanders é Erich Fromm, em seu livro *A arte de amar*. Neste livro ele diz que o amor é uma arte e que, como qualquer arte, precisa de três atributos de seus praticantes: disciplina, concentração e paciência. O alinhamento com as obras que referenciamos até agora é perfeito. A disciplina de analisar as situações, de se manter fiel a determinado curso de ação, procurando executá-lo (execução é uma diferenciação estratégica), a concentração da presença no momento da concepção e da implantação, a paciência em obter os resultados em longo prazo, mesmo que difiram daquilo que era esperado originalmente. Há um paralelismo muito interessante nessa assertiva de Fromm com tudo o que discorremos até aqui. O que nos faz crer que a estratégia empresarial também é uma arte, como o amor, e que o amor deve ser um elemento importante para se construir a arte da estratégia.

Em um momento da história da humanidade em que os conhecimentos estão disponíveis e acessíveis, não é uma vantagem possuir conhecimento, mas desenvolver a capacidade de aprender a aprender, e aprender a acessar a sabedoria que está além das fronteiras do conhecimento, como vimos no capítulo sobre transdisciplinaridade. De fato, num mundo que constantemente muda e onde se desenvolvem tecnologias disruptivas, capazes de transformar um modelo de negócios por completo e tornar obsoletas as instalações de uma determinada indústria estabelecida, não faz mais nenhum sentido pensar em estratégia como um plano, mas sim como uma intenção, oriunda de um construto coletivo, derivada da capacidade de sentir e amar do grupo, que se construa ao longo do tempo, deixando espaço para a dança do desconhecido (na qual os resultados alcançados diferem da visão original, mas não interferem na compreensão de que o objetivo foi alcançado) e que inclua uma visão de futuro elaborada pela profundidade de intuição do espírito grupal – que nesse estágio já não é uma visão, mas uma cocriação do futuro.

A estratégia revisitada

Concentrando-nos no conceito de que a estratégia é um mecanismo de ir em direção a um futuro desejável, e adotando as conclusões que chegamos da nossa revisão das tendências atuais, bem como das mudanças de paradigmas propostos nos quatro vetores dos primeiros capítulos, agora podemos desenhar um modelo de elaboração estratégica, algo como certos princípios a seguir para caminhar estrategicamente em uma organização. Talvez o primeiro ponto a explicitar seja que a estratégia do negócio precisa se desenhar como uma intenção estratégica, um horizonte criado conjuntamente e que passa a ser o balizador das ações efetivas do grupo.

A figura abaixo ilustra as principais influências que decodificamos ao longo do livro para dar base ao nosso modelo de intenção estratégica.

Figura 3: *Variáveis que impactam o modelo de intenção estratégica*

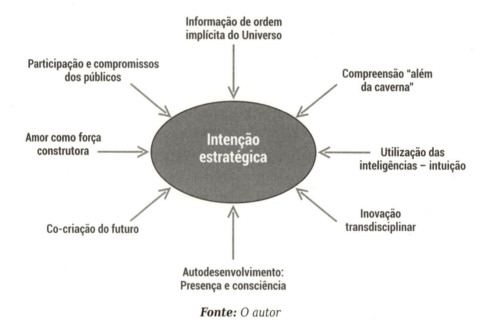

Fonte: *O autor*

Dados esses pressupostos, nosso modelo se desenvolve de forma a incorporá-los para a criação de uma potente visão ou intenção estratégica para o negócio ao qual se pretende estabelecer um caminho futuro. Convencionamos denominar nosso modelo de "estelar", pois foi elaborado levando em consideração uma "constelação" de fatores e se apresenta por meio de uma estrela de cinco pontas. A figura abaixo ilustra esse modelo. Cada etapa descreve um importante passo para a elaboração e a implantação da "intenção estratégica".

Figura 4: Os cinco passos do modelo estelar

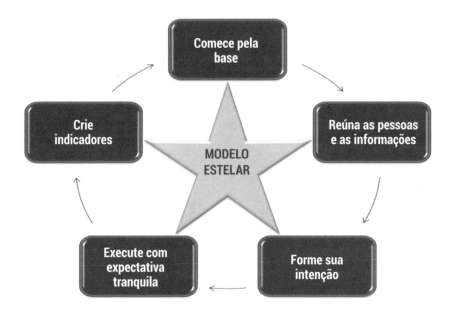

Fonte: O autor

1. Comece pela base: Para conseguir uma visão que possa alcançar além dos limites do senso comum e da sabedoria convencional, e também buscar o compromisso dos públicos da organização, o ideal é começar pela base da empresa. Essa é uma das grandes diferenças em relação aos modelos tradicionais. E por base entendemos os seus públicos, tanto internos como externos.

- Procurar o envolvimento de tantas pessoas quanto possível for internamente. Um dos grandes ganhos é obter o compromisso dos públicos quanto ao caminho a trilhar. Se em algum momento no passado chegou-se a defender que a estratégia da empresa é sigilosa, hoje se sabe que isso não faz nenhum sentido, pois o diferencial de uma empresa na estratégia é sua capacidade de executar e de elaborar um modelo de negócios que a permita navegar em um oceano azul (simbolizado por um mar sem tubarões, no excelente livro *A estratégia do oceano azul*, de W. Chan Kim e Renée Mauborgne). Além disso, dar a essas pessoas tarefas estratégicas específicas. É claro que há um limite organizacional sobre quantas e quais pessoas devem ser alocadas ao projeto estratégico, mas isso varia de caso a caso e deve ser estudado para que o compromisso do público interno seja máximo;
- Grupos de pessoas devem visitar os clientes com o propósito de discutir questões estratégicas do mercado e do setor de atuação da empresa. Esse grupo deve ser aberto e transparente para com esse público dos mais importantes para o sucesso do negócio. Deve perguntar sobre suas visões de futuro, sobre as tendências do mercado, os passos que estão vendo dos concorrentes e pedir uma opinião séria (ou *feedback*) sobre como veem a empresa;
- Outro grupo, ou algumas pessoas da área executiva, deve conversar com acionistas, fornecedores e outros parceiros de negócios. O clima também precisa ser de muita abertura. Esses públicos externos, que não são clientes, mas que se beneficiam de um bom resultado da empresa e do negócio sempre gostam de colaborar e se sentem importantes quando são envolvidos no processo estratégico. E suas contribuições são valiosas.

Estratégia: visão e construção do futuro

2. Reúna as pessoas e as informações: Logo após a primeira fase de angariar visões, informações, sentimentos dos públicos, as pessoas que irão participar da formulação estratégica devem se reunir e planejar uma agenda de trabalho para se chegar a uma "intenção estratégica".

- Nessas reuniões as pessoas não podem se prender apenas às análises que fizeram. Estas são importantes e também personificam o ponto de partida, mas não são um fim em si mesmo. A criatividade e a percepção do todo são igualmente importantes. Nenhum modelo de negócio campeão é criado pela lógica pura e simples. Ele depende de inventividade, de intuição, de arte. E essas inteligências estão entre, através e além do QI (inteligência mental);

- O grupo deve debater, criar livremente, procurar caminhos inovadores. Mas também precisa fazer silêncio após os debates e discussões. Esse silêncio não significa que todos devem ficar na sala de boca fechada. O silêncio é representativo do recolhimento, de não se objetivar a forjar, na marra, uma visão conjunta. O silêncio é uma maneira de se parar uma reunião, deixar que cada um repouse sua cabeça no travesseiro, de deixar as consciências individuais vaguearem pelas variáveis incontroláveis e delas tirar uma síntese construtiva. Essa pausa deve ser executada sempre que possível, para que os participantes mergulhem no inconsciente coletivo e de lá emerjam com uma nova visão catalisadora.

- A segunda fase será tanto mais bem-sucedida quanto mais as pessoas conseguirem aqueles momentos de heureca, de estalo sobre uma trilha possível, entre as muitas que se desenham viáveis. O grande ponto a se trabalhar nesta segunda fase é o "enxergar além da caverna". Platão é o mentor da segunda fase!

3. Forme sua intenção: A terceira fase é de elaboração da visão propriamente dita ou da "intenção estratégica". Ela poderá ser traduzida como uma antecipação da situação futura desejada ao negócio, uma descrição de como a empresa estará atuando no futuro e de que resultados o negócio estará entregando.

- Esta é a hora específica de consolidar todas as visões e *insights* das pessoas em uma visão única. Novamente, é preciso criatividade. Ciência e arte se unem neste momento para a construção de um modelo de negócios potente e significativo. Lado esquerdo e lado direito do cérebro são unidos pelo corpo caloso e, assim, essa fase pode ser denominada de "fase calosa".
- É preciso "abrir o coração", utilizar as múltiplas inteligências e saber atuar em equipe, para abrir mão de seus posicionamentos pessoais em prol de um posicionamento superior que possa emergir das vibrações do grupo. É a fase da inteligência relacional, da empatia interpessoal, do amor maior que pode advir da união de ideias e do interesse comum;
- Essa intenção estratégica, traduzida por uma descrição do negócio, de como ele opera e de que resultados ele entrega num horizonte desejável do futuro, após elaborada e consolidada, precisa ser comunicada aos públicos da organização, tanto os que participaram diretamente como aqueles que contribuíram indiretamente. Neste momento o ideal é contar com a ajuda dos profissionais de comunicação e elaborar um "mix" de apresentações pessoais, folders, correio eletrônico, apostilas etc. Faz-se necessário ter a certeza de que todos foram atingidos pela comunicação correta da intenção estratégica, e que haverá um "espírito de grupo" abarcando os públicos (tanto internos como externos) para um projeto comum desafiador e factível.

4. Execute com expectativa tranquila: A execução de uma estratégia e de um modelo de negócios é o que faz a diferença, como já foi verificado anteriormente. Mas a execução de um projeto de cinco anos, com muitos itens desafiadores, é totalmente diferente de qualquer outro projeto no âmbito empresarial. E ainda há que se considerar que nesse horizonte de tempo muitas variáveis incontroláveis ou imprevisíveis vão atuar. Nesse sentido, o ideal é não perder o foco, ao mesmo tempo em que é preciso compor com o desconhecido, aceitá-lo em muitos casos e agir para modificá-lo em outros. Uma constante em tudo isso é a expectativa que deverá permanecer serena e tranquila. Só assim a equipe terá a energia emocional de ir em frente apesar dos obstáculos.

- É preciso se mover rapidamente. Uma vez estipulada a intenção estratégica, a execução de seus componentes deve ser buscada com agilidade. Antes que as coisas mudem, coloque tudo em prática. Agir rápido não significa agir de forma ansiosa e atabalhoada. A maestria clama sempre pela calma. Anda mais rápido quem anda com constância de propósitos. O mundo continuará o mesmo com a execução de sua intenção e ao mesmo tempo mudará, pois será influenciado pelas consequências de suas ações, e certos fatos serão a reação ao seu estímulo. Esse aparente paradoxo significa que nada é tão importante que "salvará o mundo", mas também que tudo está interconectado, fazendo que uma ação construtiva tenha consequências para a evolução do todo;

- Elaborar projetos estratégicos é a chave para a execução. Aquela descrição da empresa futura precisa ser traduzida em diferentes passos que se interligam. São projetos que podem iniciar em paralelo ou em sequência. Diversas pessoas, em diferentes posições da estrutura organizacional, podem e devem receber a responsabilidade pelo comando de projetos estratégicos. Como toda gestão de projetos, estes devem ter explicitados seus objetivos, um plano de ação com responsáveis e prazos de execução, bem como avaliações periódicas de seu andamento (estimado x realizado);

- Nesse ponto é importante enfatizar que o desenvolvimento da consciência e a presença da equipe é fundamental. O que pode ser mais um projeto estratégico de toda a organização: ferramentas para o autodesenvolvimento da equipe, para a aquisição de atitudes construtivas ou novas habilidades. Assim, os participantes do processo estratégico estarão aprimorando seu autoconhecimento e seu perfil profissional para serem colaboradores efetivos do processo de definição de rumos e de desenho do futuro. Definitivamente, esse não é um custo, mas um investimento na estratégia.

5. Crie indicadores: Uma famosa marca oral, em inglês, assevera que *"You manage what you measure"* – você gerencia o que você mede. Entendemos que medir não se faz apenas com uma régua ou escala numérica, mas também com certos parâmetros mais intangíveis. Na questão da intenção estratégica é importante checar o progresso, mesmo que seja para se chegar à conclusão de que é preciso voltar à velha prancheta e começar tudo de novo!

- O livro de Kaplan e Norton, *Balanced Scorecard*, tornou-se uma referência mundial e um guia para a criação de indicadores estratégicos. Os autores demonstram que para se medir a evolução em direção à estratégia, é preciso um portfólio de indicadores em quatro dimensões: financeira, de mercado, de processos internos e de aprendizagem. E essas quatro dimensões não podem conter o que está no retrovisor, medindo o que já ocorreu, mas devem contemplar projeções do que estará para acontecer se tudo continuar caminhando da forma atual. É um mecanismo potente, mas também o consideramos detalhado e complexo demais. Ele encanta pela lógica, mas peca pela falta de síntese;

- Os indicadores precisam se equilibrar entre quantitativos e qualitativos e devem seguir a máxima "poucos e bons". Um banco de indicadores que se torna burocrático e enfadonho não comunica se o negócio se encaminha em direção ao seu futuro desejado e cocriado, a menos que seja simples (outra máxima: *keep it simple*) e fácil de entender em conjunto. Também é importante equilibrar indicadores quantitativos com qualitativos. Em termos de estratégia, o julgamento ainda é uma das formas de análise. Afinal, como vimos pela física quântica, não dá para separar o observador do experimento...

- Algo entre cinco e dez métricas é um portfólio razoável de indicadores. Devem estar vinculados aos projetos estratégicos, da fase quatro, e também à evolução contínua em direção aos resultados a se entregar delineados na fase três. Sempre apresentados em forma de gráficos de atributos ao longo do tempo (gráficos evolutivos), pois darão ideia das linhas de tendência (uma forma de estimar o futuro). Em nosso entender, a elaboração desse portfolio requer um trabalho de grupo, como nas fases um e dois, e incorpora tanto a ciência como a arte, como já enfatizamos devidamente. Novamente, como na máxima do mundo empresarial: "não existem fórmulas de bolo";

- Finalmente, é necessário reunir periodicamente o pessoal que trabalhou no processo estratégico para avaliar se o negócio caminha para a direção criada. Recomendamos que isso seja feito de quatro a seis vezes por ano. E isso requer julgamento, capacidade de síntese, olhar com o coração e com a alma. Apenas a lógica não trará uma boa avaliação. O olhar além das aparências é que vai contar de fato!

Casos em construção

Sempre que começamos uma nova trilha, seguir o caminho das pedras é uma boa recomendação. Mas e quando o caminho ainda não foi aberto, e as pedras não foram colocadas sobre o solo? Ou ainda, quando o caminho está sendo aberto, e as pedras ainda não se consolidaram em suas posições? É mais ou menos dessa forma que vemos a questão da estratégia empresarial. Caminhos sendo reabertos ou reformados. Nesse sentido, apontar empresas como exemplo é uma tarefa difícil e arriscada.

De qualquer forma, vamos apontar alguns casos que entendemos estarem formando visões inovadoras e interessantes. E, por falar em caminho, este se faz caminhando conforme a sabedoria do poeta espanhol Antonio Machado. Nada mais válido do que isso no caso da estratégia. Esta se desenha observando-se o caminho já percorrido, desbravando-se novas trilhas e abrindo novos horizontes. Alguns autores insistem em indicar sempre as mesmas empresas (grandes grupos invariavelmente) que por serem abertas a pesquisas ou porque compram seus serviços no mercado se dispõem a serem referenciadas. Assim, os exemplos são repetidos, ou enviesados, observando-se realizações que são pinçadas a dedo conforme certos interesses. Mas, preferimos a abordagem da identificação de empresas pelo que observamos de seu comportamento intrínseco no presente, seja através da imprensa ou porque temos contato direto com essas. Há exemplos atuais de uma modelação estratégica similar ao nosso "modelo estelar" tanto internacionalmente como, em alguns casos, no Brasil.

Os grandes grupos da tecnologia da informação como Facebook e Google, já amplamente documenta-

Estratégia: visão e construção do futuro

dos, parecem caminhar cada vez mais para esse tipo de abordagem. O que evidencia esse fato é o tratamento dado ao seu pessoal, o ambiente de aprendizagem interno, o alto grau de liberdade para que cada colaborador encontre sua forma peculiar de contribuir e até pelo horário de trabalho mais do que flexível (de certa forma uma inexistência de horário de trabalho prefixado). A formulação estratégica nessas empresas é algo fluido, que emana de diferentes áreas ao mesmo tempo, e no qual o pessoal está plenamente conectado (até pela facilidade de comunicação interna e externa, dado o grau de sofisticação tecnológica que essas empresas atingiram).

Ao olharmos para como essas empresas foram fundadas e como evoluíram até o estágio atual, compreendemos que foi um processo "desestruturado", quase uma "sincronicidade", em que o fundador estava no lugar certo, na hora certa e com o modelo de negócios certo (muitas vezes dentro de sua inventividade inata e que se tornou um modelo campeão por ele ter aceitado dançar com o desconhecido...). A modelagem estelar que propomos se encaixa com estes exemplos amplamente conhecidos.

Outro exemplo internacional um pouco menos conhecido no Brasil é a empresa Whole Foods Market. No livro *Capitalismo consciente*, os autores John Mackey e Raj Sisodia relatam diversos casos de empresas que adotam uma filosofia de negócios aberta às partes interessadas (*stakeholders*), a uma liderança mais consciente, a uma cultura de abertura e participação e a um propósito maior que apenas o lucro. Verificamos, por meio de nossas pesquisas na mídia, que essas empresas adotaram uma forma de desenho estratégico similar ao nosso modelo estelar. Ao longo de suas histórias, elas foram fundadas por empreendedores visionários, pessoas que davam muito mais valor ao tipo de negócio (em ambos os casos a questão da sustentabilidade é primordial), à valorização do pessoal, à participação das partes interessadas no destino do negócio e ao desenho simultâneo da estratégia pelos públicos, na medida em que o desenrolar do negócio mostrava onde atuar.

Nesse livro, John Mackey relata como desenvolveu o Whole Foods Market a partir do zero, com apenas uma pequena loja em Austin (Texas), mas com uma grande vontade de elaborar uma rede de lojas que vendessem produtos naturais, integrais e de excelente qualidade. Ele foi um jovem não muito dedicado aos estudos, mas com uma profunda crença de que era preciso fazer algo para melhorar o mundo. Entrou para os movimentos de contracultura, aprendeu filosofia oriental e foi morar em uma comunidade em Austin. Mas logo descobriu que isso tudo não era eficiente. Havia sempre a agenda escondida de alguém que queria se beneficiar dos movimentos. Eles eram muito mais políticos do que propriamente humanitários. Isso é algo que realmente enviesa a juventude, muito bem captado por Millôr Fernandes, em entrevista ao programa *Roda Viva* (1989), quando ele profetizou: "Desconfie dos idealistas que querem tirar vantagem pessoal de seu ideal". Após quase dois anos da fundação de sua loja, uma grande enchente em Austin, em 1981, dizimou seus produtos, estoques, instalações, tudo. Porém, todos os seus clientes, fornecedores e amigos o ajudaram a reconstruir sua loja. Foi quando sentiu o poder do amor nos negócios. A partir daí não parou mais de investir numa ideia de empresa para melhorar o mundo e também lucrar.

A trajetória da Whole Foods Market mostra que não é necessário um planejamento estratégico esquadrinhado

Estratégia: visão e construção do futuro

para os negócios, aliás, ele é desnecessário. Quando os eventos da sorte e azar da vida acontecem, é preciso mais do que análises e decisões lógicas. É preciso caráter, coragem, determinação e abertura. Nas palavras de Mackey: "Se os nossos *stakeholders* não se importassem conosco naquela época, sem dúvida a empresa teria deixado de existir. Hoje, com vendas anuais de mais de U$ 11 bilhões (2013), a empresa teria desaparecido no primeiro ano de vida se as partes interessadas não estivessem envolvidas e preocupadas, se não aprovassem o tipo de negócio que oferecíamos".

Através da mídia, estudamos o caso da rede de lojas e produção de biocosméticos The Body Shop, fundada por Anita Roddick. Também um caso de visão de sustentabilidade impressionante. Anita tinha passado parte de sua juventude viajando por diversas partes do mundo e se interessava por culturas indígenas, valores ancestrais etc. Em suas viagens reparou que muitos nativos possuíam produtos à base de plantas ou frutas muito mais eficientes no tratamento da pele do que os cosméticos modernos que ela utilizava na época. Bingo! Quando teve a oportunidade, após abrir um restaurante e vendê-lo, entrou para o setor de produtos naturais e sustentáveis, por meio de uma loja com produção artesanal, aberta em 1976 e vendendo apenas quinze produtos. Eles eram compostos apenas de matérias-primas sustentáveis, embalagens retornáveis e um foco muito rígido na qualidade.

Novamente, o sucesso de Anita não ocorreu por uma abordagem convencional de planejamento e marketing. Ela não testava seus produtos em animais, tinha uma coletânea de valores bem sedimentados a guiar seus passos e não investia em propaganda. Apenas a credibilidade e a qualidade é que iriam impulsionar seu negócio. Essa era a visão. Talvez nem a ideia de impulso para crescer existisse em sua cabeça. A vontade de realizar aquilo que ela tinha visto funcionar nos rituais das comunidades de caça e pesca das eras pré-industriais era sua força motora. Em 2004, a The Body Shop tinha 1980 lojas e 70 milhões de clientes. Foi vendida em 2006 para a L'Oréal e continua a se expandir com sucesso até os dias de hoje.

No Brasil essa abordagem também tem sido utilizada pela Natura, que recentemente ganhou o prêmio de 10ª Empresa Mais Inovadora do Mundo, avaliada pela revista *Forbes*. Algumas empresas de pequeno e médio porte, com as quais temos trabalhado diretamente, como a Nimal Tecnologia – empresa do setor de mobilidade digital e um dos principais braços comerciais no Brasil da gigante multinacional Zebra – ou a Outer, do setor calçadista, também começaram a adotar com bons resultados uma abordagem como a do "modelo estelar" que explicitamos.

Cada vez mais veremos negócios adotando filosofias estratégicas similares, por uma simples razão: não será mais possível, num mercado que evoluiu sua base informacional em progressão geométrica, realizar planos que só podem ser elaborados e executados em progressão aritmética. Para se entrelaçar com o ritmo das mudanças e com a abundância informacional, é preciso a flexibilidade e a inteireza do espírito conjunto dos seres humanos de uma equipe e a visão estratégica fluida, profunda e essencial dessa equipe para confrontar os desafios de uma evolução de consciência que vem revolucionando a forma como encaramos o homem, o conhecimento, o trabalho e o valor do dinheiro.

Referências bibliográficas

BOSSIDY, L.; CHARAN, R. *Desafio*: Fazer acontecer – A disciplina de execução nos negócios. Rio de Janeiro: Campus, 2002.

CHAN, K. W.; MAUBORGNE, R. *A estratégia do oceano azul*. São Paulo: Campus, 2005.

FROMM, E. *A arte de amar*. Belo Horizonte: Ed. Itatiaia, 1991.

LEONARD, G. *Maestria*: As chaves do sucesso e da realização pessoal. São Paulo: Cultrix, 1998.

KAPLAN, R.; NORTON, D. *A estratégia em ação*: Balanced scorecard. São Paulo: Campus, 2008.

KORR, C.; CLOSE, M. *: More Than Just a Game: Soccer vs. Apartheid*. New York: St. Martin´s Press, 2011.

MACKEY, J.; SISODIA, R. *Capitalismo consciente*: Como libertar o espírito heroico dos negócios. São Paulo: HSM Editora, 2013.

PORTER, M. E. *Estratégia competitiva*: Técnicas para a análise de indústrias e da concorrência. Rio de Janeiro: Campus, 1991.

SANDERS, T. *O amor é a melhor estratégia*. Rio de Janeiro: Sextante, 2003.

SENGE, P. et al. *Presença*: Propósito humano e o campo do futuro. São Paulo: Cultrix, 2007.

Entrevista Millôr Fernandes. Disponível em: <https://www.youtube.com/watch?v=ylPkFIwS29k>. Acesso em: 25 nov. 2016.

Caso da empresa The Body Shop. Disponível em: <http://pt.slideshare.net/Yashaswini100/the-body-shop-case-study>. Acesso em: 25 nov. 2016.

CAPÍTULO 7
A LIDERANÇA NA EMPRESA CONTEMPORÂNEA

Paulo Monteiro

Tão falada e tão em falta!

Liderança é um dos temas que mais tem sido abordado nos últimos anos, certamente pela crescente importância que o fator humano vem tendo nas organizações. Isso pode ser visto como algo positivo. O problema está no próprio fenômeno que faz esse termo virar moda. O filósofo espanhol Alfonso Lopes Quintas se refere ao uso de alguns conceitos como "termos talismã". São palavras ou linguagens tão amplas, tão genéricas, que a definição do que significam torna-se difusa, nebulosa e, por vezes, contraditória. O conceito "liderança" com certeza pode enquadrar-se nessa categoria de "termo talismã", já que tem sido usado e tratado pelos mais diversos autores e profissionais, quase como uma palavra mágica para atrair pessoas interessadas e conseguir melhores resultados em suas interações com outros.

Esse onipresente conceito tem marcado presença na capa de inúmeros livros, assim como nas ementas de cursos de graduação e pós-graduação, em cursos breves para executivos, em palestras ao redor do mundo, em milhares de artigos publicados, em centenas de capas de revistas. E quase sempre aparece como o segredo ou a fórmula que alguém revelará sobre a "verdadeira liderança". Este é um conceito muito desgastado e já estudado por um vastíssimo número de pessoas. Então, o grande questionamento vem do fato paradoxal de que, apesar de ser um dos temas mais falados e estudados do *management* atual, grande parte das organizações vive uma crise instalada de liderança. É difícil pensar que isso se deva principalmente a um problema cognitivo, de falta de compreensão sobre o que ela é – isso está razoavelmente claro nas páginas dos livros ou nas aulas dadas nas escolas de negócio.

Como bem coloca Barbara Kellerman, professora de liderança em Harvard (2012):

> Apesar das enormes somas de dinheiro e tempo despendidos na tentativa de ensinar pessoas a liderar, ao longo de cerca de quarenta anos de história a indústria da liderança não melhorou a condição humana de maneira significativa, mensurável ou importante (...)
> Enquanto essa indústria vem progredindo, o desempenho dos líderes, de modo geral, está fraco e, em vários aspectos, pior que antes, frustrando aqueles que acreditaram que os especialistas possuíam as chaves do reino.

Quais podem ser as causas de tamanho paradoxo? Difícil definir com precisão os únicos motivos, mas podemos levantar alguns dos principais.

O primeiro é o foco na figura do líder, a tentação de colocar nos ombros de uma pessoa "especial" o poder de levar uma coletividade à sua "salvação". Essa imagem é muito simbólica e arquetípica, vem das histórias dos super-heróis, dos míticos mocinhos dos filmes, dos grandes comandantes de guerras etc., atendendo o desejo das pessoas de seguirem alguém com visão e habilidades únicas, por vezes quase divinas, capaz de conduzir o grupo aonde ele precisa ir. Talvez um dos arquétipos mais fortes dessas narrativas seja Moisés em sua saga de conduzir o povo de Israel à terra prometida.

Aos poucos o universo de pensadores e propositores da liderança foi entendendo que liderar tem mais relação com um agir e com capacidades coletivas, do que simplesmente possuir um cargo formal de autoridade, ou um carisma fora da curva para influenciar pessoas. Mas mesmo com essa tendência mais saudável de relacionar o liderar a uma atividade mais acessível a qualquer pessoa, o mercado da liderança caiu em outra armadilha, que é uma das principais tentações do marketing: definir manuais detalhados de "como liderar", empacotando essas dicas maravilhosas em produtos apelativos no estilo: seis passos, cinco maneiras, dez virtudes, os sete segredos etc., como se liderar fosse um conjunto determinado de ações, necessárias a quem quer aprender uma nova habilidade, como dirigir ou aprender a jogar golfe, por exemplo.

Os desafios do século XXI são cada vez mais complexos, envolvem diferentes *stakeholders*, diversos contextos e fenômenos, distintos níveis de consciência etc. As soluções para tais desafios são caminhos inéditos, que deverão ser percorridos como experiência única, através de tentativa e erro, de constantes testes, a aventura da aprendizagem emergente. É improvável pensar que uma pessoa conseguirá exercer liderança depois de colocar em prática um manual bem definido de "receitas para liderar". Por outro lado, esses caminhos não serão percorridos por indivíduos isolados ou em uma situação de destaque sobre a coletividade, no estilo de um antigo general em uma batalha que vai na frente, seguido por sua tropa. O exercício da liderança acontece em contextos coletivos, complexos, com ações que não dependem só de uma pessoa ou de alguma autoridade formal. Ela se distribui entre agentes, com ênfases diferentes, oscilando entre ações individuais e coletivas.

É necessário, portanto, dar um salto do foco no Ego, da figura egoica do "líder" – superando inclusive a presunçosa intenção de autores que pretendem dar a chave do sucesso através de suas "cinco dicas" – para a dimensão do Eros, ou seja, a jornada sábia e humilde de indivíduos e coletividades que não têm as respostas (quem as tem no século XXI?), mas que possuem o desejo de evoluir na jornada de elevação da consciência.

A liderança é, portanto, um *fazer* fenomenológico, uma experiência individual e coletiva, que por certo requer cuidados, atenções e a consideração de alguns pontos e caminhos a serem observados, mas que será empobrecida ou reduzida ao ser empacotada em uma caixa de ferramentas com "valiosos segredos" de como liderar.

Tabela 1: *A evolução do conceito de liderança*

LIDERANÇA – VISÃO SÉCULO XX	LIDERANÇA – VISÃO SÉCULO XXI
Indivíduo carismático	Qualquer pessoa pode liderar
Autoridade e poder	Liderança com ou sem autoridade
Seguidor e seguidos	Atividade individual e coletiva, emergente
Manual: "Cinco dicas..."	Desafios complexos: caminhos inéditos
Ego	Eros

Fonte: *O autor*

A autoliderança

Ao longo de nossas reflexões, temos insistido na importância do ser humano ocupar, de verdade, o centro de gravidade organizacional. Inclusive mencionamos nos capítulos anteriores a necessária Revolução Copernicana na concepção do que é a empresa, com a estratégia, a estrutura e a cultura movendo-se em função das pessoas e não como uma camisa de força para elas.

Se esse é o paradigma a ser conquistado e concretizado na organização contemporânea, será necessária uma nova mentalidade e postura do indivíduo que ocupa esse espaço. Tal atitude passa pelo conceito do que Jung tratou como *individuação*, a capacidade de o sujeito entrar em contato com sua essência e identidade para, a partir disso, posicionar-se no mundo. Como coloca o genial psiquiatra suíço:

> Individuação significa tornar-se um ser único, na medida em que por 'individualidade' entendermos nossa singularidade mais íntima, última e incomparável, significando também que nos tornamos o nosso *próprio si mesmo* (Jung, 2011, p. 63).

Essa identidade que Jung atribui ao *Self* é a voz interna do indivíduo, o espaço de sua consciência, e se materializa em um propósito, em uma razão de ser, um significado para seu agir – essa dimensão de um sentido superior que refletimos amplamente nos capítulos da primeira parte deste livro. Ao viver a experiência da individuação, o sujeito se fortalece, é capaz de fazer escolhas conscientes em vez de ser arrastado pelas escolhas de outros. Suas ações são executadas para alimentar o seu propósito, não vive para satisfazer as expectativas alheias, mas para cumprir uma missão e deixar um legado. Sua motivação, portanto, é intrínseca, vem de dentro de si mesmo e não de elementos externos como elogios, recompensas, imagem, fama etc.

O movimento de individuação passa por responder a algumas perguntas, como:

- Quais são os meus valores, o que acredito que é importante e melhor na vida de um ser humano?
- O que me satisfaz e realiza?
- O que adoro fazer, o que me dá prazer ao executar?
- O que faço bem ou tenho facilidade para aprender?
- Qual é meu estilo de comportamento, como prefiro me relacionar com o mundo?
- O que quero deixar como marca e legado para a humanidade?

Tendo clareza das respostas a tais questões e estando em contato com seu eu mais profundo, o indivíduo estará apto para fazer as melhores escolhas, e no caso da organização onde atuará, se certificará que esta convirja com sua identidade. Ao conseguir essa sinergia – já mencionada no Capítulo 5 – o sujeito vive a significativa experiência do engajamento, aumentando consideravelmente seu espaço de protagonismo e obtendo melhores e mais perenes resultados. Além disso, ele percorre o caminho necessário de ampliação de consciência, o estágio da *Mente Autotransformadora* (de Kegan, ver Capítulo 5), no qual o ser humano é capaz de distanciar-se de si e do sistema em que está inserido, para agir em busca da evolução individual e coletiva.

Algumas ações e caminhos essenciais para a organização maximizar a auto liderança:

- Recrutar pessoas e não "cargos": o modelo mecânico ao que nos referimos na primeira parte do livro priorizou o foco nas áreas e funções da empresa, o peso tem sido em cargos ou posições no organograma. Assim, o sistema de recrutamento se pauta em atributos genéricos, abstratos, que qualquer um poderia, teoricamente, encarnar. Isso faz com que os profissionais comecem sua relação com a organização a partir do que *devem fazer* e não do seu melhor, seus diferenciais e principais forças. Quando o centro de gravidade é o ser humano, a organização é flexível o suficiente para adequar-se aos talentos que tem e submeter a estrutura e processos à potência humana que a compõe. O foco do processo de recrutamento em uma organização consciente deve partir dos valores do indivíduo, seu propósito, talentos e paixões, e ao verificar-se que há uma adequação com os valores, propósito e cultura da empresa, buscar um espaço de contribuição para o candidato selecionado.

- Elaborar e executar um processo de formação diferenciado. É fundamental desenhar um caminho de desenvolvimento organizacional que combine aspectos universais e comuns, como metodologias e conteúdos (trazendo temas como propósito, valores, talentos etc.) com uma dinâmica fluida e adequada para cada situação. Atividades coletivas de desenvolvimento combinadas com *coaching* e *mentoring* trazem uma composição ideal para a execução eficiente de tais tipos de programas. Nessas trilhas e atividades, cada colaborador deve ter o espaço e oportunidade para refletir sobre o que quer e pode realizar da melhor maneira, compondo uma estratégia e plano de desenvolvimento, buscando os caminhos e ações para concretizar sua intenção em um novo patamar de evolução.

- Criar uma cultura de desenvolvimento, superando a mentalidade de "eventos" que ainda impera em grande parte das organizações. Estas, muitas vezes impulsionadas pela necessidade de utilizar o orçamento de desenvolvimento, investem em treinamentos, cursos, palestras etc. de maneira pontual, ou seja, com um início, meio e fim, sem conectá-los com sua estrutura ou processos e sistemas vigentes ou com a realidade e rotina do dia a dia organizacional. Este foco pontual instrui, treina, informa, mas não se traduz em aprendizagem ou evolução, já que não está unido aos desafios reais e contínuos dos indivíduos e equipes.

- Nessa dinâmica de desenvolvimento, a empresa deve buscar oferecer vagas e espaços internos de trabalho, oportunidades de mudança de áreas e funções, enfim, todo um horizonte que viabilize o caminho de crescimento do colaborador. É difícil imaginar o alcance da excelência, designando as pessoas à força a determinadas funções, áreas ou atividades (como quando forçamos o encaixe de uma peça errada do quebra-cabeças, insistindo que é a certa). Só por um processo centrado no ser humano, *de dentro para fora* (da essência para a estrutura), a potência humana – defendida por pensadores como Espinosa, Nietzsche, Heidegger, Hannah Arednt e tantos outros – acontecerá: a criatividade será liberada como uma chama a partir do espaço de maestria, excelência, realização e fluxo.

- Capacitar e projetar uma equipe de desenvolvimento formada por profissionais da área de pessoas e gestores de diversas áreas, com o objetivo de vitalizar o caminho de evolução dos colaboradores, integrando as ações mais genéricas de formação com os desafios da rotina organizacional. A aliança entre a área de pessoas e os gestores é o melhor caminho para materializar o desafio de desenvolver profissionais *in loco, on the job*, na situação real e experimental que eles vivem.

O espaço propício para o exercício da liderança

Como mencionamos nos capítulos anteriores, a organização consciente requer uma nova forma de pensar e conceber sua estrutura e cultura para realizar de uma maneira mais efetiva sua estratégia. Quando falamos em liderança, há a necessidade de provocar e formatar esse espaço diferenciado como um *container* de propósito compartilhado. Considerando e incluindo os propósitos individuais, a organização se configura como um grande *propósito coletivo*, que transcende a intenção de cada indivíduo, projetando a todos e a cada um para uma visão inspiradora e mobilizadora. Partindo desse contexto significativo, a liderança será a ação capaz de dinamizar, influenciar e mobilizar a coletividade em direção a esse princípio/destino ao qual todos convergem.

Como vimos no Capítulo 1, há em toda pessoa a vocação e capacidade intrinsecamente humana de conectar-se a algo maior, universal, totalizante. Como menciona Peter Senge em uma das entrevistas que concedeu, o ser humano tem uma espécie de "reserva" de sentido, que muitas vezes está adormecida ou em estado potencial. Quando conectamos o indivíduo com seu "porquê", o propósito de sua jornada, diz o autor e consultor americano, não há nada que não possa enfrentar ou superar.

Há alguns anos o mundo testemunhou o impactante episódio de 33 mineiros chilenos que ficaram soterrados na mina em que trabalhavam por mais de setenta dias, vivendo condições limitadíssimas de sobrevivência. Ao final da exitosa ação de resgate, da qual todos saíram com vida, o interesse mundial, da mídia e de todas as pessoas que acompanhavam o acontecimento, era saber como conseguiram superar tamanha dificuldade. Logo conhecemos as narrativas dos protagonistas, contando como se mobilizaram em torno do propósito de sair com vida daquela situação-limite, por suas famílias e por seu país. Organizaram e dividiram funções, com uma disciplina diária que incluía atividades físicas, jogos e outras práticas individuais e coletivas. Essa rotina foi reforçada pelo contato que passaram a ter com o mundo externo, através de câmeras e canais de comunicação que os conectaram com seus entes queridos e compatriotas. Essas pessoas que poderiam ser vistas como vítimas de uma tragédia – ou pobres coitados condenados a um fim trágico –, passaram a ter um motivo maior para viver, um "porquê" que valia a pena e essa energia foi, certamente, a responsável pela exitosa superação daquela crise que não escolheram.

Grande parte das organizações não consegue despertar essa faísca de propósito e energia de significado em seus colaboradores porque, como já refletimos, o foco é outro: as pessoas são consideradas "recursos", "mão de obra", ou no muito utilizado termo inglês, *head count*. Recursos não têm alma nem propósito, não são capazes de superar-se e adaptar-se por um motivo maior, inspirador. Só executam o que deve ser executado, e o fazem porque a única energia que opera como um grande centro de gravidade é a entrega de resultados, o fim que se basta.

O já mencionado ex-treinador Phil Jackson, defende que, antes de olhar para o placar, o técnico de um time de basquete deve olhar para o espírito dos jogadores e da equipe. Diz ele: "A maioria dos técnicos queima os miolos com táticas, mas o que sempre me interessou era se os jogadores se movimentavam em conjunto e motivados" (2014, p. 29). Exercer liderança passa também por buscar as condições para que as equipes se *movimentem em conjunto e motivadas*. E o que garante que um time opere *em conjunto e motivado* é o sentimento de propósito, de prazer, de unidade, de realização e legado. Por isso, Jackson, quando treinava o Chicago Bulls, buscou proteger os treinamentos de olhares e intervenções externas, formando uma mística de "santuário" na equipe, inspirando os jogadores com as práticas dos guerreiros Lakota e reunindo os jogadores em círculo para conversarem, porque a formação circular é um símbolo da harmonia fundamental do Universo (Jackson, 2014).

Ao pensar e conceber a organização como um *espaço significativo*, uma célula viva e orgânica de propósito compartilhado, protegendo-a como um espaço sagrado, garantimos o contexto propício para o exercício da liderança: um agir individual e coletivo que busca preservar a capacidade adaptativa e evolutiva da coletividade, em direção ao seu destino comum.

Mobilizar o sistema para os seus desafios

Terminamos o Capítulo 5 relembrando o Mito da Caverna de Platão – que nos inspira neste livro desde o Capítulo 1 – como a jornada de autenticidade e elevação de uma cultura organizacional, o caminho ascendente de uma pseudocultura (o interior da caverna tomada pelas sombras) para a luminosidade de uma coletividade autêntica e fiel na busca de seu propósito e valores.

Tendo essa metáfora como pano de fundo, podemos dizer que o exercício da liderança é um agir/fazer que mobiliza a cultura para "fora da caverna", para o espaço luminoso da autenticidade, que não é um estado perfeito, nem muito menos uma situação estática ou "final", e sim uma dinâmica constante de um sistema que se esforça por ser coerente com o que se propõe e com seus princípios.

No presente capítulo, inserimos dois elementos-chave para falar de liderança nas organizações: a possibilidade de maximizar a autoliderança como um nível de consciência superior que viabiliza essa jornada para uma situação melhor e mais consciente, e a criação de condições que permitam um contexto significativo para que tal ação possa fluir.

Vamos olhar agora com maior detalhe para este agir em prol da jornada de autenticidade, a liderança como um fazer individual e coletivo que viabiliza os pilares/ momentos que tratamos quando falamos da dinâmica em busca da cultura superior, no Capítulo 5.

O ponto de partida ou o fundamento a partir do qual a liderança poderá acontecer é a identidade e o propósito da organização: por que ela existe, quais seus princípios e valores, a quem serve, o que busca como diferencial, valor agregado, o que quer deixar como legado – pontos já amplamente tratados ao longo de nossa reflexão. É muito fácil, como vimos, esquecer essa dimensão e passar a operar em um nível básico onde o que importa são as ações mais concretas do dia a dia, os processos, os recursos e os resultados. Ao perder a consciência da dimensão do propósito, a coletividade carece de um parâmetro ou termômetro que a permita discernir se está indo pelo melhor caminho, se está no mundo das sombras ou no da luz – para manter nossa analogia.

Liderar, portanto, implica levar o sistema a olhar para o presente e seus desafios de futuro em função de sua identidade mais profunda. Quando esse direcionamento não está claro na organização, é preciso então invocá-lo: o que queremos como coletividade? Em que acreditamos? Onde gostaríamos de chegar? Quais são nossos princípios básicos, valores e pilares inegociáveis? Qual a marca que queremos deixar para nossos clientes ou consumidores e para a sociedade? Provocar essas questões e buscar as respostas coletivamente é tarefa inadiável no exercício da liderança se quisermos colocar a organização em marcha para um estado superior. E com frequência essas questões trazem consigo decisões difíceis.

Participamos em alguns projetos em que empresas familiares se propuseram a parar para refletir – trazendo sua rica história – sobre seus desafios e novos destinos que queriam traçar, que certamente não representavam o mesmo caminho que as levaram até aquele momento. Em reuniões complexas que incluíam a escuta do sistema, as conversas eram densas, intensas e difíceis, pois traziam o árduo desafio de conciliar a essência e tradição com a reinvenção, um novo caminho que ainda não havia sido traçado e que exigiria abrir mão de práticas antigas e obsoletas.

Vemos, portanto, que além do sentido maior ao que nos referimos ao longo de nossa reflexão – a razão de ser da empresa – o exercício da liderança requer um propósito concreto ou intenção específica na hora de agir e mobilizar/influenciar o sistema. Essa intenção deverá ser a vontade de provocar e orientar a organização em direção aos seus reais desafios e necessários espaços de evolução, mesmo sabendo o custo que essa adaptação trará.

Para poder chegar à intenção de liderança é fundamental colocar em prática a capacidade de distanciamento, ou seja, fazer o que Edgar Schein (2009) recomenda quando menciona que, para buscar liderar ou influenciar uma cultura, o primeiro passo é ganhar distância e perspectiva dela, percebendo os espaços de melhoria e evolução que existem.

E distanciar-se significa:

- Ver o sistema "de cima": quando estamos decolando em um avião, distanciando-nos da superfície, percebemos com outra perspectiva a cidade onde estávamos há uns minutos. Vemos as muitas ruas e avenidas, os lugares mais lindos e os menos atraentes, a situação variada do trânsito nas diferentes vias etc. Só de cima é possível ver isso. Quando estamos na cidade, precisamos consultar a rádio para saber a situação do trânsito e, se estamos visitando o local pela primeira vez, será necessário um guia turístico ou uma boa consulta na internet para saber onde estão os lugares mais bonitos. Ao distanciar-nos da cultura ou da coletividade em que estamos inseridos, vemos aquele sistema com visão panorâmica, "olhamos para" e buscamos responder algumas perguntas para termos uma melhor leitura da situação: o que está acontecendo aqui? O que está em jogo? Como se configura esse sistema? Quem está envolvido nessa situação? Quais são as agendas ou os "quereres" de cada um? Há alianças? Quais? Há temores? Quais?
- Ao mapear o sistema "de cima" é possível ter um retrato amplo de sua situação e a partir disso visualizar as melhores oportunidades de intervenção. Ao mesmo tempo que se faz esse "voo panorâmico" faz-se um movimento em profundidade, em busca do que é mais sutil. Quando mencionamos

perguntas como "quais as agendas? " ou "quais os temores?", nos movemos em direção a uma dimensão mais profunda e implícita. Começamos a mergulhar no que não é dito ou explicitado – o inconsciente organizacional – que muitas vezes é o mais relevante em termos de informações sobre o sistema. Para chegar a esta dimensão é importante incorporar e treinar um outro tipo de olhar, mais sensível ao que não é percebido pelos cinco sentidos. A liderança do século XXI terá que, necessariamente, desenvolver essa aptidão, em uma era na qual a complexidade, o tácito e o não manifesto, cada dia são mais importantes para o futuro de qualquer coletividade (PASSARELLA, 2013).

Para conseguir o difícil passo em direção à autenticidade da cultura, dinâmica analisada no Capítulo 5, será fundamental perceber quais são os elementos que estão por trás e "abaixo" dos comportamentos visíveis. Ao perceber essa dimensão, seremos capazes de intervir para mobilizar o sistema em direção a uma possível mudança ou caminho de evolução.

No excelente filme *Patch Adams: O amor é contagioso* (1998), há uma cena que ilustra muito bem essa capacidade de distanciamento, seguida de uma poderosa intervenção. O protagonista, o estudante de medicina chamado Patch, aluno de uma faculdade tradicional, caracterizada pelo tratamento mais técnico ou "frio" dos pacientes, se encontra em uma aula prática com vários outros colegas. O professor-médico estava explicando um caso muito crítico de uma paciente real, que se encontrava presente no meio de todos os alunos. Em um momento um dos estudantes pergunta sobre possíveis consequências da doença daquela senhora, ao que o professor responde "neste quadro, podemos chegar ao caso de amputação". Não precisamos de muita imaginação para pensar na reação da paciente, totalmente alarmada e chocada com o que acabava de ouvir. Neste momento o professor pergunta aos alunos se há mais alguma questão e Patch, que se encontrava atrás no grupo, se dirige à paciente com interesse: "Qual o seu nome?". Um silêncio sepulcral toma conta do local, todos olham para Patch e em seguida para o professor, que checa os seus registros e murmura: "Margery". Patch então olha para a paciente e diz com um sorriso amável: "Olá, Margery". O professor então, visivelmente contrariado e desconcertado, convida o grupo a continuar a aula prática.

Nessa cena o personagem representado pelo ator Robin Williams, baseado em uma história real, consegue ter o distanciamento que nos referimos. Sem nenhum cargo ou autoridade formal (estamos falando de um estudante de medicina), ele percebe que aquele hospital, que certamente devia declarar-se comprometido com seus pacientes, tratava os doentes como coisas, bonecos a serviço de uma medicina mais técnica e científica. Do ponto "panorâmico" de onde tomou a perspectiva, em um momento breve no qual pôde ler a cena de forma imediata, Patch foi corajoso ao fazer uma intervenção poderosa e educada ao mesmo tempo. Perguntando o nome da paciente, passou uma forte mensagem implícita para todos os que estavam reunidos ali: "Somos estudantes de medicina e estamos falando abertamente que talvez essa mulher terá que amputar a perna e nem sequer sabemos seu nome. Que tipo de médico queremos ser? Que tipo de faculdade é essa que trata seus pacientes dessa forma? Qual a nossa real visão sobre a medicina e sobre as pessoas que pretendemos curar?".

A liderança na empresa contemporânea

Não é rara, infelizmente, a experiência de ser mal atendido em um hospital, mesmo vendo pendurados em suas paredes quadros que declaram cuidado e prioridade aos pacientes. Quando vemos, como o personagem de Patch, que a realidade não corresponde à promessa explícita, estamos constatando que as pessoas envolvidas no antiexemplo preferem a atitude incoerente porque estão recebendo algo que é melhor para eles naquele momento. No caso dos colegas de Patch, o foco era o conteúdo, a técnica, os estudos, as notas, para que pudessem passar nas matérias com excelentes avaliações e se formarem como "ótimos" médicos. O resto, como uma paciente ouvindo sobre sua possível amputação, não era relevante naquele momento. Mas em um contexto como um hospital, essa discrepância passa a ser totalmente essencial e reveladora, demandando uma necessária intervenção em busca de uma saudável ruptura capaz de gerar mudança.

Distanciar-se do contexto requer, portanto, a capacidade de entender "o que está acontecendo aqui" de forma mais macro, ao mesmo tempo que profundo, e após chegar a esse nível diferenciado de visão, optar pela ação, intervir no sistema para provocar a mudança necessária. No âmbito organizacional, nos deparamos diariamente com esse tipo de situação: temas que estão implícitos e que necessitam ser explicitados para que o sistema possa evoluir. Só que essa ação requer coragem e braveza pois, necessariamente, irá gerar desequilíbrio e desconforto no sistema. Tal coragem para a intervenção deverá ser motivada pelo propósito, como comentamos anteriormente, por esse "ponto B" ideal ao qual a organização deve sempre se orientar.

Quando nos distanciamos do sistema ou da cultura para ganhar perspectiva e depois intervir poderosamente em direção ao propósito, muitas vezes trazendo rupturas necessárias, a temperatura se eleva naturalmente, os ânimos podem acirrar-se, porque há um impacto na rotina, na inércia, no *statu quo*. Este é, sem dúvida, o momento desconfortável e arriscado do exercício da liderança. Para exercê-la, o indivíduo ou o grupo terá de experimentar o "frio na barriga" de um ambiente tenso, buscando "aguentar firme", harmonizando suas reações a partir de uma boa dose de inteligência emocional e equilíbrio psíquico. Liderar pode ser gratificante e edificante, mas fácil não é. Há um alto preço para isso e poucos estão realmente dispostos a pagá-lo.

Vemos essa capacidade em ícones da liderança, que todos admiramos. Homens que mostraram um gigantismo interior em levar adiante seu propósito, muitas vezes sem cargo ou autoridade formal. É o caso de Martin Luther King. O doutor/pastor da causa da igualdade racial não é admirado por sua incrível liderança simplesmente porque "falava bonito". Sem dúvida sua oratória o ajudou a levar a cabo sua missão, mas não foi essa competência o principal fator de seu liderar. Seu modelo e exemplo de liderança vem pela extraordinária capacidade de aguentar a alta temperatura que ele ajudou a provocar, nos Estados Unidos da década de 1960, ao mesmo tempo que seguia alimentando o país com o ideal inspirador da igualdade racial.

Doutor King teve de suportar a imensa pressão que vinha de todos os lados: os racistas do sul, amparados pelo governador do Alabama e outras autoridades, que mais de uma vez espancaram os manifestantes daquele estado; o presidente Lyndon Johnson, que pedia que ele recuasse e desistisse de mobilizar os negros, prometendo uma solução mais a longo prazo; os mesmos companheiros negros mais radicais que não aceitavam a filosofia da não violência. MLK buscou equilibrar a pressão, articulando os diferentes grupos, explicitando sempre o propósito maior, mas não evitando a alta tensão em momentos como a primeira grande caminhada de Selma, quando a polícia bloqueou a ponte e avançou selvagemente sobre os manifestantes. King sabia que este evento estava sendo filmado em cadeia nacional e entendeu intuitivamente que os Estados Unidos estariam, pela primeira vez, cruamente diante da grande incoerência entre o que diziam ser – o país da liberdade e da igualdade – e o que realmente demonstravam ser: uma sociedade selvagemente racista. A capacidade de Martin de ver o sistema de cima, provocar as questões mais candentes, suportando a tensão da alta temperatura por uma causa maior, o permitiu protagonizar, ao lado do presidente Johnson, a assinatura da Lei de Direitos Civis, em 1964 (Heifetz, 1997).

Um dos principais inspiradores de King, Mahatma Gandhi, já tinha trilhado o árduo caminho de uma liderança grandiosa, sem cargo ou carisma, quando mostrou aos britânicos a distância entre a imagem que tinham de si mesmos – uma sociedade culta, educada, sábia – e a dura realidade da opressão que realizavam na Índia, uma de suas principais colônias. Com um comportamento exemplar e com uma invejável coerência, fiel ao princípio da não violência e com atitudes extremas como a greve de fome, fez os principais interlocutores – Índia e Inglaterra, e o mundo todo – perceberem que era necessário um caminho de mudança para uma situação que tinha chegado ao seu limite.

Seria um erro olharmos para esses clássicos exemplos de pessoas heroicas em suas virtudes (que para nossa sorte sabemos que não eram super-heróis, mas frágeis, vulneráveis e imperfeitos como nós!) como casos emblemáticos, históricos e muito distantes do nosso dia a dia organizacional. Na verdade, todo exemplo de autêntica liderança representa um testemunho de alguns princípios, condições e atitudes que podem ser observados e vividos por todos nós, nos diversos momentos e contextos de nossa vida. A questão sempre será a mesma: até onde queremos ir? Que preço estamos dispostos a pagar? Qual a temperatura máxima que queremos permitir? Quanta pressão podemos suportar? Quão convictos e aderentes estamos ao nosso propósito? Essas são as perguntas-chave que definirão a opção de um indivíduo ou grupo por liderar ou não.

As organizações são espaços cheios de oportunidades para trazer as questões essenciais à tona, optando por mobilizar o sistema em direção aos desafios que seu propósito impõe. A questão é que poucas pessoas estão dispostas a pagar o preço dessa dolorosa dinâmica. Por isso há tantos cursos, aulas, livros, manuais de liderança e tão poucos exemplos que possam nos inspirar nesse campo do conhecimento.

Não devemos julgar quem opta por salvar sua pele ou mesmo por "ficar na sua", quieto e tranquilo, para manter seu *statu quo* e o original estado de conforto. Cada um tem sua liberdade e o poder de escolha. Mas o que podemos afirmar é que somente a liderança autêntica, verdadeira, exemplar e corajosa é capaz de influenciar e mobilizar um sistema para seu destino maior. Não há liderança com manutenção do conforto e status, não se lidera sem correr riscos. Como diz Ronald Heifetz (2002), "liderar é viver perigosamente". Mas esse risco, esse andar no fio da navalha, nos leva, na maioria das vezes, a uma realidade superior, melhor, e a história, que é justa e implacável, reconhece quem ousa passar por um caminho tão desafiador. No outro lado da estrada, está a recompensa de ter realizado a missão, ter cumprido o propósito, ter deixado o legado como dádiva para a comunidade. Se liderar é difícil e arriscado – e por vezes traz o amargo sabor de caminhar por sendas espinhosas –, por outro lado nos brinda o doce elixir da contribuição significativa, a doação de nosso coração e espírito pela nobre causa da evolução de nossas comunidades.

Figura 1: *O ciclo da liderança diante dos desafios inéditos do século XXI*

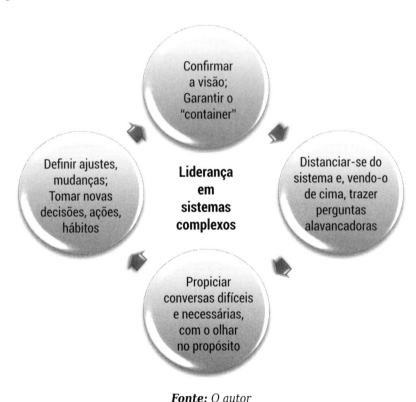

Fonte: *O autor*

A difícil arte de liderar

Depois de refletirmos sobre a natureza do liderar e alguns desafios dessa atividade, conseguimos entender por que há tão poucos exemplos de liderança à nossa disposição. Liderar é uma arte que envolve razão e intuição, presença, conexão com a própria essência, com a voz interior, e ao mesmo tempo com o contexto, com o que físicos e filósofos de diversas linhas chamam *o campo*. Estar totalmente conectado com a própria missão e com o que o sistema pede naturalmente. Esta disposição e forma de agir é uma experiência não determinista ou predefinida, mas experimental: vai se desdobrando à medida que vamos agindo e avançando. É uma jornada, um caminhar e não um "plano" ou uma "rota" estabelecida *a priori*. Daí sua característica "artística". Grandes artistas, como Picasso, iam percebendo sua obra à medida que avançavam no ofício de pintar. O gênio espanhol tinha sua ideia geral, seu propósito, mas não sabia todos os passos que daria, nem todos os detalhes da obra que estava por surgir.

Liderar no século XXI tem mais a ver, portanto, com um estado de espírito, com um nível de consciência superior que seja capaz de ver o que não se vê de forma superficial ou apressada. A luz que está "fora da caverna" só será possível ser vista e experimentada por quem for capaz de distanciar-se e liberar-se das correntes que o aprisionava e o condenava a ver as sombras como se fossem a realidade. Nessa jornada, quem estiver disposto a exercer liderança será visto como diferente, estranho e até como inimigo, pois ameaça o *statu quo*, o conforto de ver o que a coletividade está acostumada a ver.

Mas assim como os grandes artistas rompem com a

A liderança na empresa contemporânea

inércia de uma existência cinza e insulsa, quem quiser exercer a liderança terá de buscar a coragem da ruptura e da transgressão, que depois será recompensada com a consciência de ter feito o que era necessário fazer, o que o sistema pedia, o que o Universo convidava, mesmo com o alto preço a ser pago. A verdadeira liderança traz o doce sabor da certeza de ter realizado o melhor possível em uma situação que pedia grandeza. Poucos experimentam esse sereno estado, mas os que o vivem acabam por entender que, ao final, vale muito a pena liderar!

Referências bibliográficas

HEIFETZ, R. *Liderazgo sin respuestas fáciles*. Barcelona: Paidós, 1997.

_____.; Marty, L. *Liderança no fio da navalha*. Rio de Janeiro: Campus, 2002.

JACKSON, P. *Onze anéis*. Rio de Janeiro: Rocco, 2014.

JUNG, C. G. *O eu e o inconsciente*. Petrópolis: Vozes, 2011.

KELLERMAN, B. *O fim da liderança*. Rio de Janeiro: Elsevier, 2012.

PASSARELLA, W. *O despertar dos líderes integrais*. Rio de Janeiro: Qualitymark, 2013.

SCHEIN, E. *Cultura organizacional e liderança*. Rio de Janeiro: Atlas, 2009.

CAPÍTULO 8
GOVERNANÇA INTEGRAL E PERENIDADE

Wanderlei Passarella

Perenização adaptativa

Como asseverado por Peter Drucker: "Para sobreviver e ter sucesso, cada organização tem de se tornar um agente da mudança. A forma mais eficaz de gerenciar a mudança é criá-la". Nesse novo sentido, a governança, se olhar a organização de forma integral, tratará de auxiliá-la a criar o seu futuro, a pavimentar um caminho de sucesso a longo prazo, trabalhando pelas mudanças necessárias a uma "perenização adaptativa".

Dentro dos novos paradigmas que abraçamos nos quatro primeiros capítulos, definir sucesso é algo que foge à visão estreita do resultado monetário de curto prazo e das fusões & aquisições que solapam a identidade de empresas e de seus sócios. Sucesso, para nosso propósito de governança, passa a ser função de uma tríade: reconhecimento (dos públicos), resultados (alimento para o negócio) e evolução (atestado da competência em perenização adaptativa). O reconhecimento dos públicos traz embutida a ideia de que diversos valores estão sendo oferecidos aos diferentes participantes do processo da empresa, tanto seus clientes como colaboradores, acionistas, fornecedores e outros. Os resultados (entendidos de forma ampla) incluem tanto os monetários como os "não monetários", fontes de renovação construtiva para o negócio. Evoluir constantemente é, talvez, o atestado mais contumaz do sucesso. Alguns negócios aparentam ser uma estrondosa realização, mas decaem tão rápido quanto sua ascensão. A capacidade de se adaptar às diversas alterações do meio ambiente e às variáveis exógenas da empresa é o ponto crítico para realizar esse sucesso. Existe aqui um paralelo perfeito com a natureza, algo já devidamente explorado por Arie de Geus, em seu livro *A empresa viva*, como já comentado no Capítulo 5. Governança é, portanto, o mecanismo de maximizar essa possibilidade de longo prazo.

A governança corporativa responde à demanda dessa tríade e ainda possibilita a independência do negócio em relação aos "personalismos", permitindo a sucessão de quadros executivos com certa tranquilidade, quando focada em ressaltar os aspectos mais críticos desses novos paradigmas trazidos nos capítulos da segunda parte, tais como a cultura organizacional e o foco em sistemas de trabalho que sejam orientados para os amplos resultados (para o indivíduo, para a empresa e para a sociedade) discutidos anteriormente. A boa governança pode ser a resposta para o dilema de conversão dos negócios atuais em negócios mais conscientes e alinhados com uma visão holística do homem, do conhecimento, do trabalho e do dinheiro.

Além de avançarmos na direção de o que caracteriza uma boa governança integral, precisamos compreender melhor do que se trata o termo, como nasceu o espírito de governar um negócio, o que o diferencia da gestão (ou administração de empresas), que barreiras é preciso sobrepujar para se buscar a sua implantação, em que tipos de empresas ou negócios ela é cabível e que futuro parece reservado a ela. Esses são os passos que daremos neste capítulo.

O que é governança corporativa

Ela nasceu recentemente, a partir do ativismo dos minoritários, em empresas abertas de grande porte para resolver os chamados "conflitos de agenda". Estes nada mais são do que as diferenças de interesses entre acionistas, controladores da empresa e executivos. Cada um desses públicos pode ter desejos diferentes em relação a como maximizar o resultado da empresa e em que direção. Assim, a governança surgiu com força após o aparecimento de escândalos em grandes países entre a década de 1980 e 1990. Foi com o movimento dos acionistas minoritários e investidores nos Estados Unidos que, para se protegerem dos abusos feitos pela diretoria executiva das empresas, da inércia dos conselhos de administração inoperantes e das omissões das auditorias externas, despertaram a busca por regras e criação de sistemas de monitoramento interno e externo que impedissem esses abusos das empresas perante seus investidores.

Alguns autores alegam que quando surgiu a primeira *corporation*, na Inglaterra, por volta de 1650, com acionistas que elegeram um conselho que nomeou um CEO, estava criada a governança corporativa (GC). O que começou nos Estados Unidos em 1984 com Robert Monks (Rosenberg, 2000) foi o movimento de modernização da governança. Mas a maioria dos autores idealiza mesmo a governança corporativa como uma forma maior de administrar, no qual exista equilíbrio efetivo de poderes e onde um conselho de administração (composto por acionistas e membros independentes de fora da organização) atue em prol das grandes questões do negócio. E isso só aconteceu no fim do século XX.

A implantação da governança corporativa contribui para um desenvolvimento econômico sustentável, proporcionando melhorias no desempenho das empresas e acelerando resultados, além de facilitar o acesso a fontes externas de recursos. No Brasil, essa discussão e a busca pela transparência na gestão se intensificaram a partir de 1999, com a criação do Instituto Brasileiro de Governança Corporativa (IBGC), fundado a partir do Instituto Brasileiro de Conselheiros de Administração (IBCA) e da elaboração do primeiro Código Brasileiro das Melhores Práticas de Governança Corporativa.

As práticas da boa governança são baseadas em quatro princípios básicos fundamentais, que são: a transparência (*disclosure*), a equidade (*fairness*), a responsabilização (*accountability*) e o respeito ao cumprimento das leis ou conformidade (*compliance*). O Conselho de Administração é o órgão que se reveste do poder legal e fiduciário para zelar por esses quatro princípios básicos, e vem evoluindo atualmente para se tornar o órgão de onde emanam as diretrizes e decisões principais de uma empresa de qualquer porte. Ele se torna um colegiado potente, com pessoas que atuam de uma perspectiva crítica e externa à organização e que equilibram poderes trazendo limites às atuações do corpo executivo.

Pelo que expusemos, fica claro a diferença entre governança e gestão. Enquanto a governança corporativa se atém a essas grandes questões organizacionais, às diretrizes, às decisões principais no que tange aos rumos da empresa e aos quatro princípios básicos mencionados, a gestão se ocupa das funções operacionais do negócio, como marketing, finanças, produção e recursos humanos. E este tem sido o foco deste livro: repensar o vetor quádruplo sobre homem-conhecimento-trabalho-dinheiro para, em um novo paradigma mais holístico e integral, redefinir as funções diretivas de uma organização, quais sejam cultura & estrutura, estratégia, liderança e governança. Não é o foco deste trabalho repensar as funções de gestão de uma organização, tais como marketing, finanças, produção e recursos humanos, pois estas são mais técnicas do que humanísticas, mais correlacionadas à ciência administrativa do que à arte administrativa – onde os pontos centrais estão ligados às grandes questões de direção!

Barreiras a sobrepujar

A governança corporativa (GC) desponta como o principal desafio dos negócios nesta virada para o século XXI. Empresas de diversos portes podem se beneficiar de uma abordagem estruturada de governança, pois esta se dedica às grandes questões diretivas e deve ter como foco a sobrevivência em longo prazo, como já foi abordado.

Assim, a governança corporativa se mostra como um dos mais importantes processos empresariais que pode trazer impactos significativos para os públicos diretamente ligados ao negócio, bem como para a sociedade como um todo. Se, aliado à preponderância que ela vem ganhando em grandes empresas, devido aos seus quatro pilares fundamentais já citados (transparência, equidade, responsabilização e conformidade), a governança corporativa também se colocar como um processo integral de desenvolvimento da organização, ela trará uma trilha de muitas inovações e de implantação coerente para os mais diversos tipos de empresas, desde as pequenas familiares, passando pelas empresas médias de capital fechado, até as grandes corporações de capital aberto. Temos observado que em pequenas empresas o processo de governança é equivalente a uma mentoria, em que o mentor externo exerce o papel de conselheiro. Nas médias empresas, a governança corporativa é exercida por um conselho consultivo, com membros de fora e de dentro da organização. Em grandes empresas, a governança corporativa é executada por um conselho de administração, com todos os bônus e ônus da atividade, com uma ampla representação de conselheiros externos independentes e a responsabilização plena pelas grandes decisões do negócio.

O assunto ainda é um tanto incipiente, dado o histórico que apresentamos na Introdução. E, para progredir na escala para a qual antevemos o seu progresso, ainda existem inúmeras barreiras a serem sobrepostas. Entre essas, destacamos: o desconhecimento, o utilitarismo imediatista, a motivação de acionistas, a hierarquização demasiada no Brasil e a falta de cultura para tomada de decisão conjunta.

Governança integral e perenidade

- **Desconhecimento:** A governança corporativa ainda é um assunto um tanto quanto desconhecido do público em geral e dos empresários em particular. Não é incomum encontrarmos homens de negócios pensando que a instalação de um conselho é para "aconselhar" o presidente da empresa ou os seus acionistas. O que se convencionou chamar de conselho de administração, em português, seria mais bem definido como "mesa diretora" (do inglês *board of directors*), pois afinal não são pessoas que aconselham, mas que decidem e tem dever de diligência. Compreender o que é uma mesa diretora, qual é o seu papel e como ela pode influenciar decisivamente no desenho de um futuro promissor para uma empresa é um desafio contemporâneo de comunicação, para uma maior penetração do processo de governança corporativa no mercado em geral;
- **Utilitarismo imediatista:** Vemos muitos empreendedores pensando de forma limitada sobre seus negócios, fazendo-os canais apenas para suas necessidades financeiras. Sem dúvida, esse é um dos grandes objetivos, mas não pode ser o único. Quando se coloca que o objetivo da empresa é o lucro do fundador, está-se apequenando suas funções. Peter Drucker já asseverou que aqueles que pensam que o objetivo empresarial é o lucro, estão muito enganados, pois o objetivo das empresas é conseguir e manter clientes, segundo ele. Ele assim o fez para reforçar que o objetivo da empresa está além das fronteiras limitadas apenas pelo monetário e também para criar uma frase de impacto. É preciso sair desta visão utilitarista que pode trazer um imediatismo enganador. Uma vez fundada, uma empresa deve transcender seu fundador. Só assim ela pavimenta caminho para sua sustentabilidade em longo prazo. É a criatura tendo vida própria, livre-arbítrio e possibilidade de realização para além de seu criador!
- **Motivação de acionistas:** A única possibilidade de uma empresa trilhar um caminho de governança corporativa é pela

motivação de seus acionistas. Sem isso, não existe essa possibilidade. E quando falamos de motivação, ninguém motiva ninguém. Apenas quando estes estão conscientes dos benefícios em longo prazo de um processo de governança é que este tem a possibilidade de ser instalado. Quando acionistas ou fundadores enxergam que a governança corporativa pode trazer resultados maiores e melhores em longo prazo, e ainda a probabilidade de sustentabilidade e perenidade, então ocorre uma potente motivação interna que pode conduzir ao sucesso da implantação de um conselho administrativo ou consultivo para tratar dessas questões;

- **Hierarquização:** Em um país como o Brasil, em que a distância do poder ainda é muito alta, há um risco de se instalar um conselho de administração para separar a decisão estratégica da execução operacional. E isso pode ser um erro crasso. Embora a governança corporativa exista para trabalhar sobre a estratégia do negócio, não é sua prerrogativa elaborar detalhadamente como ela é, mas sim pensar e decidir em conjunto com os executivos qual devem ser as diretrizes e caminhos a tomar. Um conselho, que existe para tomar decisões, não pode ser um órgão que cria, desenha, planeja e depois repassa para outras áreas funcionais da empresa a execução. Isso já foi discutido exaustivamente no capítulo sobre estratégia. O importante é ter em mente que o conselho não pode ser encastelado como uma elite pensante. Em países hierarquizados, como o Brasil, essa barreira precisa estar clara para que, conscientemente, seja ultrapassada;

- **Decisão conjunta:** O maior ganho de um processo estruturado é a capacidade que se ganha de tomar decisões conjuntas, em que os diversos lados de uma questão são debatidos e se chega a um produtivo consenso. Porém, a habilidade de decidir junto muitas vezes não é conseguida, pois requer a instalação de uma atmosfera propícia para que os conselheiros possam criar, junto dos executivos e acionistas, um ambiente de aprendizagem, em que as questões-chave sejam debatidas com abertura, rigor e tolerância. Isso não é fácil e, na maioria das vezes, os conselhos falham nesse ponto. O papel de um mediador eficiente, na figura do presidente do conselho, é crucial para criar uma atmosfera de debates, na qual o confronto de ideias (e não de egos...) seja incentivado em busca de um salutar consenso para que uma linha de ação seja colocada em prática. O que observamos é que em muitos conselhos as colocações dos conselheiros não são debatidas propriamente e nem se chega a uma visão única do que é melhor. Quando não se pratica o binômio "confronto x consenso" num conselho, alguns subprodutos ruins acabam acontecendo. Os executivos terão que executar cada solicitação ou observação dos conselheiros, isso sobrecarrega os gestores com ações pequenas, às vezes contraditórias, que acabam aborrecendo a criando um *micro management*. Ou então as decisões são tomadas em conjunto, mas sem o debate necessário, pois uns não querem confrontar os outros, e isso acarreta más decisões. Por fim, pode ocorrer ainda que as decisões não sejam tomadas, e os problemas e oportunidades sejam arrastados ou jogados de lado.

Essas barreiras, em conjunto, formam uma espécie de condições *a priori* para a criação de uma governança corporativa efetiva. Elas podem ser um entrave considerável e são as principais que observamos para que uma equipe de governança corporativa possa funcionar e desempenhar o seu papel. Se estes pontos forem endereçados convenientemente, muitas vezes na forma de um desenvolvimento educacional prévio, como tópicos de uma agenda de aprendizado aos membros do processo, então se pode começar a implantar um modelo de governança que funcione e que atue de forma integral.

De fato, a questão do desenvolvimento educacional dos conselheiros é algo urgente e importante para a efetividade de suas decisões e ações. Esse processo deveria ser realizado por uma rodada inicial, focando as questões levantadas anteriormente para a tomada de decisões conjunta, principalmente a postura de "confronto x consenso". Um consultor externo com o papel de facilitador de aprendizagem pode executar um trabalho de aproximação inicial para a formação de time, o que poderá dar um retorno muito rápido ao grupo e ajudar no seu entrosamento. Fora isso, é preciso um processo contínuo de desenvolvimento educacional. Os elementos mais comuns a esse processo são: encontros sociais (onde, fora do ambiente de trabalho, os conselheiros se conhecem melhor e quebram barreiras para as discussões francas e abertas), avaliação de desempenho (onde o presidente do conselho pode ressaltar pontos específicos de cada um e que podem ser aprofundados com ações específicas: *coaching*, treinamentos, grupos de enfoque, outros) e seminários/cursos tanto internos (convidar palestrantes para trazer temas relevantes), como externos: cursos de governança, conselho, equipe etc.

A governança integral

Pois então, como implantar uma equipe de governança corporativa que atue de forma integral e concretize as visões que trouxemos ao longo deste livro?

Para começar, o que iremos prescrever neste tópico é cabível para empresas de todos os portes e tipos de estrutura de capital. Não há restrições, pois os caminhos

Governança integral e perenidade

de governo de uma empresa são semelhantes quando objetivam o sucesso e a perenidade em longo prazo para o negócio. Os primeiros passos são a escolha dos membros que irão atuar em conjunto nessa mesa diretora e o cuidado inicial de se aculturar os membros sobre as barreiras a sobrepujar.

A escolha de quem deverá participar como conselheiro é uma arte que se apropria de alguns requisitos norteadores. Um bom conselho tem um misto de participantes de dentro e de fora da organização. Os de dentro normalmente são acionistas. Nesse sentido, é mandatório que haja a representação de acionistas minoritários e de outros do grupo de controle. Além disso, em algumas empresas mais avançadas é dada voz no conselho a um representante dos trabalhadores, na forma de um conselheiro que não é um colaborador direto da empresa, mas que está em contato com os colaboradores, para fazer ouvir a voz desse público no âmbito do órgão máximo de decisão. Os conselheiros de fora são os chamados conselheiros independentes. Nesse caso alguns cuidados para sua contratação são requeridos:

a. Ter sido executivo de alto escalão. Só quem já passou pela experiência da execução de alto nível tem condições de ajudar com a diretoria;

b. Possuir uma formação adequada ao cargo de conselheiro, como a oferecida por algumas escolas de negócios de ponta;

c. Experiência no ramo de atuação do negócio ou em uma área funcional chave para a formação complementar do conselho;

d. Histórico comprovado de boa atuação como conselheiro em diversas organizações.

Além desses requisitos mais técnicos em relação à experiência pessoal de cada conselheiro, é recomendável que exista uma complementaridade em relação a esses perfis individuais de cada um. Por exemplo, alguns que tenham carreira mais forte em finanças, outros em marketing, outros em operações. Alguns que sejam advindos de setores de mercado afins ao negócio da empresa e outros de setores bem diferentes. Até mesmo que haja um conselheiro cuja experiência seja em mercados para organizações de serviços sem fins lucrativos.

É essa diversidade responsável e competente que começa a diferenciar um conselho para uma governança integral (íntegra, integrada e inteirada) de uma governança convencional, em que não há critérios para a contratação dos conselheiros e estes, algumas vezes, são escolhidos por critérios restritos, tal como o grau de amizade com acionistas. Outro ponto-chave para a qualificação a uma governança integral é a forma de captação das informações e questões para a tomada de decisão. Embora o conselho tome decisões apenas em determinada agenda de trabalho predefinida, que não se choca com o grau de liberdade e tipo de decisões tomadas pelos executivos, a participação indireta dos públicos da empresa se faz sentir no conselho, pela representatividade dada a esses públicos junto aos conselheiros. Estes, em nossa visão, tem o dever de se reunir periodicamente com as diferentes classes de públicos para com eles colherem informações e compreenderem aspectos ligados a esses públicos. É a moderna forma de representação que tem como modelo a célebre e efetiva democracia ateniense. Isso ainda é incomum na grande maioria das "mesas diretoras". Mas, movimentos muito recentes (2015) indicam que cada vez mais as boas práticas devem incluir um tempo maior de dedicação dos conselheiros e seu contato direto com os públicos para conhecer a fundo as questões da empresa, e não apenas aquelas que são colocadas na agenda para a discussão. Na edição de Janeiro/Fevereiro de 2015, a *Harvard Business Review* publicou um artigo de autoria de Dominic Barton e Mark Wiseman atestando a importância das empresas começarem a buscar conselheiros profissionais que se dediquem apenas a essa profissão (e que não sejam conselheiros em paralelo com a atividade de executivos), como forma de aumentar a capacidade das "mesas diretoras" compreenderem as suas empresas por dentro.

Aqui vale ressaltar a ideia do conselho como uma "ágora" prática e aplicada, onde a "sapienza" organizacional possa ter voz e desdobramentos. Voltamos aqui à questão da filosofia perene e da sabedoria que deve estar permeando as funções diretivas que redefinimos aqui neste livro.

Uma maior participação dos públicos da empresa, as chamadas partes interessadas, é desejável e aconselhável, por outro lado não quer dizer que estes devam tomar assento na mesa diretora. Isso é um erro de julgamento e uma visão distorcida do mundo dos negócios. A mesa diretora é a instância máxima de uma organização e deve preservar sua capacidade de trabalhar os interesses do negócio acima de tudo (com ética e lisura, obviamente), requerendo sigilo em alguns pontos e ação cautelosa em outros, o que inviabiliza essa preconização do assento na mesa para partes interessadas distantes. Há ainda a especialização que o perfil de conselheiro requer, o que também coloca restrições a quem deve pleitear uma vaga a essa posição.

O passo seguinte é estabelecer uma agenda de trabalho para o grupo que poderá ser chamado de conselho de administração (quando estiver legalmente incorporado ao contrato social), ou conselho consultivo, ou ainda de conselho diretor. Essa agenda, definida pelo presidente do conselho, obrigatoriamente deverá focar periodicamente em **quatro princípios, três pilares e dois imperativos**. Aqui estão os assuntos que deverão ser o foco das decisões do conselho ou mesa diretora, se esta objetivar trabalhar de forma integral. Vamos nos ater sobre cada um deles. A figura abaixo ilustra esquematicamente esses pontos:

Figura 1: *Governança integral: quatro princípios, três pilares e dois imperativos*

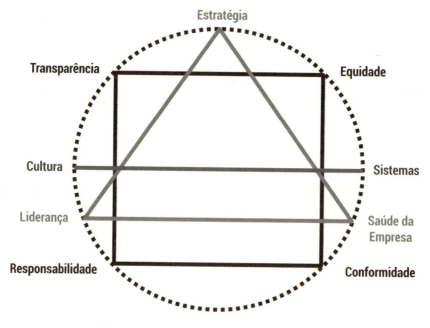

Fonte: *O autor*

Os **quatro princípios** são baseados em todos os prestigiados manuais de governança corporativa e se originam das lições tiradas dos conflitos de interesses mencionados anteriormente (os famosos conflitos de agenda que motivaram a moderna governança corporativa). São eles: transparência, equidade, responsabilização (*accountability*) e conformidade (*compliance*).

1. Transparência: A boa comunicação interna e externa gera o clima de confiança essencial para a criação de valor. A boa comunicação deve ter como características franqueza, espontaneidade e tempestividade, entre outras. Deve ser resultado não apenas da obrigação, mas sim do desejo sincero de informar tudo o que possa ser relevante para as partes interessadas;
2. Equidade: Tratar de forma justa e igual todas as partes interessadas, sobretudo grupos minoritários, como colaboradores, clientes, fornecedores e investidores é de fundamental importância. Assim, atitudes ou políticas discriminatórias, sob qualquer pretexto, são inaceitáveis, como define o IBGC;
3. Responsabilização: Os administradores e outros agentes da governança devem prestar contas de sua atuação a quem os elegeu e devem responder integralmente por todos os atos e fatos sob sua responsabilidade;
4. Conformidade: A organização deve respeitar integralmente as leis, normas e regulamentações aplicáveis aos seus negócios.

Pode-se observar que os quatro princípios são filosofias de trabalho a serem observadas. Não necessariamente compõem a agenda de trabalho recorrente, mas devem ser muito bem compreendidas e debatidas nas mesas diretoras, se possível periodicamente, para que seus conceitos, que revelam deveres e responsabilidades, fiquem muito claros e sejam implantados.

Os **três pilares** são as grandes áreas de ataque a que o conselho deve se ater: estratégia, liderança e saúde da empresa. Aqui, a literatura tradicional sobre governança corporativa também afirma que esses três pilares são a chave para que a mesa diretora não deixe de se ater às questões realmente relevantes para o sucesso de suas organizações. O ponto é que elas mencionam saúde financeira em vez de saúde da empresa, e esse detalhe é muito relevante quando se trata de uma governança integral. João Bosco Lodi, um dos fundadores do IBGC, foi um dos primeiros autores brasileiros a reforçar esses pilares tradicionais em seu livro *Governança corporativa: O governo da empresa e o conselho de administração.*

Em relação à estratégia e à liderança, nos capítulos anteriores já colocamos o que consideramos o mais relevante para uma visão atual e disruptiva acerca dos paradigmas vigentes – e são ferramentas adequadas para os conselheiros e membros das mesas diretoras que mirem uma governança integral. São os mesmos pilares para uma governança corporativa convencional, mas o que os diferencia na governança integral é a forma de abordá-los, assim como relatado nos capítulos anteriores.

Por outro lado, quando se pensa em saúde da empresa, imediatamente se relaciona à saúde financeira. E não é esse o caso para a governança integral. De fato, em boa parte das mesas diretoras investem-se um tempo enorme analisando balanços, demonstrativos de resultados, fluxos de caixa, indicadores financeiros etc. São importantes, mas revelam apenas um lado da questão. Muitas vezes só mostram o que já ocorreu e não o que poderá ocorrer. São como um espelho retrovisor que mostra o caminho percorrido, mas não o que está a ser percorrido.

Da mesma forma que na questão da saúde humana, na saúde do negócio há diversos fatores intervenientes. Alguns médicos que trabalham de forma holística compreenderam que o ser humano é um todo: corpo, mente, emoções e espírito. Assim também ocorre com uma empresa. Se uma pessoa adoece, não é apenas uma bactéria que deve ser atacada. Mas todo um complexo de variáveis que podem estar influenciando o doente. Muitos médicos afirmam que não existem doenças, mas doentes. Estes é que criam um campo favorável à manifestação das doenças, seja por aspectos psicológicos, emocionais ou físico/materiais. É preciso compreender o todo.

Num negócio, olhar apenas os indicadores financeiros sem compreender o que acontece em outras dimensões, como o grau de satisfação dos clientes, o nível motivacional da equipe ou a capacidade de inovação do time, é como verificar a temperatura e pressão e daí partir para um diagnóstico do que deve ser feito.

Numa governança integral, é preciso se debruçar e conhecer de fato o que ocorre no âmago da empresa e do negócio. Isso é apenas conseguido se o conselheiro participar mais ativamente da vida da empresa, visitando clientes, conhecendo os colaboradores principais e contatando parceiros e fornecedores. Um conselheiro integral não se relaciona apenas com sua mesa diretora, mas investe parcela de seu tempo total de dedicação com outras partes interessadas. Isso implica numa mudança radical de perfil de conselheiro: não serão mais os titãs do marketing pessoal, mas profissionais altamente gabaritados e que se dediquem profissionalmente à tarefa de governança, não podendo tomar parte em mais do que quatro ou cinco mesas diretoras e, ainda, se dedicar a isso como profissão principal e não como uma atividade secundária em tempo parcial. Isso é que convencionamos chamar do conselho (ou mesa diretora) integral que é capaz de viver as diversas instâncias da vida da empresa, seja lá no mercado onde ocorre a "hora da verdade", e, ao mesmo tempo, onde as decisões estratégicas são tomadas com a representação dos legítimos desejos das partes interessadas, que são a razão de viver da organização.

Ademais, somente com esse contato direto com os públicos da empresa o conselheiro poderá realizar a missão de representação, como mencionado em relação ao ideal da famosa democracia ateniense. E não comerá na mão dos executivos que, via de regra, encaminham para a agenda de discussões da mesa diretora os assuntos de seu interesse ou que realcem suas posições executivas, mas, este conselheiro, terá sua própria visão dos assuntos a serem tratados, bem como uma ideia da pauta desejada pelas partes interessadas.

Finalmente, os **dois imperativos** a serem trabalhados pelas mesas diretoras são a cultura organizacional e os sistemas de trabalho que garantam a continuidade do desempenho em longo prazo. Sobre a cultura, já discorremos em um capítulo inteiro. Resta-nos abordar a questão dos sistemas de trabalho.

Mesas diretoras alavancam a cultura e os sistemas

A cultura organizacional e os sistemas de trabalho andam de mãos dadas. Uma cultura forte só é instaurada a partir de sistemas elaborados para permitir a sua tradução em ações concretas, que devem ser executadas diuturnamente com constância de propósitos.

Se a questão dos sistemas está muito mais a cargo dos executivos do que da mesa diretora (conselheiros), a questão da cultura está intrínseca e umbilicalmente ligada a esta. Portanto, decorre daí que a mesa deve checar periodicamente quais são os sistemas de trabalho ou processos-chave da empresa, como eles refletem a cultura organizacional e como o seu funcionamento está sendo garantido. Isso se consegue pela introdução na pauta de trabalho da mesa diretora, periodicamente, de apresentações dos executivos sobre os projetos relacionados ao desenho e redesenho dos processos-chave e como eles estão vinculados com os aspectos culturais da organização que se pretende reforçar e perpetuar. A análise pelos conselheiros de indicadores do progresso da utilização desses processos também é uma boa medida, desde que sejam poucos e bons indicadores!

Uma excelente forma de perpetuar a cultura e os processos-chave é o desenho do "mapa de como é" (*is map*) e do "mapa de como deveria ser" (*should map*). Na década de 1990, Rummler & Brache escreveram o livro *Melhores desempenhos das empresas* baseados em suas experiências em como redesenhar processo de forma eficiente. Nesse livro eles abordam uma metodologia muito simples, mas também muito eficaz, de trabalhar os processos-chave organizacionais por meio desses mapas de *como é* e de como *deveria ser*. Basta reunir um grupo de especialistas para desenhar um fluxograma desses processos, tais como o processo de atendimento de pedidos ou o processo de assistência técnica, por exemplo. Eles se debruçam sobre a tarefa e conseguem colocar nesse fluxograma como é o trabalho da empresa em relação ao ponto estudado. Depois, comparam o que obtiveram (a realidade de como é feito) com o que poderia ser o ideal. Dessa comparação nasce uma série de melhorias que aperfeiçoam custos, tempos por fase, efetividade do processo total etc.

Um resumo de como a empresa trabalha esses mapas deve ser abordado periodicamente pela mesa diretora,

A REINVENÇÃO DA EMPRESA

pois o alinhamento entre a estratégia, os valores, a cultura e a sua consecução prática se dão por meio desses fluxogramas. São eles que vão dizer se a empresa estará implantando o que foi explicitado como estratégico, pelo foco e tipo de resposta esperada em relação aos processos-chave. Por exemplo, uma lavanderia que se define como a mais rápida e menos custosa para a lavagem de roupas finas (e que coloca isso como seu posicionamento competitivo) deve ter seus processos de operação de lavagem e de fluxo de custos (fixos e variáveis) operacionais muito bem estipulados e definidos. Assim como seu processo de *pricing* (definição de preços), de forma que os clientes percebam que o que a empresa comunica como sendo seus atrativos são de fato reais e palpáveis. Só assim ela realiza sua estratégia e seu posicionamento mercadológico.

O fato é que diversas empresas que procuram trabalhar seus processos incansavelmente são as que também conseguem o que chamamos de perenização adaptativa. Esta nada mais é do que o caminho de seguir competitivo e adaptado às mudanças que ocorrem no ambiente do entorno dos negócios da empresa e também em direção congruente com a jornada da visão/sonho (realização do propósito organizacional). A perenização adaptativa praticada consistentemente leva ao Ômega, esse ponto de aumento de consciência coletiva, um destino e ao mesmo tempo caminho, pleno de sabedoria.

Ainda, a perenização adaptativa leva a um redesenho constante desses processos-chave, garantindo que a empresa sempre evolua, e ao desenvolvimento pleno de todos os colaboradores para a sua efetiva execução. Essa perenização adaptativa deve ser o motivo principal do trabalho das mesas diretoras, para que se consiga o sucesso em longo prazo. Aqui está a razão de ser de se buscar uma governança efetiva, moderna, profissional, alinhada com os públicos da organização e que consegue trabalhar para amplos resultados.

Casos de empresas longevas

Diversas empresas no ambiente global vêm demonstrando essa habilidade para se perenizar, utilizando um processo sistemático de trabalho que converta a estratégia e a cultura desejadas em realidade, por meio de um sistema de trabalho estruturado para o seu pessoal e constantemente redesenhado em todos os níveis. Alguns autores vêm colocando essa questão como algo prioritário no ambiente empresarial. Senge e outros, no livro *A dança das mudanças*, enfatizam esse aspecto conforme a frase da página 19: "O que a biologia pode, então, nos ensinar sobre o crescimento e a morte prematura de iniciativas de mudança organizacional?... ela nos sugere que os líderes deveriam focalizar principalmente nos processos limitantes que poderão retardar ou impedir a mudança...".

Um caso emblemático dessa disposição é a referenciada e premiada companhia aérea Singapore Airlines. Ela foi fundada em 1947, foi eleita durante vários anos como a melhor companhia aérea do mundo e tem figurado todos os anos entre as primeiras. Certamente, não é uma coincidência ou obra do acaso. O que faz essa empresa ter boa longevidade e, ao mesmo tempo, esse nível de excelência? Não é uma reposta que se possa dar de forma simples, dizendo é isto ou aquilo. Mas alguns elementos claros estão presentes em sua cultura organizacional, pelo o que seus próprios colaboradores manifestam e pelo o que observamos como clientes, não pelo o que a mídia divulga.

Quando conhecemos o país, Singapura, ficamos encantados com o nível de organização dele e com o espírito de seus cidadãos, voltados para os negócios e para a eficiência. Tivemos a oportunidade de visitá-lo a trabalho, por diversas vezes, e conhecer alguns de seus cidadãos. Entre estes, o marido de uma comissária de bordo da Singapore Airlines. Ele nos reportou que, antes de iniciar seu trabalho, sua esposa foi treinada por seis meses em todos os aspectos do que deveria ser um bom atendimento aos clientes da empresa. Esse é um tipo de investimento incomum na maior parte das organizações.

Ao viajarmos em uma de suas aeronaves em classe executiva, nos deparamos com um pessoal realmente muito qualificado, que presta atenção a todos os detalhes, tais como decorar seu nome, oferecer-lhe o seu vinho preferido diversas vezes, conversar abaixando-se para olhar diretamente em seus olhos, criando uma atmosfera de confiança e hospitalidade.

Uma boa parte dos viajantes a negócios não aprecia se alimentar a bordo, pois encontrará uma refeição requentada, às vezes fora do ponto e sem sabor. Mas esse não é o caso da Singapore Airlines, que devota uma atenção fora do comum para que a logística do *catering* (serviço de alimentação a bordo) seja eficiente e embarque somente produtos frescos e bem preparados, de forma a propiciar uma ótima experiência ao passageiro.

Desembarcar em Singapura utilizando um voo dessa empresa aérea é algo também digno de nota. Em algumas ocasiões, medimos o tempo transcorrido entre a abertura da porta da aeronave, ao se acoplar ao *finger* (corredor de acesso ao aeroporto), e o momento que alcançamos o lado de fora do aeroporto, passando pela imigração, pela esteira de bagagens e pela conferência

Governança integral e perenidade

dos pertences. E esse tempo não passava de meia hora. Algo realmente indescritível, eficiente e encantador. E ainda era possível receber uma balinha de boas-vindas do oficial da imigração, ao invés daquela cara carrancuda de autoridade "que deve se impor". O que revela a sincronia estabelecida pela empresa com as autoridades aeroportuárias e seus provedores logísticos.

O que define a excelência da Singapore Airlines, com certeza, são os seus sistemas de trabalho ou processo-chave bem definidos e executados meticulosamente devido ao alto grau de treinamento e desenvolvimento profissional recebido pelo seu pessoal nos diversos níveis. Isso deixa claro que, se uma mesa diretora quiser contribuir para a longevidade de sua empresa, fazendo com que ela se torne uma referência em seu segmento de atuação, é preciso dedicar atenção aos sistemas, para que eles reflitam criteriosamente a estratégia e a cultura de perenização adaptativa da empresa.

Outra organização igualmente criteriosa e extremamente longeva é o hotel Nishiyama Onsen Keiunkan, localizado na província de Yamanashi, no Japão. Ele é considerado a empresa mais antiga do mundo, com mais de 1310 anos. Fundado em 705 d.C., ele está em posse da mesma família há cinquenta gerações. Esse é um caso muito forte de cultura, pois é tradição no Japão que um negócio seja passado de pai para filho. Mas, nesse caso, algo mais entrou em jogo: a capacidade de seus dirigentes em replicar os detalhes de um atendimento primoroso, que resgata a experiência de um samurai ou de um monge budista a quem se hospede nesse hotel.

Novamente, aqui temos um caso típico de processos bem estruturados alinhados com a cultura da organização para propiciar uma constância de propósitos para o negócio, um guia seguro de como agir em diferentes situações para todos os colaboradores e uma linha prática para conduzir o dia a dia das operações com segurança. Sempre redesenhados para se compor com as mudanças, mantendo a filosofia mestra da cultura dominante.

O grande mérito do hotel Nishiyama Onsen Keiunkan é resgatar a atmosfera reinante no Japão nos séculos anteriores. Não há luxos exuberantes e nem uma "linha de montagem" padronizada. Antes de tudo, os poucos quartos disponíveis (são 35 apenas) são dedicados para os que querem revisitar as tradições, como a do chá, a das massagens, banhar-se em águas medicinais e recuperar a paz e atmosfera intimistas. Seus cinquenta colaboradores são constantemente treinados para enfatizar esse tipo de ambiente e reforçar a "experiência" ou "vivência" de seus hóspedes nessa direção.

Os casos dessas empresas mostram que é possível focar na longevidade do negócio quando a cultura e os sistemas são desenhados para permitir essa perenização adaptativa que estamos enfatizando ao longo deste livro. O papel de uma mesa diretora consciente e integral é discernir o quanto isso é importante para a empresa e como trazer esse assunto constantemente à pauta, para checar sua evolução e prática constantes.

Ondas de transformação

Procuramos enfatizar neste capítulo como a criação de uma governança integral pode contribuir efetivamente para o sucesso em longo prazo de um negócio. A mescla de experiências de uma mesa diretora é muito impor-

Governança integral e perenidade

tante para criar a dinâmica de choques produtivos de ideias em direção a um consenso produtivo. A pauta deve girar em torno das questões fundamentais, como procuramos demonstrar por meio de nosso modelo de quatro princípios, três pilares e dois imperativos.

Tal modelo segue a linha adotada neste livro, de buscarmos uma alternativa aos paradigmas existentes de como se faz negócio em um mercado que se tornou tóxico para as pessoas e profissionais, onde a sustentabilidade, tanto ecológica como empresarial, está longe do que poderia se esperar como realista para o atual nível de conhecimento científico da humanidade. É preciso avançar, e rápido, rumo a um capitalismo mais consciente, a uma ciência com consciência, a uma efetividade com afetividade.

Esperamos que tenhamos deixado claro que é preciso mais e melhores resultados, e não menos. Não se consegue a humanização do ambiente empresarial e a sustentabilidade dos negócios e do planeta se as empresas passarem a focar em outras coisas que não os amplos resultados. Mas é preciso redefini-los e fazer que eles incluam outros parâmetros, mais qualitativos e característicos de uma vida humana saudável e produtiva. O resultado monetário é a cereja do bolo, consequência de um trabalho muito bem-feito, com maestria e amor, e que tem alta probabilidade de ser muito maior que o esperado por um negócio convencional, se aplicadas as características que procuramos explicitar ao longo do livro.

Assim também é o caso com a governança integral. Esta demanda um trabalho meticuloso, multifacetado, focado em diversas dimensões, como realçamos pelo nosso modelo de quatro princípios, três pilares e dois imperativos. Há uma quantidade maior de pontos a se observar, mas todos eles relevantes e equilibrados para se rumar ao sucesso de longo prazo e à criação de valor para os públicos ligados ao negócio. Com certeza o perfil dos ocupantes dessas mesas diretoras integrais será diferenciado do que temos visto até então, mas, em nosso entendimento, não há outro caminho a não ser desenvolver esses profissionais competentes e qualificados.

A tabela abaixo ilustra as principais diferenças de enfoque, em relação à governança corporativa, entre uma abordagem convencional e uma abordagem integral.

Tabela 1: *Diferenças de enfoque em governança corporativa*

ITEM	GOVERNANÇA CONVENCIONAL	GOVERNANÇA INTEGRAL
Fonte de informações	A direção executiva Demonstrativos de resultados e relatórios	A direção executiva Demonstrativos de resultados e relatórios Visitas a públicos e partes interessadas Entrevistas com colaboradores
Foco das decisões	Os quatro princípios Estratégia & Gestão Resultados financeiros	Os quatro princípios Os três pilares Os dois imperativos
Resultados esperados	Retorno financeiro	Sucesso em longo prazo Resultados ampliados Retorno acima da média
Processo decisório	Hierárquico	Circular/Democrático Confronto x consenso
Perfil dos conselheiros	Indicados por Acionistas Defendem interesses	Diversidade de experiências Competência comprovada Formação qualificada
Caminho empresarial	Maximização de lucros em curto prazo	Perenização adaptativa
Propósito	A empresa é o propósito	Trabalhar um propósito útil
Sucesso	Capacidade de crescer e rentabilizar	Reconhecimento, resultados e sobrevivência

Fonte: *O autor*

O que reserva o futuro? Somos "otimistas responsáveis" (em vez de "pessimistas" ou "realistas" – estes no fundo são pessimistas disfarçados). É preciso um viés otimista, ver as coisas com uma perspectiva construtiva, mas ter responsabilidade e os pés no chão, para não se perder com quimeras e ilusões que distorcem as possibilidades. Um "otimista responsável" tem asas e raízes: asas para alçar voos maiores e raízes para não perder o contato com a realidade, com aquilo que de fato nos alimenta.

Desta forma antevemos um futuro brilhante para o capitalismo consciente e para a abordagem integral. Os resultados que estão sendo colhidos pelos que já adotaram tal postura se mostram muito animadores e evidentes.

Não há como deixar de pensar em evolução da governança corporativa, pois essa é a forma mais equilibrada de tomada de decisões para os negócios de uma empresa. Propor novos modelos de governo empresarial é, portanto, um exercício sadio e necessário, e por isso este capítulo se reveste de um caráter inovador, quando desenhamos um novo esquema de governança integral.

Por meio da governança corporativa e, mais ainda, da governança integral é possível melhorar nossos negócios e torná-los um vetor fundamental para a transformação construtiva de nossas vidas humanas. Quando uma massa crítica de empresas estiver adotando tais enfoques, teremos uma época de maior possibilidade de realizações humanas, em seu sentido ampliado de autorrealização, na qual poderemos trabalhar e prosperar de forma integral, como seres humanos, cidadãos, profissionais e membros desta maravilha insondável chamada Universo. Que sejam bem-vindas as ondas de transformação a uma nova era de Holos e de consciência plena!

Referências bibliográficas

BARTON, D.; WISERMAN, M. Where Boards Fall Short. *Harvard Business Review*, Jan/Feb, 2015.

GEUS, A. *A empresa viva*. Rio de Janeiro: Campus, 1999.

LODI, J. B. *Governança corporativa*: O governo da empresa e o conselho de administração. Rio de Janeiro: Campus, 2000.

ROSENBERG, H. *Mudando de lado*: A luta de Robert Monks pela governança corporativa. Rio de Janeiro: Campus, 2000.

RUMMLER, G.; BRACHE, A. *Melhores desempenhos das empresas*. São Paulo: Makron Books, 1992.

SENGE et al. *A dança das mudanças*: Os desafios de manter o crescimento e o sucesso em organizações que aprendem. Rio de Janeiro: Campus, 1999.

CONCLUSÃO

Paulo Monteiro
Wanderlei Passarella

Como vimos ao longo da nossa reflexão, estamos diante de problemas e desafios profundos, complexos e inéditos. A população mundial cresce, a pobreza também. A indústria se desenvolve, também aumenta a poluição. A ideia de ética é muito debatida, a corrupção parece estar em níveis estonteantes. O conceito de democracia se alastra pelos países, mas o ideal grego de representatividade fica para trás.

Debatemos exaustivamente novas visões, na segunda parte deste livro, para incorporar os paradigmas mais recentes trazidos pela ciência e pela filosofia perene ao ambiente empresarial. Procuramos ressaltar uma dinâmica de reinvenção para uma nova empresa, que amplie seus resultados a partir de uma redefinição do que é o próprio conceito de resultado e de uma adequação às demandas trazidas pelas questões debatidas na primeira parte.

Mas não podemos parar por aqui. Este trabalho é apenas um pequeno passo.

Ainda há um enorme vácuo nas empresas, trazido pelo o que chamamos de visão instrumental do homem. Constatamos que o caminho é longo, pois não há mudança de paradigma e nem transformação social ou ambiental possível sem que antes o ser humano tenha se transformado. E, quando falamos em ser humano, falamos no individual e no coletivo. Esse talvez seja o maior de todos os desafios. Enquanto apenas um ser humano pensar e agir de forma egoísta e displicente com o todo, ele será o elo fraco da corrente, no qual os esforços da maioria podem se romper.

Este livro traz a semente para a experiência do Ponto Ômega, preconizado por Teilhard de Chardin. Ele menciona que podem transcorrer milhares de anos até que o ser humano chegue nesse ponto de confluência e junção de consciências de forma superior. Assim, a luta por um ambiente de trabalho mais produtivo e, ao mesmo tempo, mais humano é uma tarefa hercúlea, que deve ser feita no "varejo" e no "atacado", para cada indivíduo e para a coletividade, sem a pretensão de que o estado de coisas reinante se mude no curto prazo.

Porém, não é porque o desafio seja grande, ou que seu tempo de maturação seja longo, que desistimos da obra. Muito pelo contrário. Estamos plenamente convictos, pela força dos fatos e de nossas observações, que o novo enfoque proposto para a reinvenção das empresas no século XXI é em si mesmo um diferenciador, um elemento de catálise de um desempenho organizacional superior, seja no aspecto financeiro, seja em muitos outros aspectos. A empresa que percorre uma reinvenção de si mesma, seguindo Ômega, traz em seu bojo uma maior probabilidade de longevidade e de sua descaracterização como uma criação individual, de um dono, em direção a um empreendimento conjunto que pertence ao gênio criativo da humanidade.

Mas também estamos convictos de que tal reinvenção não se sustentará como mera declaração, como vem acontecendo no caso de muitas organizações que caem na comodidade de pregar o que no fundo não pensam e nem querem fazer. O caminho da sabedoria, o convite da filosofia perene e da transdisciplinaridade aplicadas ao mundo organizacional é agridoce e traz um terreno espinhoso, mas que vale a pena! Ao percorrê-lo, indivíduos e empresas experimentarão a doce sensação de ter contribuído para a transformação positiva do mundo onde vivemos. A jornada de Ômega pode ser desafiadora, mas é rica e fértil, valiosa em si mesma, expansiva e evolutiva.

O pequeno passo deste trabalho vem acompanhado, na atualidade, dos passos de outros escritores e pensadores organizacionais que, como nós, vislumbram o emergir dessa nova era de Holos. Não estamos sozinhos nesse barco. O que procuramos fazer é como os animais da fábula do Beija-Flor, cuja autoria é atribuída a Wangari Maathai, Prêmio Nobel da Paz de 2004:

Era uma vez um Beija-Flor que fugia de um incêndio juntamente com todos os animais da floresta. Só que o Beija-Flor fazia uma coisa diferente: apanhava gotas de água de um lago e atirava-as para o fogo. A águia, intrigada, perguntou: "Ô bichinho, achas que vais apagar o incêndio sozinho com essas gotas?". "Sozinho, sei que não vou", respondeu o Beija-Flor, "mas estou fazendo a minha parte". Envergonhada, a águia chamou os outros pássaros e, juntos, todos entraram na luta contra o incêndio. Vendo isso, os elefantes venceram seu medo e, enchendo suas trombas com água, também correram para ajudar. Os macacos pegaram cascas de nozes para carregar água. No fim, todos os animais, cada um de seu jeito, acharam maneiras de colaborar na luta. Pouco a pouco, o fogo começou a se debilitar quando, de repente, o Ser Celestial da Floresta, admirando a bravura desses bichinhos e comovido, enviou uma chuva que apagou de vez o incêndio e refrescou todos os animais, já tão cansados - mas felizes.

Talvez, nestes tempos insólitos, em que o ser humano parece perdido no seu sinuoso caminho ao Ômega, trabalhar para que empresas o façam parece ser o mais sensato. Pois acreditamos nas empresas como células do potencial criativo, produtivo e disruptivo do caminhar humano. Nem capitalismo selvagem, nem socialismo paralisante, mas um mundo empresarial vivo, dinâmico e justo.

É com esse espírito que procuramos trazer a dinâmica de Ômega para nosso mundo de trabalho. E é por isso que acreditamos que esta obra não termina aqui. Ela é apenas mais um passo, um pequeno jorro de água viva para estancar um incêndio colossal. O incêndio produzido pelas chamas internas do ser humano, clamando por caminhos viáveis de evolução pessoal e profissional.

Nós, Paulo Monteiro e Wanderlei Passarella, ficamos felizes em tê-lo como nosso leitor durante essa viagem de transformação que propusemos e o convidamos para se juntar a nós nessa jornada heroica de transformação da organização contemporânea. A dinâmica de reinvenção das empresas nos levará, de uma forma ou de outra, ao Ômega, pois este é origem e destino. Enfrentemos o desafio!

Junte-se a nós em: **http://www.livroomega.com/**

Contato com os autores

pmonteiro@editoraevora.com.br

wpassarella@editoraevora.com.br

Este livro foi impresso pela gráfica Loyola em papel *Lux Cream* 70g.